定向运动研学旅行课程
理论与实践研究

欧阳建飞　著

中国原子能出版社

图书在版编目（CIP）数据

定向运动研学旅行课程理论与实践研究 / 欧阳建飞
著. --北京：中国原子能出版社，2023.9
ISBN 978-7-5221-3003-3

Ⅰ．①定… Ⅱ．①欧… Ⅲ．①定向运动–教学研究
Ⅳ．①G826

中国国家版本馆 CIP 数据核字（2023）第 182179 号

定向运动研学旅行课程理论与实践研究

出版发行	中国原子能出版社（北京市海淀区阜成路 43 号　100048）
责任编辑	张　磊
责任印制	赵　明
印　　刷	北京九州迅驰传媒文化有限公司
经　　销	全国新华书店
开　　本	787 mm×1092 mm　1/16
印　　张	14.5
字　　数	260 千字
版　　次	2024 年 7 月第 1 版　2024 年 7 月第 1 次印刷
书　　号	ISBN 978-7-5221-3003-3　　　　定　价　**68.00 元**

网址：http://www.aep.com.cn　　　　**E-mail：atomep123@126.com**
发行电话：010-68452845　　　　版权所有　侵权必究

前　言

　　定向运动是一项融合体育、军事、娱乐于一体的多元化运动项目，同时也是一种注重智力和体力的综合性运动。参与定向运动不仅可以增强身体素质，还能体验到思维活跃、沟通有效、耐力增强、应变协作的乐趣。定向运动拥有冒险性、趣味性和挑战性等特点，已经成为都市人群重要的方式，让人们回归自然、进行有氧锻炼以及建立社交网络。通过精心设计的活动，定向运动的目标在于磨炼意志、陶冶情操、完善个人品格、培养团队合作。它是一种有效的方式，可以帮助参与者认识自身潜能、克服心理惰性、激发创造能力、改善人际关系和促进群体合作。

　　近年来，随着我国经济水平的提高和科技的飞速发展，定向运动以其独特的魅力吸引了越来越多的参与者，成为家庭休闲、企业团建、学校教学和行业训练的重要方式。作为一项体育赛事，定向运动的比赛数量逐渐增加，参与人数也在不断扩大。各级各类学校已将定向运动纳入体育教学内容，这对提高学生的体育核心素养非常有利。

　　本书主要介绍定向运动与研学旅行课程的理论与实践。在定向运动方面，我们将介绍定向运动的基础知识、定向运动地图与比赛、定向运动技能训练、定向运动课程安全问题以及体质测试与身体素质。而在研学旅行课程方面，将涉及研学旅行的课程理念与目标、研学旅行课程方案设计、研学旅行导师的内涵、培养路径与安全管理以及研学旅行课程的实施与评价。希望本书能够帮助从事定向运动与研学旅行课程理论与实践研究的相关人员。鉴于时间紧迫，书中难免存在不足之处，恳请广大读者批评指正。

作　者

2023 年 9 月

目　录

第一章　定向运动基础

第一节　定向运动概述

一、定向运动的起源

定向运动是一种运动形式，参与者根据地图和指北针指示，依次访问指定的控制点，并以最短时间到达所有控制点为胜利。这项运动通常在森林、郊区和城市公园中进行，也可以在大学校园内进行。

定向运动起源于瑞典，最初只是一项军事活动。"定向"这两个字在1886年首次使用，意思是：在地图和指北针的帮助下，穿越未知的地带。真正的定向比赛于1895年在瑞典斯德哥尔摩和挪威奥斯陆的军营区举行，标志着定向运动作为一种体育比赛项目的诞生，距今已有百年历史。20世纪20年代，定向运动竞赛制定了包括竞赛规则、路线分类、检查点位置选择、按年龄分组的方法和竞赛组织机构等规则，奠定了现代定向运动的基础。

定向运动在我国主要泛指定向越野。"定向越野"这一名称在我国经历了几次变化。20世纪60年代，我国刚开始发展定向越野时，称之为"定向行军"，并仅仅作为国防体育—无线电测向中的一个小项目，在全国省、自治区、直辖市体委的无线电运动中推广。由于在整个越野过程中都要依赖地图，后又称之为"识图越野"，其主要内容和技术是读识地图、使用地图、按地图行进（奔跑）等。

随着我国经济的发展和人民生活水平的提高，体育竞技也越来越受到国家的重视，每年都有不同规模的定向运动在全国各地开展。21世纪初，我国在贵州省举行了"喀斯特地形野外探险与网络挑战赛"。这次比赛在一般定向运动的基础上又增加了网络等高科技的内容，使定向运动随着时代的发展又前进了一步。随后，第二届全国体育大会将定向运动列为正式比赛项目。定向越野传入我国内地后快速发展，使我国被国际定向运动联合会评为定向

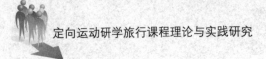

越野发展最快的国家之一。

二、定向运动的分类

按照运动模式，国际定向运动联合会将定向运动项目划分为徒步定向、山地车定向、轮椅定向和滑雪定向。定向运动逐渐演变出多种运动形式，如徒步定向又分接力定向、积分定向、公园定向、专线定向、百米定向、夜间定向等。每一种定向运动都可根据参与者的性别、年龄特征，设计不同的难度路线与组别。除接力定向外，每一组别还可分为单人赛、双人赛和团体赛，还可设立男女混合赛等。目前国际上还流行着一些其他形式的定向运动，如校园定向、扶手定向、星形定向、特里姆定向等。

（一）徒步定向

徒步定向是目前各种定向运动形式中开展最为广泛、组织方式较为简便的一种。徒步定向主要是检验参与者的识图能力、野外路线选择能力、决断能力和奔跑能力等。组织者可根据参与者的性别、年龄特征设计不同难度的比赛路线与比赛组别，徒步定向是适合每个人的体育运动目。

1. 接力定向

接力定向是一项团体比赛项目，其成绩的好坏有赖于每个队员的共同努力。比赛竞争激烈，具有较强的观赏性。组织者把赛程分为若干段，每位运动员完成其中的一段，以各段运动员成绩之和评判全队的总成绩，在找点准确的前提下，以全队总耗时最少者为优胜。

2. 积分定向

组织者在赛区内预先设置好若干检查点，并在图上标明。根据各检查点所处地形的难易程度、距离远近以及相互关系位置的不同赋予不同的分值。参与者在规定的时间内，选择理想的运动路线，并寻找若干或全部的检查点，以获取最高的积分，积分最高者将取得优胜。

3. 公园定向

公园定向主要是在城市公园、校园内进行的一种定向运动。与其他定向运动的不同之处主要是参与者都比较熟悉比赛场地，场地地形相对简单，因此，比赛的安全性容易得到保障。这种比赛主要适于老年人、学生及幼儿参加，比赛的组织方式和成绩计算同一般定向越野。目前，致力于举办这类定向比赛的世界性组织为世界公园定向运动组织，该组织十分重视赛事的宣传和推广，对我国学校体育教学引进和推广定向运动以及培养定向运动的人才起到了重要的作用。

4. 专线定向

组织者只在地图上标出准确的比赛路线，运动员则必须按规定的路线行进，并将途中遇到的检查点标绘到地图上，名次以标绘检查点的准确性和耗时的长短确定。

5. 百米定向

百米定向就是在一块 50×100 m 的场地内进行的定向比赛，观众可以看到运动员比赛的全过程。赛前运动员可以在出发区取到一张地图，分析地形，选择行进路线。起点和终点与比赛区是有严格区分的，禁止未出发的运动员观看别的运动员的比赛过程。比赛的地图采用 $1：500$ 的大比例地图，等高距为 1 m。比赛区域内的每一棵树木都会被标注在图上。与此同时，组织者还要另外加上一些点标旗以增加比赛的难度。比赛路线的距离一般为 150～400 m，设置 5～13 个点标。

6. 夜间定向

夜间定向是定向运动的一种高难度比赛形式，比赛在夜间进行，增加了比赛的难度。夜间定向所使用的器材上都附有反光材料，参与者也需要携带照明设备用于查看地图。夜间定向已被国际定向运动联合会列为正式比赛项目。

（二）山地车定向

山地车定向是集定向运动和山地车运动于一身的体育运动。在这项运动中，最重要的定向技巧是路径选择和记图。对于顶级运动员来讲，高超的山地车技巧是应对陡坡的必备条件。出于对周围环境的保护，运动员不能离开规定的路线。山地车定向是国际定向运动联合会承认的最年轻的专业项目，每隔两年举行一次世界锦标赛。

（三）轮椅定向

轮椅定向原本是专为伤残人士特别设计的定向运动形式。现在，它既可以让乘坐轮椅车的伤残人士加入定向运动的行列中来，又可以供新手进行定向基本技能的训练。轮椅定向同样也是一种能让所有参与者都饶有兴趣的专项技能比赛。

（四）滑雪定向

滑雪定向也是国际定向运动联合会的正式比赛项目之一，许多高山运动员、越野运动员和速度滑雪选手同时又是滑雪定向的高手。

滑雪定向也可以按个人、团队或接力比赛等形式进行，它与个人徒步定向越野赛的区别是选手需要使用滑雪装具（非机动的），供比赛用的滑道则需要使用摩托雪橇来开辟。同一比赛路线上的滑道通常不止一条，以便于选手自行选择。

三、定向运动的价值

（一）健身价值

定向运动最突出的价值就是健身价值，它可以强身健体，增强体质。定向运动是在野外进行的，清新的空气、茂密的森林、崎岖的道路都会带给人们新鲜感和神秘感，这种感觉会强烈地刺激人的大脑，从而提高大脑皮层的兴奋性，更有效地激发人体的运动系统、循环系统、呼吸系统以及内分泌系统等的潜能。

经常参加定向运动，身体会变得强健，走、跑、跳等运动能力以及耐力、速度、力量、柔韧性、灵敏性等身体素质都将提高，对自然环境的适应能力和对疾病的抵抗能力也能够不断增强。

（二）益智价值

定向运动也是一种智力的活动，它具有积极的益智价值。

定向运动常常是在陌生的地点（区域）进行的，生疏的环境和完成全部比赛是一对较难解决的矛盾。参加定向运动的活动和比赛时，首先要阅读地形图，读懂地图上所标示的多种地形、地貌、地物及点标（检查点）的位置，并借助指北针精确辨别和判定方向，合理选择到达点标的最佳路线，然后还必须按顺序将隐蔽的点标逐个找到，因此，应具备必要的知识和技能。

在定向运动的活动和比赛中，知识和技能掌握得越好，分析、判断、应变能力越强，就越容易成为活动和比赛的强者。相反，如果在知识和技能方面存在薄弱环节，或者在分析、判断、应变方面显得迟缓，就会遇到许多麻烦，甚至失败。

通过进行定向运动的学习、锻炼和比赛，人们可以增长相关学科，如地理学、测绘学、军事地形学、植物学等的基本知识和在实践中应用这些知识的能力，学会在运动中使用指北针发展思维能力，培养快速应变的能力。

此外，定向运动还能成为大脑工作的"调节剂"。学生日常用脑的时间很长，极易造成大脑的疲劳。利用节假日到野外参加定向运动，有利于消除学生大脑的疲劳，使学生头脑清醒，思维敏捷，提高学习效率。

（三）育德价值

所谓育德，也就是培养道德品质。定向运动由于在环境、条件和比赛方法上的特殊性，在培养道德品质方面，更具有其独特的作用。

任何比赛都必须有严格的比赛规程和规划，这对每一个人都是公平的。参加定向运动比赛时，参加者判定的方向和选择的行进路线以及对每一个点标的寻找都来不得半点马虎和丝毫的投机取巧，成功与失败之间可谓泾渭分明。因此，只有发扬坚定、细致和诚实等精神才能完成任务并取得胜利。当遇到困难时，就要以十倍的信心和百倍的勇气千方百计地克服它。当体力不支，感到难以支撑下去时，所能选择的唯一出路是咬紧牙关、坚定信念，不断鼓励自己，使出全身的力气，顽强拼搏，发扬不达目的决不罢休的精神，坚持不懈，才能到达胜利的彼岸。还要发扬团队精神和集体力量，尊重同伴，相互鼓励、支持和帮助，这同样是不可缺少的精神。

除此之外，定向运动还能培养在陌生的新环境下的竞争意识和适应能力以及对事业的进取心。

（四）娱乐价值

娱乐价值也可以称为休闲娱乐价值，定向运动能给人们带来无限的快乐。

置身于山区、森林、公园、风景名胜等环境中，人们首先获得的是一种回归大自然的感觉，会顿觉开朗，赏心悦目、心旷神怡。那起伏的山峦丘陵、成荫的绿树、茵茵的芳草、潺潺的流水……如同一幅美丽的画卷；那鸟语、蝉鸣、呼啸的松涛仿佛是曲曲动人的自然交响乐；即使是土地发出的芳香，也会让人陶醉；那带着芳香的清新空气正是无价的大氧吧。

定向运动的竞赛性、游戏性、情趣性和神秘性能带来愉悦身心的良好效果。在开始活动和比赛的那一刻，人们的身心一定会进入一种状态，即生理上心跳加速、血压升高、呼吸加深、体温上升，心理处于渴望、紧张、激奋的状态；在行进过程中，当参与者能精确地判定方向、正确地选择道路、顺利地找到点标时，内心会感到一种成功的喜悦；当发现方向判定失误或迷路，通过冷静地思考、快速和科学的再判断，终于找到正确的方向和道路时，会感受到激励，重新取得自信；当通过全身心的努力，把体能、智力、心理能力全部发挥出来，克服重重困难，最后到达终点，并取得胜利时，那种成功、激动、惊喜和满足的感觉是无法用语言表达的。

总之，定向运动的娱乐价值是显著的，它可以愉悦人们的身心，丰富社会文化生活，建立健康、欢乐、文明的生活方式。

（五）社交价值

体育比赛既是一种对抗，又是一种交流和交往。人们常说，场上是对手，场下是朋友，定向运动的比赛同样可以发挥交流、交往的积极作用。

体育比赛中的胜负、得失是暂时的，但友谊是永恒的、无价的。比赛中不仅能进行技艺的交流，还能进行情感的交流。诚恳、谦虚、友好的品质是体育比赛中促进相互了解、增进双方友谊的基础。在赛场内外，运动员都可以通过切磋技艺、交流经验、互赠纪念品、合影留念等方式达到增进友谊、结识朋友的目的。

参加定向比赛能接触不同的人，如观众、裁判员、组织者、志愿者、服务人员以及媒体记者等；在国际比赛中，还能与来自不同国家和地区的不同肤色、不同性格的运动员在一起，因而社交面是非常广的。与各类人群的交往可以积累丰富的社交知识和经验，提高社交能力。

（六）经济价值

定向运动的广泛开展必然会带动相关产业的发展，它所带来的经济效益是不可小觑的。

对定向运动的经济价值可以作以下简要的描述：定向运动装备生产与销售；定向运动场地的建设、市场开发与运作；定向运动俱乐部的建设与市场运作；定向运动带动服务业（含交通、宾馆、餐饮、纪念品等）的经营和发展；定向运动对旅游业的促进和推动；定向运动对媒体、出版发行业的促进与推动；定向运动对赞助商和广告业的吸引力；定向运动还能吸纳一定数量的劳动者，为失业下岗人员提供就业机会。

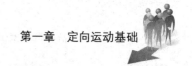

随着我国经济的快速、健康、持续发展和社会的不断进步，定向运动将会得到进一步的推广与普及，其经济价值也会随之显现出来。

四、定向运动的器材和装备

（一）检查点

检查点是工作人员于比赛前在比赛场地中摆放的标志，严格意义上的检查点是由 4 个部分构成的：点标、点签、地物及其特征。

1. 点标

点标是用三面标志旗围成的"三角形灯笼"，每个面的标志旗呈正方形，沿对角线分开，左上为白色，右下为橙红色，尺寸 30 cm×30 cm。点标上编有代号（代号通常贴在点标的附近，须走近才能看清），以便运动员在比赛时根据此代号判断自己是否找到了正确的检查点。

2. 点签

点签能为运动员提供找到检查点的凭据。传统的点签是夹钳式的，用弹性较佳的塑料或金属材料制成，顶端装有钢针。每个检查点点签的钢针以不同方式排列，从而可以夹出不同的图案印痕，以证实运动员找到了哪个检查点。

电子式点签被称作"卡座"或"打卡器"。它的前端有一个圆洞，在运动员插入电子指卡时，会把当时的时间写入指示卡。当运动员完成比赛，携带指卡到达终点时，指卡上不但记录了比赛总用时，而且还记录了到达每个检查点的具体时间。

3. 地物及其特征

地物（在定向中还包括地貌的内容——等高线特征）是图上正确表示了的地面物体，有的地物较大或者较长（如湖泊、道路等），其明显的弯部、转角等处就是特征。完整的检查点的含义就是在地物、地物特征处或其附近摆放了点标和点签的地方。

4. 检查点说明符号

用一些简明而形象的图形符号对检查点的位置及其周围环境特点进行进一步描述，对于组织级别较高、规模较大的比赛，尤其是国际比赛是非常必要的向运动比赛中，特别是路线和检查点设置较多的比赛中，一张配合准确的说明符号的地图对于提高找点速度，减少找点差错的确很有帮助。当然，

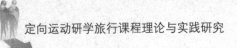

发现检查点不能仅仅依靠这些说明符号，主要的还是靠识图用图本领及对检查点地物的正确判断。

（1）一条完整的路线检查点说明

多数情况下，检查点说明使用符号表的形式。当参与者中新手较多或有其他原因时，也可同时提供符号表与文字说明。

（2）说明符号表的结构与内容

一条完整路线的说明符号表包括下述内容。

表头：组别（分组）；路线长度（m）；总爬高量（m）。

表身：依次对各检查点进行说明（包括起点）。

表尾：所有标识路段（必经路线）的长度与类型（包括赛程中的、最后检查点至终点的）。

（3）符号

符号即箭头等表示地面方向或形态的标识。

（二）打卡系统

1. 针孔打卡器

针孔打卡器用弹性较佳的塑料制成，一端装有钢针，每个打卡器的钢针组合图案都不同。此种打卡器价格低廉，使用方便，适于在日常教学、训练以及一些小型比赛中使用。

2. 电子打卡计时系统

随着定向运动的不断发展，定向器材的发展也十分迅速，目前在国内外的大型定向赛事中都采用先进的电子打卡计时系统，使用电子打卡计时系统不仅可以使运动员易于操作，还可以使组织者的工作变得极为简单，同时也使比赛更加公平、公正。SPORTident 电子打卡计时系统是目前世界上知名的定向运动电子打卡计时系统之一，其系统构成和使用方法如下。

（1）系统构成

SPORTident 电子打卡计时系统一般由指卡、打卡器和终端打印系统组成。

（2）使用方法

在使用电子打卡计时系统的定向比赛中，每个参赛者都发有一个统一编号的指卡，它可以存储开始和结束时间，而打卡器能存储运动员到访时的时间，当将指卡插入打卡器时，打卡器便自动将到访的时间写入指卡。在参加比赛时，运动员应将指卡佩戴在手指上，并按以下程序进行打卡。

①　选手出发前打"清除"，清除卡中原有的信息。

②　出发时打"起点"，比赛开始计时。

③　比赛中途按比赛要求找到每一个检查点，并在相应检查点的打卡器上打卡，读取到达该检查点的时间。

④　回到终点在"终点"打卡，比赛结束。

⑤　到主站上打卡，领取个人成绩条。

第二节　定向运动的技术体系

一、距离判断

距离判断技术是指在定向运动过程中，根据不同地貌，在不同的运动速度下对行进距离进行判断的技术。距离判断在定向运动中是一项重要的技术，距离判断的准确性取决于运动的积累，在不同地貌上进行定向奔跑需要不同的距离判断技术。距离判断技术分为三类：步测技术、视像预计技术、时间判断技术、比例尺和目测技术等。

步测是一种估算距离的有效方法。具体方法很简单，即数人们走步时每次右脚（或左脚）落地的次数，到达目标点的距离即可根据（按）步数乘步幅算出。每个人的步幅大小是不一样的，并且在不同的地形上行走时，同一人的步幅大小也不一样。

步幅大小的确定选择一块"一般"的林地，借助指北针，在两个明显地物间作直线行进，记下人们走完这段直线距离所用的步数；同时在图上用尺子量出这段距离的氏度，根据比例尺计算出实际距离。就可以很容易得出每行走 100 m 所需的步数。

（一）步测工具

如何较好地借鉴一些辅助工具测算距离成为实际定向训练中不可缺少的一环。可以借助指北针上的刻度尺、手指的宽度、指关节的长度、步幅尺等进行计算。

1. 使用指北针

如果想从精确的方向到达检查点，就必须熟练掌握使用指北针标定行进方向的技能，同时能用步测法大概估算行进的距离。将拇指指北针的直尺边放置在上站立点和目标点（检查点）之间的连线上，将指北针的读图箭头压住检查点。根据直尺边的刻度、地图比例尺，很容易算出站立点到检查点（图中的石块）的距离。标定地图的方位后，沿直尺边（即读图箭头所示方向）根据量算的距离，步测到检查点。这种定向（查找检查点）的技能适合于图中可判读地物稀少的路段使用。

若将拇指指北针放在 1∶15 000 比例尺地图上，拇指指北针直尺边上的一格分划相当于实际距离 100 m，站立点到检查点的距离约为 200 m，因此，对于 100 m 需走 45 步的人而言，从站立点到检查点大约需走 90 步。

这种定向的要领可归纳为以下几点：

① 用拇指指北针的读图箭头压住检查点；

② 指北针的直尺边紧贴检查点与站立点连线；

③ 根据刻度计算站立点到检查点的实地距离；

④ 根据实地距离和步幅计算步数；

⑤ 标定地图方位；

⑥ 沿直尺边所指方向，按步数接近检查点。

2. 步幅尺的使用

步幅尺的规格有 35～54 步（每走 100 m 所用的步数）不等，每个人可根据自己的步幅，选用相应的步幅尺。

（二）行进路线的选择

最安全的路线不一定是最快的路线，但是最快的路线一定是比较安全的路线，选择安全的路线是保证选择出最快路线的一个基本前提。在定向运动中，选择合理的运动路线是非常重要的，选择运动路线应遵循以下三条原则。

1. 选近不选远

在定向运动中，遇到地形起伏不大且空旷的原野和草地、可通行的沼泽地、树木稀疏和树木下面空旷可跑等地域，可以选择直接越野的方法，这样可以缩短路程，节省时间和体力。

选择越野路线首先应在确定好运动方向的前提下认真地分析地图，仔细地观察实地的地形，充分利用地图和指北针，把握好运动方向和运动路线。查看分析定向运动竞赛彩色地图，一般白色或浅黄色区域为可跑地域，应选择直接越野。黄色区域为半空旷地域，要认真分析地图，仔细观察地形，确认直接越野的可行性和可靠性。可根据实际情况，选择实地目标方向的明显地貌或地物作为参照物定向越野。实地目标点不可见且目标点方向无明显参照物时，也可以利用指北针定向越野，同时估量站立点到目标点间的实地距离。实际应用时，第一要把握好运动方向，第二要把握好实际奔跑的路程。

2. 有路不越野

道路是人们在社会实践中，为了相互交往和便利交通而修筑的和自然践踏形成的。所以道路相对便利、平坦好行且安全可靠，加之定向运动竞赛地图现时性强，道路表示详细，利用道路有利于图、地对照。在道路上运动易于明确实地站立点在地图上的位置，不易迷失方向，在定向运动中，利用道路奔跑既省时又省力。在利用道路时，应根据实际情况仔细察看地图，以便分析地形，充分合理地利用道路。查看分析定向运动竞赛彩色地图，若要穿越绿色不可通行区域，若有道路应充分利用道路。翻越高山峻岭或跨越深沟宽河时，若有道路也应首选道路。在运动中若有多条道路可选，应仔细察看地图分析地形，弄清各道路的走向和下段路程的连接点，比较它们的路程距离等，选择快捷、省力的最佳运动道路。在定向运动中，还应学会利用地图上（因制图等原因）未标注的山间小径，合理地利用这些小径将会获益匪浅。

分析判断实地山间小径分布的方法走向如下：

① 若房屋（或村落）在山体同侧时，相连小径沿山脚为走向；在山体两侧相连，小径多以就近鞍部翻越山体。

② 山背上若有小径，则小径多以分水线为走向。

③ 山谷中若有小径，则小径多以合水线为走向。

④ 若实地站立点处于某小径，且附近有大路，则小径可能与大路某处相连。

⑤ 若实地站立点处于某小径，且附近有牧区、砍伐区、农田、湖泊、池塘等，则小径可能与这些生产作业区相连，从独立房到池塘，总是一定有小路相连，尽管在图上没有显示。

分析判断实地山间小径的存在要慎重，要把地图分析与实地观察结合起来，确保做出正确的判断。

3. 仔细读图，综合考虑

在定向运动中，由于竞赛的要求，组织者一般都选择地形较复杂的地域作为竞赛场地，定向运动路线多为蜿蜒曲折的运动路线，很少有直接抵达目标点的运动路线。加之地表的地形本来就千姿百态，运动途中不时会遇到高峻的险峰、陡峭的山崖、深险的冲沟或洞穴、宽深的江河或沟渠、辽阔的湖泊和大水塘等难以逾越的障碍。所以，在定向运动中，要求运动员充分地利用地图和指北针，仔细地分析地图，判定地形，确定正确的运动方向和运动路线。在前进的道路上遇到大的障碍时，最好不要采用先抵达大的障碍物或在穿越障碍途中发现难以通行再走回头路的做法，这样不仅浪费时间浪费体力，有时还可能发生意外事故。在前进的道路上遇到大的障碍时，应提前做出判断和选择，遇到大的难以逾越的障碍时要分析利弊，选择最佳的迂回路线，提前绕行。

二、重新定位

（一）重新定位概述

重新定位指在迷失站立点后通过标定地图、路线回忆、安全方位和重新定位特征等重新确定站立点的技术。发现迷失站立点后，首先要做的事是停下来旋转360°观察周围环境的特点，标定地图，进行回忆和思考。

如果得到的结论不能解决重新定位问题，则应该检查地图，然后跑向最近的显著特征，在显著特征处通过标定地图进行重新定位，迷失后必须牢记的一点是在迷失的地方漫无目的地搜索将会耽误更多的时间。

（二）重新定位练习

1. "跟我来"练习

目标：发展练习者的重新定位能力。

方法：

① 选择一块具有较多特征的地域，在地图上设计好检查点及其代码，并在实地上设置好检查点。

② 利用 OCAD 软件将地图分割成一张张只有一个检查点的单点地图。

③ 指导者带领练习者到达图上任意位置处，然后将单点地图分发给练习者。

④ 练习者持图出发寻找检查点，完成任务后同到起点。

⑤ 改变出发点重:新开始练习。

练习提示：

① 指导者应该提醒练习者在前往出发点的途中注意观察、记忆周围的

特征。

② 为了加大难度，出发点可以设置在没有明显特征的地方。

2. 双人重新定位练习

目标：发展重新定位的能力。

方法：

① 设计一条每个检查点周围约 50～100 m 范围内有一个攻击点的路线，并在地图上标出这个范围。

② 两人一组同时出发，其中一人持地图。

③ 持地图的练习者 A 带领练习者 B 到达地图上的攻击点（地图上的紫红色方框处）。

④ 在攻击点练习者 A 将地图交给练习者 B，由练习者 B 重新定位并寻找检查点。

⑤ 练习者 B 持图带领练习者 A 到达下一个攻击点，由练习者 A 重新定位并寻找检查点。

⑥ 依次轮流进行练习完成整条路线。

练习提示：

两人在途中可以互相讨论。

（三）错误预防与纠正

1. 在第一个路段上迷路

错误原因：出发前的准备工作不足，没有正确执行出发程序。

纠正方法：出发前做好充分的准备工作，执行正确的出发程序，建立良好的比赛节奏。

2. 无法重新定位

错误原因：跑出地图范围；导航特征选择错误；心理压力大，不能集中注意力。

纠正方法：对行进路线进行仔细回忆；选择正确的导航特征；调整心理状态，集中注意力。

三、检查点捕捉

在不同的情况下应选择使用不同的定向技能，且定向运动中经常交替、混合使用，下面几种定向技巧值得学习。

（一）精确定向和概略定向

精确定向是利用野外复杂地物地貌进行定向的技能，通常在短距离的路段或长距离路段的最后部分使用。在实施精确定向技能时，一方面选手通常可以借助指北针仔细瞄准目标方向前进，并只需要判读预定直线方向的地物地貌，读图相对容易些；另一方面，由于实施精确定向技能的区域的地貌一般较为细碎复杂，读图的地形范围较小，而要求选手集中注意力和分析思考就限制了奔跑的速度。通常用步测结果确定行进距离。在地物地貌很细碎的地域行进很容易偏离预定的行进方向，必须仔细瞄准方向，尽可能地读出周围必要的地物，从图中量出实地从站立点到检查点的距离，并用步测估算出行进的距离。

概略定向就是利用野外的地物地貌朝着大型特征点，或沿明显特征（线状地物地貌）进行定向的技能。使用该技能时选手可以对图上的地物地貌进行简化处理，忽略细碎的不重要的地物地貌，只需留下一些突出的大的对定向有用的地物地貌特征。在这个阶段，需要边奔跑边读图，同时不断调整地图的方位，并看清前方地形，注意身体两侧的地形特征，留心地形细部特征，但不要把时间浪费在核实地形上。

（二）偏向瞄准

在向线状地物或线状地物旁边的检查点或目标点前进时，有意偏离目标，向目标的一侧前进，到达线状地物后，再朝一个明确的方向前进到达检查点，从而可避免在到达线状地物时影响前进速度。要注意的是在出发前，必须明确是向左还是向右偏，如果是向左偏，那么到达线状地物后应沿线状地物右行。

（三）选择攻击点

攻击点是在检查点附近，通常在检查点四周约 100～150 m 范围内的一个明显的、运用概略定向即可到达的特征。到达这一点后，应该开始运用精确定向技术向检查点前进。选择路线时，通常先选择一个攻击点，然后再由攻击点出发"捕捉"检查点。在一些初级的定向赛事或活动中，检查点本身就具有攻击点的性质。攻击点必须是容易辨认的，如高塔、小路交叉、池塘、建筑物等。

（四）拇指辅行法

先将地图折叠，把拇指放在地图上的站立点，再正置地图，这样，从站立点到目标点的区域就在拇指附近。利用拇指辅行法的优点在于方便运动途中读图，走到哪里，拇指随即指向哪里，即人在实地走，"指"在图上移，这样能随时知道在图上的位置，既节省读图时间，又能随时保证运动方向正确。

（五）数步测距

先在地图上估算两点的距离，然后利用步幅测量要走的路程。方法：先测量 100 m 所需要步测的步数（设 120 步），当在图上量出 A 点到目标的距离是 150 m 时，便可以算出应走 180 步。要记住，走到 180 步时要停下来仔细读图，进行精确定向到达目标点。

第二章　定向运动地图与比赛

第一节　定向运动地图

一、定向运动地图的内涵

地图是说明地球表面的事物和现象分布状况的平面图形。

定向运动地图是一种地形图，亦简称地图。它是一种按一定比例尺表示地貌、地物平面位置和高程的正射投影的平面图形。专门的定向运动地图上的地貌、地物符号要求更准确、精细地表示实际地形中的状况，且用各种颜色和符号表示不同的地貌、地物以及实际地形的可通行状况。

所谓地貌，即地球表面高低起伏的各种形态，如山地、谷地、平地等。

所谓地物，即分布在地球表面上自然形成和人工建造的固定物体，如江河、湖泊、居民点、道路、水利工程建筑等。

所谓地形，即地貌和地物的统称。

定向运动竞赛地图一般由地图比例尺、地图颜色、地貌符号、地物符号、磁北方向线、地图图例注记六大要素组成。

（一）地图比例尺

比例尺也称缩尺，它表示图纸上的长度与其相应的实际长度之比。地图上某两点之间的距离与相应的实地两地之间的水平距离之比称为地图比例尺，即地图比例尺＝图上距离÷实地距离。地图的长度单位一般为厘米（cm），如某幅地图上长 1 cm，相当于实地距离 10 000 cm，则此幅地图比例尺为 1：10 000 或 1/10 000。

1. 地图比例尺的特点及其表示形式

根据使用地图的目的、要求的不同，地图比例尺大小有所不同，一般以地图比例尺大小衡量地图的详细程度。

（1）地图比例尺的特点

图幅面积相等的地图，比例尺越大，其图幅所包括的实地面积就越小，地图上所显示的实地的地形内容就比较详细；比例尺越小，其图幅所包括的实地面积就越大，地图上所显示的实地的地形内容就比较简略。如同样图幅面积的两张地图，若地图比例尺分别为 1：10 000 与 1：100 000，则前者的比例尺大于后者。在比例尺为 1：10 000 的地图上，1 cm² 相当于实地 10 000 m²；而在比例尺为 1：100 000 的地图上，1 cm² 相当于实地 1 000 000 m²。显然，地图上相同面积所对应的实地面积小的地图，所显示的实地的地形内容较为详细。所以，地图比例尺为 1：10 000 的地图要比地图比例尺为 1：100 000 的地图所显示的实地的地形内容详细。

（2）地图比例尺的表示形式

地图比例尺通常有三种表示形式。

① 线段式—在地图上以厘米单位线段表示。如地图上 1 cm 代表实地 100 m，则在 1 cm 线段上注明 1 cm 等于实地 100 m。

② 数字式—在地图上以数字比例式表示。如地图上 1 cm 代表实地 100 m，则在地图上写成 1：10 000 或 1/10 000。

③ 文字式在地图上以文字直接表示。如地图上 1 cm 代表实地 100 m，则写成：图上 1 cm 等于实地 100 m。

定向运动竞赛地图的比例尺标注一般采用数字式，或者数字式和线段式两者同时采用。国际定向越野联合会规定：定向运动竞赛地图比例尺应为 1：15 000。若为适应当地地形表示的需要，可采用适当的比例尺，如 1：10 000，1：20 000 等。我国定向运动竞赛多采用比例尺为 1：10 000 的地图。公园定向运动竞赛多采用比例尺为 1：5 000，1：2 000 等的地图。

2. 地图上估量实地距离

根据地图上两点之间的长度和该地图的比例尺，可以估量出相应两实地之间的水平距离。估量两实地之间的距离，首先要估量或测量出地图上相应两点间的距离，然后根据地图比例尺，利用公式计算出两实地之间的水平距离，计算公式如下：

$$实地水平距离 = 图上长度 \div 比例尺$$

在实际估量中，若实地地形起伏较小，在地图上量算出的实地水平距离，就较接近实地路程距离。若实地起伏较大，则在地图上量算出的实地水平距离，必须结合起伏程度进行修正。这样根据地形的起伏程度估量出的实地距离，就较接近实地的路程距离。

（二）地图颜色

黑色——人造景观和岩石，大石头，悬崖峭壁。

棕色——高线，包括等高线和符号（表示山丘和小坑）；沥青、砾石路面（包括高速公路、主干道、宽行人道）；篮球场等。

蓝色——任何有水的地方（湖泊、溪流、泥沼）。

绿色——植被，浓密而难通过的地区（绿色越深，越难通过）。

白色——普通的林区，易通过。

黄色——空旷地，易奔跑。

黄绿色——禁入私人区、果园、花坛。

紫色——路线。

（三）地貌符号

地貌符号是为代表地球表面高低起伏的自然状态在地图上标绘的曲线和记号。地貌符号有等高线、示坡线、特殊地貌符号、高程注记、各种颜色记号等。

1. 用等高曲线及其辅助符号显示地貌

定向运动竞赛地图采用等高曲线法显示地貌，用等高曲线表示地貌的起伏形态，是一种比较准确的方法。等高曲线的制作方法：首先测量出地面上各个地点的海拔高度，并把它们标注在地图上，然后把海拔高度相同的各点连接起来。这个相同海拔高度的连接曲线即称为等高曲线，简称等高线。

（1）等高线法表示地貌的原理

等高线是地面上高程相等的点所连成的闭合曲线。按"平截法"说，假设把一座山，从底到顶，按相同的高度，用一层一层的水平面横截，则山的表面与水平面有一交线，再将这些交线垂直投影到地平面上，呈现出一圈套一圈的曲线图形。因为每条线上各点的高度恒等，所以将这些曲线叫作等高线。另一种"淹迹法"说，即假设淹没小山的海水按一定间隔的高度间隙地退落，在每次间隙期内海浪击蚀山体都留下一圈闭合的水涯线痕迹，水迹线上各点的高程相等，此线即为实地可见的等高线。这一层层闭合的水迹线正射投影到海水平面上，所得到的一组闭合曲线即为图面上的等高线。

（2）等高距及其特点

等高距即相邻的两等高线间的垂直距离，也就是假设的水平截面之间的间隔距离。

等高距的特点有以下几点：

① 等高距是以相邻的两等高线间的实际垂直距离表示的，其单位为 m。

② 等高距的大小决定着表示地貌的详细程度。在同一地域中，等高距大，则等高线条少，表示的地貌形态就较简略；等高距小，则等高线条多，表示的地貌形态就较详细。

③ 等高距的大小要受到地图比例尺的制约。若地图比例尺小，等高距的取值也小，就会给制图带来困难；地图比例尺大，等高距的取值较大，就会增大地图的画幅。所以，一般来说，地图比例尺小，则等高距的取值就较大；地图比例尺大，则等高距的取值就较小。

国际定向越野联合会规定：定向运动竞赛地形图的比例尺为 1 : 15 000，其等高距取值为 5 m。我国现有的地形图，一般比例尺为 1 : 10 000，其等高距取值为 2.5 m。为了适应国际定向运动竞赛的需要，我国定向运动竞赛采用比例尺为 1 : 10 000 的地图时，需将等高距修订为 5 m。

（3）等高线的种类及其作用

等高线按其作用可分为基本等高线、加粗等高线、半距等高线、辅助等高线四种。

① 基本等高线又称首曲线，是按规定的等高距由平均海水面起算而测绘的实线，线粗 0.1 mm，用以显示地貌的基本形态。如在 1 : 50 000 图上的首曲线，依次为 10 m、20 m、30 m。

② 加粗等高线又称计曲线，规定从高程起算基准面起，每隔 4 条首曲线（即 5 倍等高距的首曲线）加粗的一条粗实线，线粗 0.2 mm，用以数计图上等高线和判读高程。如在 1 : 50 000 图上的计曲线，依次为 50 m、100 m、150 m。

③ 半距等高线又称间曲线，是按 1/2 等高距描绘的细长虚线，线粗 0.1 mm，用以显示首曲线不能显示的局部地貌，如山顶、阶坡或鞍部等。

④ 辅助等高线又称助曲线，是按 1/4 等高距描绘的细短虚线，线粗 0.1 mm，用以显示间曲线仍不能显示的局部地貌。

间曲线和助曲线共用于局部地区，显示局部地貌，所以它不像首曲线那样一定要每条闭合。除表示山顶和凹地的曲线要闭合外，表示鞍部时，一般只对称描绘，终止于适当的位置；表示斜面时，一般终止于山或山谷两侧适当的位置。

（4）等高线显示地貌的特点

① 地图上的每条等高线都是实地等高线的水平投影，它既描绘出了地貌的水平轮廓，也表示出了地貌的起伏。

② 在同一条等高线上的任何点的高度都相等，是条闭合的曲线。

③ 在同一地图上，等高线多，山高；等高线少，山低；等高线稀，坡缓；等高线密，坡陡。

④ 在同一地图上，等高线间隔大，坡缓；间隔小，坡陡。

⑤ 图上等高线的弯曲形状与相应实地地貌相符。

（5）示坡线

示坡线是指顺着下坡方向绘制并与等高线垂直相交的小短线。它通常绘在等高线最有特征的弯曲上，如山顶、鞍部或凹地底部。示坡线可以帮助了解山的起伏，即哪里是上坡，哪里是下坡。一般顺着示坡线的方向为下坡，逆着示坡线的方向为上坡。

2. 山的各部形态

（1）山顶

地面形成高耸的部分称为山，山的最高部分称山顶。在地图上以等高线形成的小环圈表示山顶，有时在小环圈外侧绘有示坡线表示凸出的山顶；若在显示山顶的小环圈内侧绘有示坡线，则表示如火山口似的凹形山顶。山顶按其外表形态可分为尖顶、圆顶、凹地、平顶等几种。尖顶表示山顶的小环圈小，小环圈外围的等高线较密，这种山顶一般山体高峻，坡面陡峭，山质结构多为石质。

圆顶表示山顶的环圈较圆，环圈外围等高线间隔排列较均匀。这种山顶圆浑，山体低矮，坡面平缓，多为等齐坡面，山质结构多为土质，一般丘陵地域多为这类山体。

凹地表示山顶的环圈内有示坡线。这种山顶为凹形，多由火山喷发或地震形成。

平顶表示山顶的环圈较大，环圈外侧近处等高线较密，环圈外侧远处等高线较疏，且等高线的密疏转折明显。这种山顶犹如高耸的平台，多为大自然风化的结果，山质结构也多为土质，平山顶多处于土质高原地域。

（2）山背

从山顶到山脚的凸出部位称山背，亦称山梁。在地图上以成组的等高线向外凸出的曲线表示山背,这些成组的等高线凸出部位的顶点的连线即为分水线。

(3)山谷

相邻两山背之间低凹狭窄的地方称为山谷。在地图上用等高线表示山谷时,以等高线所围成的闭合曲线的凹入部分表示;成组等高线向内凹入部位顶点的连线称为合水线。

(4)鞍部

相邻两山之间的地形如马鞍状的部分称为鞍部,在地图上用一对表示山背的等高线和一对表示山谷的等高线组合来显示鞍部。

(5)山脊

山头、山背、鞍部凸出的高处连绵相连,如同兽脊凸起的部分称为山脊,在地图上,山头、山背、鞍部凸出的高处连绵相连的曲线为山脊线。

3. 特殊地貌符号及其显示地貌的特点

地貌形态千姿百态,许多特殊的地貌形态无法用等高曲线表示。如冲沟、滑坡、陡崖、堤坝、岩峰、山洞等,这些地貌形态只能用形象的特殊地貌符号表示。

较大面积的特殊地貌则以其外轮廓按比例尺绘制,在地图上测量其轮廓,可判断大小、陡缓等,这类地貌如滑坡等。

线状特殊地貌则以其长度按比例尺绘制,用线状图形符号表示。在地图上测量其线长,可判断其长度,这类地貌如陡崖、堤坝、冲沟等。较小的地貌则以表意形象符号表示。这些以表意形象符号表示的地貌起着定位点的作用,其定位点处于形象符号的中心位置。这类地貌如岩峰、山洞等。

4. 用不同手段显示地貌

(1)用颜色显示地貌

用颜色显示地貌是指一般常见的彩色地图以颜色显示地形的高低起伏。它也是以等高线为基础的,在不同的等高线间,着上褐色、黄色、绿色等表示地面的起伏。这种分层设色,一般还附有分色高度表,以供查看。

(2)用形象符号显示地貌

用形象符号显示地貌是指以各种形象符号显示地貌,如山形符号表示山地分布或山的走向等,一般与其他表示地貌的方法配合使用。

(3)高程注记显示地貌

高程注记一般与等高线、颜色或形象符号配合使用。高程亦称海拔高度

（简称海拔），表示地面上某点对于基准海平面的垂直距离，其注记即为高程注记。在地图上采用高程注记一般有等高线上的高程注记和某点的高程注记两种形式。等高线上的高程注记数字朝向上坡方向；某点的高程注记数字朝向上方，即地图北方，它们的单位为 m（实际单位）。

（四）地物符号

地物符号即代表地表面上自然形成和人工建造的固定物体在地图上的标志符号。

在定向运动竞赛地图上，地物符号是由符号与颜色组成的。

地图上的内容是用形状不同、大小不一、色彩有别的图形和文字组成符号表示的，是地图与用图者对话的语言。它不仅具有确定客观事物的空间位置、分布特点以及数量、质量特征的基本功能，还具有相互联系和共同表达地理环境诸要素总体特征的特殊功能。因此，要想认识地图，首先要了解符号的特点和作用。

1. 符号的种类（按符号所代表的事物情况来分）

（1）面状符号

地面事物呈面状分布，当实际面积较大，按地图比例尺缩小后，仍能表示出其分布范围时，用面状符号表示，如大的湖泊、大片森林、沼泽等。这种符号能表示事物的分布位置、形状和大小，一般又把这种符号称为依比例符号。

（2）线状符号

地面上呈带状或线状延伸的事物，按地图比例尺缩小后，长度可依比例表示，宽度不能依比例表示，在图上用线状符号表示，如道路、输电线、河流等。由于这种符号能表示事物的分布位置、长度和形状，但不能表示其宽度，一般又把这种符号称为半依比例符号。

（3）点状符号

客观事物在地面上所占的面积较小，在图上不能按比例尺表示其分布范围时，则用个体符号表示，如表示居民点的房屋、小塔形建筑、石块、小树等。由于它只表示其分布位置，不表示事物的形状和大小，一般又称这种符号为不依比例符号。

2. 符号构成的特点与要素

（1）符号的特点

地图内容是通过符号来表达的，因此，符号应该具有以下几个特点。

①　符号与实际事物的具体特征有联系，以便根据符号联想实际事物。

②　符号之间有明显的差异，以便相互区别。

③　同类事物的符号类似，以便分析各类事物总的分布情况以及研究各类事物之间的相互联系。

④　简单、美观，便于记忆、使用方便。

（2）符号的构成要素

符号的上述特点是由符号的图形、大小和颜色表现出来的，因而图形、大小和颜色称为符号的三个基本要素。

①　符号的图形。符号的图形主要表示地理事物性质上的差别。面状符号的图形，与事物的实际形状相似；线状符号的图形为不同形式的线，如双线、单线、实线、虚线和点线等；个体符号的图形多为简单的几何图形和象形图形。符号的图形具有图案化和系统化的特点。所谓图案化就是符号图形有些类似于事物本身的形状。图案化的图形既形象又简单，因而便于根据符号图形联想实际事物的形态。符号的图形系统化是指各种符号的图形具有内在的联系，通过图形的变化，可以把事物的量和质等特征表现出来。符号的图形系统化表现为同类事物的符号图形相类似。道路一般分为铁路、公路及其他道路，分别以黑白相间的双线、普通双线及单线、虚线、点线等表现其差异。

②　符号的大小。符号的大小主要反映事物的重要程度及数量差异，一般来说，表示重要的、数量多的事物的符号大些；反之，则要小些。为了完整而详细地表示出地形，同时又能保证定向图清晰易读，国际定向越野联合会规定了定向图符号的最小尺寸以及当它们相互靠近时的关系处理原则与最小间隔。符号的大小、线条的粗细、符号间最小距离的规定都是以日光条件下的正常视力和当今的印刷技术水平为依据定制的。

③　符号的颜色。符号的颜色主要表示事物的质量差异、数量差异和区分事物的重要程度。一般用不同颜色表示质量的差异，如用蓝色表示水系，用绿色表示植被；用同一（或相邻）颜色的深浅表示数量变化，如用深浅不同的绿色表示森林，颜色越深，则表示森林越密，越不易通过。

（五）磁北方向线

磁北线是地图上表示地磁的方向线。它不仅可以用来标定地图的方向、测量目标的方位角，还可以用于概略地判明行进路线的方向和距离。磁北线一般用黑色、红色或蓝色的平行线表示。

在 1∶10 000 的图上，要求两磁北线间的距离约相当于实地 250 m。除非遇上重要特征物会被遮盖，磁北线必须在图上呈南北方向贯通整个赛区。

（六）地图图例注记

图例说明是专业定向地图上的重要注记，它可以帮助理解地图所表示的事物。它采用的是国际语言符号，所有符号全球通用。定向地图上的语言符号分为地貌、岩石与石块、水系与淤泥地、植被、人工地物、技术符号、路线符号、检查点说明表八个类别。

1. 地貌（用棕色表示）

地貌表示地球表面高低起伏的各种形态，如山地、平地。这类符号还包括土坎（崖）、土墙、冲沟、小丘、小凹地、坑洼地等专门符号。

2. 岩石与石块（用黑色加灰色表示）

岩石与石块是地貌的特殊形式，它可以为读图和确定站立点提供参照物，还可以向运动员提供前方是危险还是可奔跑的通行情况。

3. 水系与淤泥地（用蓝色表示）

水系与淤泥地这类符号包括露天的明水系和特殊的水生植被。这类符号非常重要，它不仅能够表示对运动员通行的影响程度，还可以为读图和定点提供参照物。

当水系植被的外围着粗黑线时，表示该地物在通常气候条件下不能通过。

4. 植被（用空白或黄色加绿色表示）

植被的表示对运动员来说很重要，因为它能反映地面的通透性，直接影响运动员的视野和奔跑速度，也可以给运动员提供参照物。

5. 人工地物（用黑色表示）

人工地物包括各种道路、村庄、建筑物等符号。道路为运动员奔跑时提供重要的信息，可以让运动员知道道路的宽度，它和其他地物符号一起帮助运动员读图和确定点位。

6. 技术符号（用黑色加蓝色加棕色表示）

技术符号对于所有地图都是很重要的内容。在定向地图上主要有磁北线、地图套版线、高程注记等。地图套版线是用于地图制版的，运动员可利用它判断地图的质量，高程注记表示某个点的高程（海拔高），运动员可利用它计算参照物的高差。

7. 路线符号（用紫色表示）

路线符号表示比赛路线及其通行、障碍、危险等情况。

8. 检查点说明表

在定向比赛地图上，还可以通过检查点说明表说明地形、地貌与检查点的精确位置关系。

二、定向地图制作

（一）定向地图制作的基本步骤

定向地图的制作过程一般包括区域的选择、获得该区域的使用许可、获得底图、比例尺的选取、确定地图的色彩、实地测绘、实地复查、计算机辅助制作、印制地图等步骤，下面对各步骤做简单的介绍。

1. 区域的选择

对于在公园或校园举行的定向赛事，以下地区比较适合制作成地图。

① 单个学校或多个校园连在一起的教育园区。

② 中小型的公园。

③ 含有足够丰富且能够被标志在地图上的地物（如人造物体、小径、水系、植被等）的区域。

④ 没有主干道穿越其中的区域。

⑤ 能够明显区分边界的区域。

2. 获得该区域的使用许可

在地图开始制作之前，还有一个十分重要的环节不能忽略，那就是获得场地所有者的使用许可。一般来说，要到如下部门获得这方面的许可：① 学校的主管部门；② 公园的园林管理处；③ 公共绿地所在地区的街道管理部门等。

3. 获得底图

定向地图制作的本质是在一张实地底图的基础上，对所需的区域进行实地测绘之后，将各种定向比赛所需的地理信息添加到底图上去。因此，计划制作地图区域的底图对于定向地图的制作来说是必不可少的。一般来说可以通过以下途径：

① 学校的基建处；② 公园管理处；③ 测绘部门。

4. 比例尺的选取

比例尺的选取可以根据场地的大小及赛事活动的目的而定。

对于校园地图，大小最好不超过 A4，比例尺一般比较大，可以为 1：1 000、1：2 000、1：3 000、1：4 000 或 1：5 000。

对于公园地图，大小最好为 A4 或 A3，比例尺可以选择为 1：5 000、1：7 500 或 1：10 000。

5. 确定地图的色彩

目前，一般多采用 OCAD 软件完成地图的后期绘制工作，运用 OCAD 软件可使彩色地图的制作变得十分简单。但是，彩色地图的印制需要有一定的花费，因此，赛事的组织者可以根据自身的经济情况以及赛事的规模决定比赛地图的色彩。对于一般的学校俱乐部来说，彩色地图的印制所需要的费用相对昂贵，操作起来也比较困难，所以可以采用黑白的地图作为赛事地图。组织具有一定规模及水平的赛事时，彩色地图以其丰富的信息量和明确的时效性不但能使运动员读图更为方便，而且也能确保比赛的公正性，所以此时就必须采用彩色的比赛地图。

6. 实地测绘

实地测绘是关系到地图最终质量的关键环节，其准确性、详细程度等都会影响到随后赛事的公正性及比赛结果的准确性。

实地测绘一般采用两种基本技术：角度偏转和步测。角度偏转是利用指北针测量出地物与磁北线的夹角，从而根据该夹角确定地物与自己站立点的位置关系。步测就是利用步距测量出站立点与目标地物之间的距离。在实际操作过程中，一般可将两种方法结合运用，在面对具体区域时先确定测绘区域的边界，然后添加线性地物和点状地物，接着添加区域性植被，最后完成等高线的绘制。具体操作过程如下。

① 确定该时段测绘区域的边界。

② 确定线状地物：在选定当天要测绘的区域后，从线状地物着手，依次将各种线状地物（道路、溪流等）添加到底图上，线状符号包括道路、围栏、溪流、输电线路等。

③ 添加点状地物：首先将线状地物附近的点状地物（岩石、人造物等）添加到底图上，然后再添加远离线状地物的点状地物，点状符号包括岩石、人造物体、小丘等。

④ 确定区域性植被状况：利用此时底图上现有的线状符号及点状符号，

确定区域性植被的边界及拐点，最终确定该区域的情况。区域符号包括植被带、湖泊等。

⑤ 完成等高线：依据该区域的山体走势完成最终等高线的分布状况。

在通常情况下，一个有经验的制图员在实地能够同时完成上述几个步骤。

7. 实地复查

实地复查是保证质量的一个相当重要的步骤，它通常在实地测绘之后进行。当一块区域的测绘由一个团队来进行时，实地复查变得尤为重要。通过这项工作，可以统一地图的风格和详细程度。实地复查可以由团队中的某个成员担任。若地图由某个人独立制作，那么最好由不同的人员来复查。

实地复查是为了使地图的风格和地物取舍标准达到最大限度地统一，任何可能的大的变动必须与该区域的原始测绘人员进行讨论后再决定。

8. 计算机辅助制作

实地测绘完毕之后，制图员必须及时进行计算机辅助制作。计算机辅助制作的时间与实地测绘的时间比例为1∶1，也就是说每天在实地测绘几个小时，就得在计算机上花费同样的时间进行辅助制作，一张高质量定向地图70%来自后期的制作。

9. 印刷地图

整张地图全部制作完毕之后，送至印刷厂印制成比赛用图。

（二）简单教学用图的制作

开展定向运动最重要的物质条件就是要有定向地图，这也是制约定向运动在我国普遍推广的重要因素。以上介绍了定向地图制作的基本程序和专业制图软件 OCAD 的操作界面。有了以上的知识，就可以开始学习如何制作一幅简单的、实用的、花时又不多的教学与训练用图了，这一技能是开展定向运动所必需的，通过地图的制作，能够加深制图员对地图的理解，提高制图员识图的能力。下面以一张百米定向地图和一张校园定向地图的制作过程为例，学习简单教学用图的制作方法。

1. 百米定向地图的制作

百米定向所追求的是准确与速度，因而在地图的制作方面特别讲究精确，不仅在地形、建筑方面要精确，甚至还要精确到每棵树的具体位置或者具体相对位置。一般教学用的百米定向图有两种画法：一是直接用尺量，百米定向所用场地不大，用尺量也不会有很大难度，而且会相对准确；二是凭

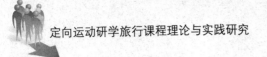

自己的经验和感觉用相对位置的方法进行绘制。

百米定向制图的主要步骤如下。

① 画出地图的总体边框。

② 画出路和一些明显的标志物。

③ 总体边框、路和标志物已完成的地图上，用尺或者根据各物体的相对位置，不断在地图上确定和增加其他的物体。

④ 验证地图。制图完成后，还需要拿着完成的地图到实地进行确认以及修改。用适当大的一张纸（一般为 A4 纸）作为底图，根据纸和实际地形的大小比例确定所作图边框的放置方向和大小，可以用尺和指北针确定边框的情况。在地图边框上通过视觉和测量标出各种路、等高线和几个大的明显的参照物。在百米定向中一般不会根据等高线设点，因而等高线的要求不高。根据已知路、等高线和参照物，可用尺或者通过感觉的相对位置法，根据各事物的明显程度逐渐增加图中的参照物。

在增加了各种明显标志物后，再不断增加图中的细节情况，如小树、水龙头、灯柱等，并画出图中的植被分布情况以及完成磁北线。在地图上加上地图的名称、各事物的说明符号、比例尺和制图人员等信息。完成后，还得去跑上几次，从参赛者的角度感觉这张地图的情况，并对其进行修正。

2. 校园定向地图的制作

校园定向地图主要是由道路、建筑物和人造物等地物组成，有时也会用到等高线，和百米定向地图一样，要求有较高的准确性。在制图过程中，明显的道路、大的建筑物等是重要的参照物和定位点，要充分利用这些信息。

制作校园定向地图的一般步骤有以下几步。

① 首先根据校园底图画出定向图的初稿。在这个过程中，要尽量尊重原稿，保持原稿的准确性。因为原稿就是作这张图的参照，提供了重要的信息。

② 对原稿中的信息进行确认与修改，主要是房屋、路和等高线，考察它们之间的距离、方位和相对位置等，这些将是增加其他事物的主要参照物。

③ 在已确认的路、等高线和房屋的地图上，以这些为参照，根据相对距离和相对方位增加其他没有的事物，如房子、小路、大石头、突出的树和植被分界线等。

④ 添加图中的植被情况。校园中植被情况一般以黄色的草地、浅绿色可通过的树林以及深绿色或者红色网状的禁区等为主。

⑤ 在地图上加上地图的名称，各事物的说明符号，比例尺和制图人员等信息。待完成后，还得去跑上几次，尽量从参赛者的角度感觉这张地图的情况，并对其进行修正。

第二节　定向运动比赛

一、定向运动比赛的内涵

参加定向运动比赛是对定向运动的技能掌握情况的检验，也是参与定向运动、体验定向运动乐趣的重要途径。下面按照定向运动比赛的程序，介绍如何参加定向运动比赛。

（一）注册与报名

正式的全国性定向运动比赛，运动员必须到指定部门进行注册登记，部门对其进行资格审查，并发给参赛证。参赛证应有运动员姓名、出生年月、照片、身份证号码及当年的竞赛组别。如果要参加定向运动精英组的竞赛，中国定向运动协会应在参赛证上注明，注册登记应每年一次。

参加小型定向运动比赛时，运动员应首先进行报名。组织者通常会提前两个月对外发布正式比赛通知，向参赛者公布的比赛信息主要包括下列内容。

① 比赛的名称、项目、分组。

② 时间（年、月、日）。

③ 比赛目的（是选拔赛、公开赛、邀请赛还是锦标赛）。

④ 地形特点、当地温度。

⑤ 比赛各组别的路线长度、难度或总爬高量。

⑥ 地图比例尺、等高距。

⑦ 报到时间、比赛开始时间。

⑧ 比赛编排方法（是抽签还是其他）。

⑨ 报名资格、报名费以及支付方式。

⑩ 报名地址，报名登记起止时间，限额，联系人地址、姓名、电话。

⑪ 此次比赛的竞赛规程。

⑫ 附报名登记表一份。

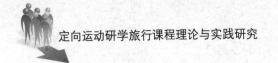

这些比赛信息将有利于运动员的报名选择。

（二）做好参赛准备工作

报名结束后运动员将得到一些更为详细的资料，这时即可开始比赛的准备工作。准备工作主要包括以下几个方面：

① 认真学习有关本次比赛的规程、规则和要求。

② 根据自己的目标和能力加强定向运动的各项技能和体能的训练。

③ 按规程规定，做好在定向运动比赛中运动员允许携带的指北针、地图、笔以及与竞赛配套的检查点说明、检查卡和号码布等准备。

④ 在比赛的前一天，准备好饮料、干粮和钱物，比赛前夕应充分休息，注意饮食。

⑤ 如果比赛另有补充规定或通知，运动员应尽快阅读，以保证顺利完成比赛。

⑥ 认真积极地做好临赛前的准备热身活动，避免运动中伤害的发生。

对参加或准备参加定向运动比赛的各级选手提出一些基本的要求是十分必要的，这些基本的要求主要有以下几点：

① 参赛者应具备一定的识图技能，如地图比例、地形地貌及其各种符号的识记技能。

② 参赛者应具备一定的用图技能，如结合指北针辨明方向、位置以及判读地貌的技能。

③ 参赛者应具备一定的越野赛跑的技能和基本身体素质，如越野赛跑技术、耐力、力量、速度、灵敏、平衡以及心理素质等。

④ 参赛者应具备一定的适应、应变和自救能力。

⑤ 参赛者应学习定向运动比赛的基本规则，并在比赛中严格遵守规则。

⑥ 参赛者必须注意培养自己的环境保护意识。

⑦ 参赛者必须购买保险。

（三）比赛的程序

在完成报名工作以后，运动员应该了解参加定向运动比赛过程中的基本程序。定向运动比赛的基本流程依次为：报到处—出发区—进行比赛—终点处—重返会场。

① 报到处：运动员在比赛开始前首先要到赛区的报到处，出示有效的

参赛证件，办理登记手续，领取参赛号码布和检查卡片并在报到处查阅本组和其他各组运动员的出发时间或有关该次比赛的基本资料。

② 出发区：运动员须在出发前 10 分钟到达出发区，报到处离会场出发区的距离根据比赛规模、级别和选手水平而定（通常是步行几分钟至 30 分钟的路程），运动员按照组织者设置的路标指引，自己计划时间前往，如因个人延误迟到，所损失的时间将不获补偿，基层小型定向运动比赛也可集体集中组织前往。

③ 进行比赛：各组的运动员每隔一分钟或若干分钟出发一批次，出发后运动员必须离开出发方格，以免阻碍其他运动员出发。运动员在进行比赛的过程中必须按顺序寻找到所有的检查点，并打卡然后到达终点报到。

④ 终点处：运动员通过跑道，越过计时器后，计时员会将其到达的时间记录下来，然后在地图收集处缴回地图、检查卡片。运动员返抵终点后，须迅速离开，以免妨碍后面的运动员进行比赛。

⑤ 重返会场：运动员将从成绩布告板上查阅自己的比赛成绩，如有异议须于成绩公布后 5 分钟内提出。

（四）比赛中应注意的问题

① 集合报到后组织者将发放比赛编号（号码布）、检查卡片等物品，运动员撕（剪）下检查卡副卡交给工作人员。

② 当距离出发时间还剩 10～15 分钟时（根据报到处与出发处之间的距离而定），即可在工作人员（或标志）的指引下前往出发区。

③ 进入出发区后，检查自己的着装和基本装备并及时向起点裁判员交验检查卡和检查点说明表等参赛凭证及比赛用品。

④ 明确出发区的方位，并仔细观察周围地形、地貌，把握好出发方向，若终点设在附近，还应观察终点周围的环境。

⑤ 运动员从出发区进入待发区后就会得到比赛地图，应迅速进行阅读，分析各检查点标志周围的地形、地貌。

⑥ 初次参赛的选手特别要把握好到达第一个检查点的方向和路线，顺利到达第一个检查点有利于提高运动员的自信心，为下面的比赛打下良好的基础。

⑦ 如果比赛图上没有标示比赛路线，就需要参赛者自己到标图区按照基本图进行描绘。标图区一般设在出发线前方 30～100 m 处。在标图区描绘

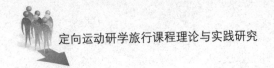
比赛路线时要细心谨慎，防止绘错检查点的位置。描绘完毕后应将尺子、红圆珠笔等留在原处，以便后面的运动员使用。

⑧ 运动员听到出发指令后应快速向第一目标点出发，尽快离开出发地域，并应避免为他人引路。

⑨ 在检查点打卡时，要仔细核对检查点的代码是否与自己所要寻找的检查点代码相符。使用检查卡计时应注意打印要清楚、位置要正确；使用电子打卡器，电子器会发出打击成功的信号。

⑩ 抵达终点后应立即将检查卡、地图、检查点说明卡等交给终点裁判员。

⑪ 当比赛起点与终点位于同一处时，禁止已完成的队员同未出发的队员交流。

二、定向运动比赛组织

（一）比赛组织机构及分工

根据定向运动竞赛的性质、规模等实际情况成立定向运动比赛的组织委员会（简称组委会）。

组委会一般由主办单位、承办单位及有关方面的负责人及各队领队组成，下设秘书组、裁判组、技术组、后勤组等机构。

1. 秘书组

设秘书长 1 人，秘书员 2~6 人。主要工作有以下几点：

① 设计会标、准备成绩公布栏、搜集广播宣传资料、制作成绩记录表。

② 用广播、图片、广告等进行宣传，宣传内容包括本次比赛的组织情况和参赛选手的情况。

③ 公布经过裁判长、检查卡验证人、成绩验证人审核的运动员或代表队的成绩。

④ 组织比赛开幕式、发奖仪式、闭幕式以及其他接待宣传工作，竞赛规模较大时，可在秘书组下设专门的接待组和宣传组。

2. 裁判组

裁判组由具有裁判工作和组织工作经验的人担任。设总裁判 1 人，副总裁判 1~2 人，裁判员人数可视比赛规模而定，主要负责以下几项工作。

① 检查地形、地图、路线的质量以及监督保密的情况。

② 设计比赛的检查卡片、成绩统计表、成绩公布栏，并准备号码布、点表、起终点设备。

③ 进行比赛编排和抽签工作。

④ 临场执行裁判，判定并公布成绩与名次，判罚处理竞赛中的违规行为。

裁判组下设起点裁判组、场地裁判组、终点裁判组、成绩裁判组、竞赛秘书组，必要时可加设巡视监督裁判组。

3. 技术组

技术组设组长 1 人，技术员 2～8 人，主要负责选择比赛场地，设计竞赛路线，准备地图，印刷检查点说明表等。

4. 后勤组

后勤组设组长 1 人，组员 3～6 人。负责管理大会的经费、生活物资、竞赛设备器材、食宿、交通、保卫、医务等工作。竞赛规模较大时，可在后勤组下设专门的会计组、生活管理组、场地器材组、安全保卫组、交通运输组、医务组等。

（二）比赛方案的设计

比赛方案是指为了实现一定的目标，预先规划和拟订的关于本次比赛的筹备、组织与实施的内容、方法及步骤的方略或预案，它是指导定向运动比赛的重要依据。

定向运动比赛可分为很多的等级，从课堂上的趣味比赛到高级的国家或国际比赛，不同的比赛需要有不同的比赛方案。

1. 比赛方案的内容

比赛方案通过竞赛规程及实施比赛的相关计划预算等体现。比赛方案除前述竞赛规程和赛前、赛期、赛后的工作等内容外，还应考虑经费预算，如比赛筹备工作分为几个阶段及各阶段工作安排等。

2. 设计方案的原则

（1）思想性原则

坚持"健康第一"的基本思想，以"团结、奋进、文明、育人"为宗旨。设计方案应能体现主办者的目的和意图，使定向运动竞赛在促进人的全面发展和社会进步等方面发挥积极的作用。

（2）比赛性原则

比赛规模应与组织者的人力、财力、物力和环境相结合。比赛组织与实

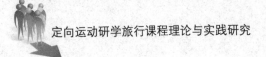

施应能符合本项运动的特点与规律，并贯彻经济节约、组织高效、安全第一的精神。

（3）群众性原则

设计方案应考虑能充分发挥本项运动的特点，吸引更多的人参加比赛，充分体现小型定向运动比赛的群众参与性和参与对象的广泛性。

（4）适度性原则

比赛区域的选择和路线的设计、项目设置与分组、比赛的难易程度及规则的掌握等方面都应适度把握参赛者的年龄、性别、职业、体能、心理、智能及其对定向运动的熟悉程度等个体差异。

（三）竞赛组织工作的基本程序

竞赛组织工作主要有赛前工作、赛期工作和赛后工作。

1. 赛前工作

① 制订比赛工作计划，成立竞赛筹备机构。

② 制定竞赛规程。

③ 根据确定的竞赛项目，选择竞赛场地，设计竞赛路线。

④ 根据比赛级别和水平准备相应的基本设备。

⑤ 根据竞赛规程和规则印制检查点打印卡、检查点说明卡、竞赛成绩记录表、竞赛成绩统计表等。

⑥ 接受报名，审查运动员资格，组织抽签，编排比赛程序。

⑦ 编排印制秩序册。

⑧ 准备裁判用的各种表格及其他用品；组织裁判员学习，确保裁判工作的公正、准确、快速。

⑨ 召开组委会全体会议，报告赛会筹备情况、参赛队数及人数，议定赛会的重大问题。

⑩ 召开领队、教练员会议，发放秩序册，说明竞赛规程规则以及有关规定和要求。

⑪ 准备竞赛的组织接待、后勤保障等工作，布置赛场和会场。

2. 赛期工作

① 组织开幕式。

② 进入临赛状态：各类人员按时到位，对场地设施、器材等做临赛前的最后检查。

③ 实施竞赛：按竞赛程序按时有序地组织比赛，严肃认真地进行裁判，做好成绩记录、核对、汇总及公告等工作。

④ 加强安全保卫工作，维持好赛场内外的秩序，做好赛场医务工作。

⑤ 根据竞赛规程和竞赛规则处理竞赛中发生的问题。

⑥ 公布竞赛成绩、名次及颁奖。

⑦ 组织闭幕式。

3. 赛后工作

① 清理场地、回收器材及各种用具。

② 做好运动队和裁判人员的离会工作。

③ 做好本次竞赛的总结工作。

④ 整理比赛成绩和有关文件，管理好竞赛资料，大型比赛应将竞赛资料印制成册，并分发给参赛单位和有关部门。

（四）比赛场地和器材的准备

1. 场地的选择

场地的选择与确定，应满足以下要求。

① 比赛区域的环境应适合定向运动的特殊需要。通常情况下，选择合格的定向运动比赛地域应考虑周围环境的特点。一方面比赛地域要有一定起伏的森林地势和适度的植被；另一方面应考虑选择地形变化多样，地域的通视性有限，而且人烟相对稀少的地区。当然，在组织一般的定向越野活动时，城市公园、近郊区以及未耕种的田地也是可供选择的地点。在组织一些趣味性的小型定向比赛时，如果受条件限制比赛区域难以频繁变换，可采取变换路线、检查点（点标）等方法。

② 场地的选择与确定要与比赛的等级及其难度相适应，并保证它能使运动员充分发挥定向越野技能。

③ 场地的选择与确定应确保比赛的公平性。一般而言，正规的定向运动比赛区域必须是所有选手都不熟悉或不太熟悉的，至少应防止赛区当地的选手在比赛中获得明显的优势。因此，一般不宜在同一个区域里连续多次举行比赛，比赛区域的选择与确定在赛前必须严格保密。

2. 起终点的布局

起点和终点放置在同一处，则应在该处放置运动员休息区、检录区、出发区、观摩区、终点区等。若起点和终点不在一处，则应在起点区布置运动员休息区、检录区、观摩区、出发区，在终点区布置运动员的休息区、观摩区及终点区。

3. 器材的准备

在实际组织定向运动比赛时，应该根据比赛规模、级别，并结合参赛者和组织者的具体情况，合理准备比赛所需的器材和设备。定向运动比赛的器材设备主要包括以下方面。

① 运动员所用比赛用品，主要有指北针、地图（组织者提供且图上需套印路线）、笔以及与竞赛配套的检查点说明表、指卡（组织者提供）和号码布。

② 起、终点所需比赛用品，主要有起、终点横幅，计时器，发令器，地图箱，区域间隔绳，公告栏，扩音器，通信设备，哨子，手旗，桌椅，各种竞赛表格，纸，笔，饮水器，急救药品等。

③ 比赛路线上所需用品，主要有点标、打卡器、供水站及特殊地段护栏绳等。

（五）比赛路线的设计

路线设计是组织定向比赛重要的环节之一，路线设计的好坏直接影响比赛目的的实现和任务的完成。

1. 路线设计的原则要求

① 路线设计应能客观检验运动员的定向运动技能和身体运动的能力，使"定向"因素和"奔跑"因素有机结合。

② 比赛路线的难易程度要与运动员的水平相适应，不同组别应区别对待。

③ 路线设计既要避开危险地段，预防伤害事故的发生，又要注意环境保护，减少对自然环境的破坏。

④ 比赛路线要具有可选择性和可判断性，使大多数运动员能够根据自己的能力对前进的方向和路径进行较正确的选择和判断。

⑤ 比赛路线设计要体现观赏性和趣味性，让观众能够看到比赛过程。

2. 路线基本形式

定向运动的比赛路线一般由一个起点、若干个检查点和一个终点构成，通常按闭合型或开放型设计。

比赛路线的距离是一个相对准确的数字，因为它是按从起点经各检查点至终点的图上最短水平距离计算的。比赛路线的距离一般要根据运动员的水平和比赛时间确定。在大型比赛中，组织者通常会将比赛路线标绘套印在地图上。

3. 常规比赛路线的设计

（1）短距离赛

短距离赛的特征是高速，它检验运动员在复杂环境中认知地图的能力和在高速奔跑中选择路线、完成路线的能力。比赛胜出时间一般为 12~15 分钟，地图比例尺为 1∶4 000 或 1∶5 000。

短距离路线设计应在整个比赛中体现速度要素，应考虑运动员在整个比赛过程中能够集中注意力，选择最佳路线，快速、准确到达各个检查点的能力。在路线设计上，应考虑短距离赛允许观众沿途观看的特点，起点应位于赛场内，观众区可沿路线安排。在赛区应明确区分媒体、摄影区和观众区。

（2）中距离赛

中距离赛的特征是技术，中距离赛通常在城区外大部分被森林覆盖的区域举行，它要求运动员持续专注于读图，强调精确导航和快速找出检查点的能力。离开检查点时会伴有许多方向变化，路线选择是基本要素，但不应以降低技术要求为代价，行进路线本身应包括导航要求。路线应有速度变换要求，如有穿越不同类型植被的路段。比赛胜出时间一般为 20~35 分钟，地图比例尺为 1∶10 000 或 1∶7 500。中距离赛在路线的设计上对赛场的要求较高，场地既要提供适当的地形，又要为观众观看比赛提供可能性。为此，起点应设在赛场，路线最好能让运动员在比赛中通过赛场，让观众能够看到比赛中的参赛者。

（3）长距离赛

长距离赛的特征是耐力，长距离赛可在城区外大部分被森林覆盖的区域举行，强调路线选择和概略定向，目的是检验运动员做出高效路线选择、认知地图和在长时间运动中合理分配体力的能力。比赛胜出时间依组别而定，一般成年组为 50~70 分钟，少年组为 35~45 分钟，地图比例尺为 1∶10 000。

（4）百米定向赛

百米定向赛的特征是节奏，它在开阔、易跑和通视度好的天然或人工布置的微型场地中举行，有时还伴有音乐，观众可以观看整个比赛过程。百米定向赛的目的是检验运动员在不断改变速度和方向中调控节奏、选择路线和完成路线的能力。比赛胜出时间一般为 2~4 分钟，一般采用 2~3 个轮次的淘汰赛决定运动员的最终名次，地图比例尺为 1∶1 000 或 1∶500。

比赛路线设计应考虑观众可以观看整个比赛过程的特点，在比赛场地和观众之间设置必要的隔离带，以确保运动员在比赛中不会受到干扰。为采用分组集体出发的淘汰赛设计路线和赛场时，在路线的开始部分应通过路线的设计或赛场的布置尽早将运动员分散，避免跟跑和破坏运动员的节奏；路线的中间部分最好利用天然或人工障碍，通过路线选择分散运动员；路线结束部分不能过多地安排带有路线选择的路段，路线选择最好是小范围的，通过路段长度和方向的变化以及完成路段过程中的方向变化创造一种短兵相接的激烈气氛。最后一段必经路线应是一条长度超过 30 m，能让运动员齐头并进的直道。在终点线后也应安排一条足够长的直道作为减速缓冲区。另外，路线设计时，应特别注意流向控制和引导，尽量避免出现因避让而影响运动员节奏的情况。

（5）接力赛

接力赛的特征是团队竞争，接力赛可在城区外大部分被森林覆盖的区域举行，浓密的植被，众多的丘陵、洼地等是进行接力赛的理想地形。相对于长距离赛，接力赛与中距离赛更为相似，但也包括长距离赛和短距离赛的典型要素。整个比赛胜出时间依组别而定，一般各棒平均时间为 25～45 分钟，胜出总时间为 75～135 分钟，接力赛在短距离赛场上举行时，各棒时间均为 15～20 分钟，胜出总时间为 45～60 分钟。比例尺应根据路线设计的复杂程度而定，一般采用 1∶10 000 或 1∶7 500 的比例尺，如接力赛在短距离赛场地举行时，比例尺为 1∶5 000 或 1∶4 000。

在路线设计上，应尽量缩小各条路线的差别，让每一棒运动员都要通过主赛场，如有可能，从赛场应能看到正在接近最后一个检查点的运动员。集体出发要求通过路线设计将运动员分散，基于公平的要求，所有运动员赛段的最后部分应该相同，除分批通过赛场（包括位于赛场的检查点）外，不允许观众沿途观看。

（6）团队赛

团队赛的特征是团队协作，团队赛检查点分为两类，要求所有团队成员都应按规定顺序亲自到访的必经点和只要求团队中有一名成员按任意顺序到访的自由点。比赛中，团队各成员分工协作到访应到访的检查点，以最后一名到达终点成员的成绩为整个团队的成绩。对团队来说，它检验团队成员分工协作的能力，既要求团队中有一名有战略意识、理解定向运动技战术要求、充分了解团队成员的能力、能让所有成员在比赛中扬长避短充分发挥的领导者，又要求团队成员相互理解、相互信任、相互补充，形成一种高效的群体环境。对团队各成员来说，团队赛具有积分定向的典型要素，主要的挑战是如何为应到访的检查点找出一个最佳的到访顺序，而寻找检查点的难度并不重要。团队赛的场地适应性非常广泛，适合短距离赛、中距离赛、长距离赛和接力赛的场地均可以作为团队赛的场地。随着场地类型的不同，团队赛可包括不同比赛类型的一些特有要素。胜出时间以最后一名到达终点的团队成员为准，一般为 12～35 分钟，地图比例尺为 1∶10 000、1∶7 500、1∶5 000 或 1∶4 000。

路线设计上应尽量让观众看到比赛中的参赛者，最好将起点和最后一个必经点都放在赛场，让观众能同时看到团队成员分途出发和在最后一个必经点汇合的过程。路线中必经点的难度应有一定的跨度，但不应有非常难的检查点。由必经点组成的路线应贯穿整个比赛场地，并将必经点按规定的到访顺序连接起来，依次标上序号。如某区域有过多位于连线上的自由检查点，可以对连线进行剪裁。设计路线时，应通过自由点布局将整个场地分成若干个具有不同技能、体能和心理要求的区域，并且同一区域内自由点的难度应保持一定的差距。此外，应在终点区最后一个必经点旁设一个等待区。

4. 路线设计应注意的问题

① 路线的开端：要使运动员一开始就进入思考状态，路线的开端地形以不让运动员观察到赛区的全貌为原则。

② 路线的中段：比赛路线的中段是定向运动比赛的关键部分，设计质量主要取决于地形因素和检查点位置的选择。一般来说，该段地形应该较复杂、曲折、起伏，有一定的变化和难度。

③ 检查点的数量应根据比赛规模和水平而定。各检查点间最合适的距离一般应为 500～1 000 m，最短不宜少于 100 m，最长不宜超过 3 000 m。检查点通常设置在路段的转折或衔接处，并在每个检查点的同一地点处放置点标旗和打卡器，但是不必过于隐蔽，在运动员抵达检查点的地貌或地物之前看不见就可以，只要准确到达检查点后即可发现。

④ 一般可在运动员必经路线或危险路段设置彩色引导标志或隔离警示标志。

⑤ 起点与终点最好设置在同一处，这样能方便比赛的组织。起点与终点一般设在地势较低且平坦、空旷、四周隐蔽性较好的地域，以满足选手们

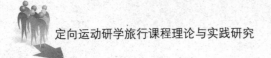

做赛前准备和最后冲刺以及工作人员工作和观众观看的需要，又不会暴露赛区的全貌。

（六）组织定向运动比赛的注意事项

① 所有参赛者必须每人一张地图。这种比赛最好用公园或大学校园标准定向图。选手到达终点时，一定要先将地图送回，因为还未出发的选手不能在出发前看到地图或路线。如果没有足够的地图，可重复使用已经跑完的选手的地图，地图外应有用来防水的塑料膜包装。

② 每个选手都应有一份检查点说明表，点标说明应印或画在每张地图上，组织者在印或画路线之前，应对点标做实地检查。

③ 1～2 人带点标旗和打卡器及带领点标监督员到正确的点标位置布点，点标旗应挂在比较醒目的地方，使选手到达该地貌时无须搜寻点标，但不能挂得太高，以防止选手在很远的地方就可看见，可以做一个特殊的"椅子"来固定点标识放置打卡器。

④ 守点裁判员应驱散无关人员，避免点标旗或打卡器被偷移，守点裁判员在比赛结束前不得擅自离开。

⑤ 起点和终点应分开，应设有横幅标明"起点""终点"。

⑥ 可用印章、钳式或电子打卡器。

⑦ 出发时间必须准确，出发计时是从在起点站打卡开始的，出发顺序表最好赛前排好，运动员出发要有时间间隔以避免相互跟跑。

⑧ 初学者的比赛地图一般应在运动员出发前 1 分钟发出，其他比赛地图在出发后发出。

⑨ 在终点可设冲刺通道绳为运动员指明方向。计时员记录每个运动员的成绩，同时，一人收回成绩记录卡，一人收回地图，一人写下到达时间和姓名或出发号，一人查核是否按正确顺序到访，决定成绩是否有效，一人计算时间。当使用电子卡系统时，可自动检查成绩是否有效，并自动排列名次。当使用手动打卡时，则需组织者人工检查成绩是否有效，并人工排列名次。

三、定向运动比赛规则与裁判职能

竞赛规则是运动技术发展的指导性法则，可为组织、裁判、欣赏体育比赛提供客观统一的依据。为了使运动员更好地了解和掌握正规定向运动竞赛的规则，提高运动员参加定向运动的水平，现将定向比赛中有关违规与处罚的规定和主要裁判员工作职责作简单的介绍。

（一）违规与处罚

运动员或教练员违反规则将受到处罚，包括通报批评，警告，取消比赛资格，取消若干场比赛资格，罚款和没收公平竞赛保证金，停止半年、一年或若干年参加比赛资格及撤销运动员技术等级称号的处分。

1. 下列情况应给予通报批评或警告

① 擅自出入隔离区、出发区。

② 携带移动电话、对讲机、电脑或其他通信设备进入隔离区。

③ 携带涉及赛区的旧版地图进入隔离区。

④ 在起点区或终点区不听从现场工作人员指挥。

⑤ 在出发区影响他人准备比赛。

⑥ 整个代表队完成比赛，离开赛场前未到竞赛中心签到。

⑦ 携带分图用笔进入赛场。

⑧ 第一次出发犯规。

⑨ 有违反环保指南的行为。

2. 下列情况中如果运动员获利，取消比赛资格，否则给予警告

① 没有将号码布清晰佩戴在胸前和后背的显著位置。

② 没有按原样佩戴号码布。

③ 在比赛中接受他人帮助。

④ 在比赛中为他人提供帮助。

⑤ 在比赛中使用通信工具。

⑥ 在离开出发点之前从地图箱取得地图。

⑦ 在比赛中使用非组织方提供的地图。

⑧ 在比赛中跟跑。

⑨ 在比赛中进行语言交流。

3. 下列情况下，取消比赛资格

① 没有按规定着装。

② 拒绝按组织方的要求携带其他必要的装备。

③ 没有佩戴号码布。

④ 号码布与秩序册不一致。

⑤ 拿错地图。

⑥ 在赛区中或到达终点时号码布、地图和检查卡不全。

⑦ 第二次出发犯规。

⑧ 被警告后仍接受他人帮助。

⑨ 被警告后仍为他人提供帮助。

⑩ 被警告后仍使用通信工具。

⑪ 被警告后仍带分图用笔进入赛场。

⑫ 被警告后仍跟跑。

⑬ 被警告后仍进行语言交流。

⑭ 同跑。

⑮ 使用其他交通工具。

⑯ 进入或穿过禁区。

⑰ 通过地图上标示为不能通行的地区。

⑱ 没有沿着标记路线行进。

⑲ 使用禁用的辅助设备。

⑳ 乱吹报警口哨。

㉑ 在没有得到批准的情况下变更接力赛或团队赛运动员。

㉒ 接力赛中不按规定的棒次顺序交接或变更运动员棒次没有向成统裁判长报告。

㉓ 整场比赛尚未结束，完成比赛后再次进入赛场。

㉔ 通过终点后没有上交地图或没有在成统处录入成绩。

㉕ 不认真参加比赛。

㉖ 有意妨碍他人比赛。

㉗ 其他违反体育道德的行为。

㉘ 严重违反环保指南的行为。

4. 在下列情况下，取消当场比赛资格及下一场或后续若干场比赛资格

① 经最后确认，运动员将参加某项比赛，但后来没有参加比赛。

② 中途退出比赛，未到成统处报到。

③ 中途退出比赛，没有上交地图。

④ 在场地内交换地图或检查卡。

⑤ 替跑和被替跑。

⑥ 蓄意破坏、改动、移动、拿走检查点器材。

⑦ 其他严重违反体育道德的行为。

5. 有下列情况，取消所有场次比赛资格

① 违反参赛规定。

② 个人报名信息混乱，前后矛盾。

6. 有下列情况，取消代表队比赛资格

① 在当场比赛中有 2 名以上（含 2 名）运动员被取消比赛资格。

② 代表队官员或没有参加比赛的运动员擅自进入赛场。

③ 经警告和通报后，再次在完成比赛离开终点区前未到竞赛中心签到。

④ 对将重复使用的比赛场地，在第一次使用时其运动员没有交回该比赛场地地图。

⑤ 代表队有成员在赛前勘察过比赛场地，取消该队所有场次比赛资格。

7. 有下列情况，对教练员禁赛

① 在国际赛事中，有损国家形象。

② 组织运动员提前勘查赛场。

③ 一场比赛中有 3 名运动员接受同队队员帮助或帮助同队队员。

（二）裁判职能简介

1. 裁判委员会

裁判委员会由总裁判、副总裁判和各组裁判长组成，受竞赛委员会领导。裁判委员会直接领导竞赛工作，负责竞赛实施和确定竞赛成绩，并监督领队、教练员、运动员遵守竞赛规则。

根据竞赛具体情况，在不违背竞赛规则的原则下，裁判委员会赛前可制定有关规定及提出注意事项。竞赛前，协同有关部门检查场地及竞赛用品，进行裁判人员的分工和培训，做好竞赛的技术准备。

举办全国性竞赛或大区域、省级竞赛，应任命一个仲裁委员会或仲裁组。

仲裁委员会通常由 3 名或 5 名仲裁人员组成。职责是处理规则抗议条款中提及的各项抗议，对竞赛中提交仲裁的其他事宜做出裁决。仲裁的裁决为最终裁决，如对定向规则未曾涉及的事宜做出裁决，事后由仲裁主席以书面形式报告中国定向运动协会秘书长。

2. 裁判机构及其相应的职责

（1）总裁判长

总裁判长是竞赛的裁判组织者和领导人，是使各项竞赛能够按计划有条不紊进行的主持人。总裁判长应是组织委员会和竞赛委员会的成员，总裁判

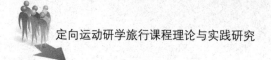

长必须首先做到严肃、认真、公正、准确，保证规则、规程的正确执行。主要职责如下：

① 制订赛事裁判工作计划。

② 组织全体裁判员学习竞赛规则和竞赛规程，统一对规则条文的理解。

③ 监督出发顺序抽签。

④ 主持领队、教练员和裁判长联席会议。

⑤ 协调和监督检查各裁判组工作，控制比赛进程。

⑥ 处理比赛中的各种疑难问题。

⑦ 批准比赛成绩和宣布比赛成绩。

（2）副总裁判长

副总裁判长协助总裁判长工作，完成裁判委员会分配的任务，必要时可兼任裁判组的裁判长职务；与有关部门一起负责代表队报到及运动员资格审查；负责组织代表队、工作人员、参观人员按时到达赛区及从起点向终点的转移等事宜。

（3）起点裁判组

起点工作是竞赛的开始，是保证竞赛顺利进行的重要环节，也是运动员能参加竞赛的保障，起点工作能顺利完成给整个竞赛提供了良好的开端。

起点裁判组的工作由起点裁判长负责，起点裁判长应带领起点组裁判员完成以下几项基本工作。

① 按路线设计员的方案布置起点区和交接区。

② 组织运动员和运动队官员签到进入隔离区，阻止禁止带入的物品进入隔离区。

③ 根据出发程序和出发顺序组织运动员检录、进入各个比赛区域。

④ 组织运动员出发。

⑤ 控制隔离区人员的流动，保证运动员得到良好的休息和进行不受干扰的准备活动。

⑥ 提前一天根据参赛运动员的组别和数量准备比赛地图。

（4）场地裁判组

由场地裁判长负责带领场地裁判组全体裁判完成以下几项基本工作。

① 与路线设计员密切配合，在赛前准备完成检查点和检查点器材的布置。

② 保证检查点和检查点器材的安全性。

③ 检查、处理或阻止赛场中的违规行为。

④ 安置中途退出比赛的运动员。

⑤ 组织搜寻迷失的运动员。

⑥ 与安全监督密切配合，及时处理赛场中出现的安全问题。

（5）终点裁判组

终点裁判组在终点裁判长的领导下，完成以下几项基本工作。

① 按路线设计员的方案布置终点区。

② 保证沿着必经路线跑向终点的运动员顺利冲过终点线。

③ 回收地图。

④ 检查检查卡和号码布。

⑤ 判定并记录集体出发的运动员到达终点的顺序和名次。

⑥ 在接力赛中预报即将完成比赛到达终点的运动员号码或代表队。

⑦ 控制终点区的秩序，保证观众和媒体的利益。

（6）成统裁判组

成统裁判组在裁判长的领导下负责组织编排和成绩统计工作，主要完成以下几项基本工作。

① 录入与变更运动员信息。

② 分发号码簿和检查卡。

③ 编排出发顺序。

④ 准备签到表、检录表。

⑤ 处理接力赛、团队赛运动员临场变更。

⑥ 录入运动员成绩、打印成绩条。

⑦ 统计运动员到达终点的数据。

⑧ 公布即时成绩。

⑨ 确定最终成绩、名次并报裁判长批准。

⑩ 准备成绩表。

⑪ 统计团体成绩。

（7）竞赛秘书组

竞赛秘书组负责组织竞赛中动态信息的收集与整理、统计与汇总、发布等信息管理工作，带领助理完成以下几项基本工作。

① 负责竞赛中心的管理。

② 统计汇总运动员签到、检录、出发情况及完成比赛、放弃比赛情况。

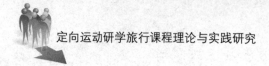

③ 收集整理裁判长违规记录和裁决记录交总裁判长。

④ 收集整理即时成绩、最终成绩和名次并交宣告员及时宣告。

⑤ 收集整理竞赛最终成绩、名次和成绩表交获得授权的单位或机构，并在赛事中心、运动员住宿地和官方网站公告。

⑥ 组织体育道德风尚奖，优秀裁判员、教练员和运动员的评选。

⑦ 起草和发布与比赛相关通知和通告，为裁判员提供后勤保障。

⑧ 协助组织现场发奖。

第三章 定向运动训练与技能训练

第一节 定向运动训练概述

定向运动训练是根据定向运动的特点，在教练员的指导下，为不断提高定向运动员的定向技能、身体素质、心理素质、智能水平，以获得最佳竞技水平，取得优异的比赛成绩，而专门组织的一种教育过程。

定向运动不仅要求定向运动员具有一定的读识地图的能力、熟练准确应用地图的能力，还要求定向运动员具有一定的奔跑能力。所以，使用地图的能力和定向运动专项的身体素质是定向运动员掌握定向运动技术和提高定向运动成绩的基础。提高定向运动员的智力，培养定向运动员顽强的意志是完成定向运动训练任务和取得竞赛胜利的重要因素。此外，定向运动员还应掌握定向运动的运动方法、奔跑技术和机动灵活的战术。因此，定向运动员只有经过正规系统的训练，才能达到预期的目标。

定向运动训练与其他的体育运动训练有一定的相同之处，但定向运动的特点又使定向运动训练与其他体育运动项目有着许多的不同之处。

一、定向运动基本知识的学习与练习

（一）内容

地图、指北针基本知识的学习：地图比例尺、地貌符号、地物符号、地图方位与磁北方向线、地图颜色、图例注记、指北针结构及应用、测量地图两点间距离及实地距离换算。

地图与指北针在定向运动中的应用：实地判定方位、标定地图、对照地形、判定地形、确定运动点（站立点、目标点）、确定运动方向和运动路线。

（二）方法

① 采用理论课教学、电化教学手段：进行专门的地图、指北针基本知识的学习以及地图和指北针在定向运动中应用的方法和技能的学习。

② 进行专门的读识地图训练：包括辅助法读识地图和直接法读识地图，辅助法读识地图是利用在定向运动地图上以明显颜色画出的地貌骨架以及明显地物位置读识地图，分析山脊走向、山背的分水线、山谷的合水线、山体的明显突出部位及其形状，分析明显地物的种类、形状以及与假设站立点的方位关系等。直接法读图就是不绘出地貌或地物的明显特征，而直接读识地图，分析地图上的地貌、地物的特征。最好在地图上标绘出定向运动的出发点、检查点、终点等，分析其周围的地形特征，结合定向运动需要进行读识地图的学习和练习。

③ 实地对照地形：采用从理论到实践和从实践到理论的学习方法，从理论到实践，即先读识地图，再到实地对照地形，检验读识地图的准确性；从实践到理论，即先到实地分析实地站立点周围地形，再分析地图，找到实地站立点在地图上的位置，并分析地图站立点周围地形，与实地的地形进行对照，确认分析对照的准确性。

④ 实地学习判定方位：根据自然现象和指北针判定实地方位，掌握地图（上北下南、左西右东）方位与实地的关系。

（三）组织

① 以定向运动理论知识和运动技能、技术学习为主，教练员辅导与运动员自学相结合，教学相长。每次进行理论分析后，运动员都要进行实地考察验证，可在教练员带领下进行分析验证，也可由自己独自验证，最后由教练员认定，有的放矢地进行辅导。

② 定向运动的基本运动技能、技术学习以及提高身体素质的练习与定向运动理论知识学习相结合，穿插安排，理论与实践相结合。

二、基本定向技术训练

（一）内容

① 标定地图。

② 定向运动的两个基础技能：明确实地方位、明确现时图地站立点。

③ 确定运动路线的三条原则：有路不越野、选近不选远、通观全局提前绕。

④ 定向运动三种基本运动方法：依点运动法、沿线运动法、指北针定向运动法。

⑤ 寻找检查点的方法：定点攻击法、偏向瞄准法、距离定位法等。

（二）方法

① 标定地图：已知实地方位，使地图方位与实地方位保持一致（实地进行操作练习）。指北针标定：实地操作指北针标定地图。地貌、地物的点（线）标定：实地学习与练习以明显的点（线）状地貌或地物作为参照物，采用点（线）标定的方法标定地图。

② 对照地形：在明确现实的站立点在地图上的位置的情况下（可由教练员指明），分析地图对照周围地形；在现实地站立点在地图上的位置不清楚，但大概范围清楚的情况下（可由教练员指明），分析现实地站立点的周围地形，确定现实地站立点在地图上的位置。

③ 判定地形：以教练员在地图上所设立的检查点为中心，分析判定周围地形，抵达实地再进行图地对照，验证判定地形的准确性。

④ 确定站立点：在图地都有的明显地貌或地物的地域时，以直线相交法确定现实的站立点在地图上的准确位置；现实地站立点在线状的地貌或地物上时，以截线法确定现实的站立点在地图上的准确位置；在周围视野不好的地域时，采用指北针定向法确定现实的站立点在地图上的准确位置。

⑤ 确定目标点：地图站立点与目标点已标绘在地图上，实地站立点与地图站立点吻合（可由教练指明），要求运动员在学习和练习中掌握确定运动方向的方法以及确定运动路线的三条原则。

（三）组织

学习掌握定向运动的基本技能、定向运动的三种基本运动方法、寻找检查点的二种基本方法。这一阶段除了进行一般身体素质训练外，还要加大定向运动专项身体素质训练（包括速度、耐力、运动节奏、力量等）。同时，要加强对运动员智力的开发，培养运动员机智灵活、独立果断处事的能力，加强思想品德教育，培养其吃苦耐劳、勇于克服困难、开拓进取的优秀品质。

三、定向技能的巩固、发展和提高

（一）内容

复习巩固地图和指北针的基本知识和应用能力，掌握定向运动的两个基础技能、确定运动路线的三条原则、三种基本运动方法，改进长距离跑和越野跑的运动技术，发展力量、耐力和速度，保持和提高身体全面素质水平；发展果断灵活的智力，培养顽强拼搏的良好意志品质。

（二）方法

1. 设置多个检查点进行分段运动法的学习与练习

设置检查点 6 个、8 个、10 个等，检查点间距离 300～500 m；地形选择要由易到难。分段运动法是初学者必须经过的阶段。在这个阶段，练习者必须把确定运动方向、确定运动路线三条原则、各种基本运动方法等，机动、灵活、准确地应用于定向运动的整个过程中。在学习与练习前，练习者要认真地逐段分析研究运动方向和运动路线；在学习与练习后，还要认真检查总结完成的情况，从而不断提高分段运动的能力。

2. 设置多个检查点进行连续运动法的学习与练习

设置检查点 4 个、6 个、8 个等，检查点间距离 300～500 m；地形选择要由易到难。连续运动法是一般参加定向运动竞赛的运动员应掌握的常用运动方法之一。连续运动法要求接近检查点时应放慢奔跑速度，这样便于读识地图、分析地形，有利于寻找检查点，离开检查点时应迅速，这是定向运动战术的需要，主要是为了避免为他人提供借鉴。在连续运动法的学习与练习阶段，要求运动员逐步做到运动中快速识图、准确判断，逐步减少运动途中读识地图的次数，以提高奔跑速度。

3. 设置多个检查点进行记忆运动法的学习与练习

设置检查点 2 个、4 个、6 个等，检查点间距离 300～500 m；地形选择要由易到难。记忆运动法是节省运动途中读识地图的时间，争取定向运动竞赛好成绩的有效方法之一。在记忆运动法的学习与练习阶段，要求运动员逐步掌握记忆运动法的窍门，记住沿途具有明显特征的地貌或地物以引导运动，逐步做到一次性能记忆更多检查点，从而完成运动路程，提高定向运动竞赛成绩。

4. 定向运动全过程的轻量训练

进行设检查点少，检查点所设位置明显易找，运动距离不长，地形难度也不太大的定向运动全过程的训练，主要目的是让运动员学习掌握定向运动全过程各个阶段的定向运动技能与技术。要求运动员确定运动方向准确，选择运动路线合理，寻找检查点准确快速，运动体力分配合理，完成整个运动任务准确快速。训练安排可根据训练情况，逐渐增加检查点数量，逐步增加距离和难度，从而提高定向运动竞赛的适应能力。

5. 定向运动全过程的超量训练

定向运动全过程的超量训练以较大难度，超距离（一般控制在竞赛距离的 20%）训练为主，即检查点设置增多，且检查点的设置位置寻找难度加大，运动地域地形也较复杂，运动距离增长，采用定向运动技术难度较高，运动量较大的强化训练。主要目的是让运动员适应定向运动竞赛紧张、激烈、竞争的环境和气氛，适应定向运动竞赛地形复杂和长距离竞赛的要求。在训练中，要求运动员完成整个任务既准又快，培养运动员顽强的意志品质，为运动员在以后的竞赛中取得好的运动成绩打下良好的基础。

6. 定向运动竞赛的模拟训练

定向运动竞赛的模拟训练即以定向运动竞赛形式进行训练。无论是在检查点设置的数量上，还是检查点之间的设置距离和寻找难度上以及在全赛程的距离、地域环境上，尽量与竞赛时相似。为了保证运动员在训练时能适应真正的竞赛环境，模拟训练要安排在不同的地域环境、不同的气候条件下进行，以适应可能出现的地域环境和气候条件下的定向运动竞赛。

（三）组织

① 每次的模拟训练都应保证在不同的陌生地域进行，同时也应安排在一定的气候下进行，这样既熟悉了竞赛时可能发生的气候变化，又锻炼了其意志品质。

② 按照定向运动竞赛的要求进行训练，每次训练都要规定每个运动员完成全赛程的允许耗时。每次训练完后，教练员应进行讲评总结，找出差距，寻找出解决的办法，从而不断提高运动员的定向运动水平。

③ 根据每个运动员的具体情况和定向运动训练水平，教练员要制订不同的训练计划，规定适宜的训练指标和参加竞赛的成绩要求。

（四）恢复时期的调整

经过激烈的定向运动竞赛后，定向运动训练进入过渡阶段的恢复调整时期。这一时期的主要任务是保持定向运动训练水平和内脏器官系统的工作能力。首先，进行本次定向运动竞赛总结，制订下一竞赛阶段的训练计划；其次，在体力上进行必要的调整，安排积极的休息训练阶段，适当减少一些训练次数，降低一定的运动量和运动强度，改变训练环境和训练方法。这一时期，以全面发展运动员的身体素质，改进定向运动技能、技术为主要内容，可以安排适量的球类、体操等一些娱乐性较强的活动项目，调整训练气氛和运动节奏，为转入新的训练阶段做准备。恢复时期的训练内容可安排慢跑、短距离的加速跑。如 60 m、80 m 跑；中等速度的越野跑，如 1 000 m、3 000 m 跑等；球类运动、体操运动等；定向运动的各种基本运动方法的组合练习；设置检查点不多的全程定向运动练习等。

四、定向运动训练的特殊情况

（一）热环境下的定向运动训练

1. 热应激与热适应

（1）热应激的生理反应

在热环境下训练时，由于代谢产热与环境热两种因素的共同作用，人体处于热应激状态，机体会产生一系列反应。其主要表现在以下几方面。

① 心率显著增加，最大心输出量和最大摄氧量均下降。

② 发汗增加，运动能力下降：在高温环境中训练，出汗成为体热平衡的主要途径，运动开始后几秒钟就会出汗，30 min 左右达到体热平衡。大量出汗将会导致钠离子、钾离子、钙离子、铁离子、镁离子、锌离子和其他微量元素的丢失，使运动能力下降。

③ 在剧烈运动时，大量出汗和呼吸道水分丢失会使尿液减少或无尿。

④ 垂体释放抗利尿素以增加对水的重吸收，肾上腺释放醛固酮增多以促进对钠离子的再吸收，从而有利于保持水和电解质平衡。

⑤ 在热环境进行一次极限强度运动时，体表血流量增加，肌肉血流量减少，使机体更多依赖无氧代谢，结果导致乳酸的过早堆积和糖原储备减少。

⑥ 耐力下降：人体生活或工作的最适宜温度是 18～24 ℃。高温环境会

对人体运动能力，尤其是持续时间较长的耐力运动能力产生很大影响。目前认为，体温调节能力是限制高温下耐力运动能力的重要因素。人可以通过训练提高体温调节能力，从而增加耐力运动能力。

（2）热适应

在高温与热辐射的反复作用下，人体在一定范围内逐渐产生对热环境的适应，称为热适应，热适应主要表现为体温调节、水盐代谢、心血管机能等方面的改善。随着热适应发生一系列生理反应，结果是产热减少，散热增加。

① 热适应后，心功能改善，心率减慢，每搏输出量增加，心排血量和动脉血压基本保持不变。同时，血液重新分配机能改善，使皮肤血流量减少，肌肉血流量增加，提高了肌肉的工作能力。

② 出汗阈值下降、出汗率增加、排汗能力增强，运动训练提高了出汗反应的敏感性和出汗能力。

③ 热适应后，内环境相对稳定。

（3）训练对热适应的影响

在炎热环境中进行训练可加快热适应过程，热适应需要的时间与运动强度和训练时的气候条件有关。如果运动员每天暴露在热环境中 2～4 h，5～7 天就可以基本适应，10 天可以完全适应。在炎热环境中训练，最初几次训练的负荷要小，持续时间约 15～20 min，然后可逐渐增加训练强度和训练时间。

2．热病及其预防

热病如脱水、热痉挛、热衰竭、中暑等是在高温环境下进行剧烈运动时，因体温过高而发生的疾病，对健康有很大的危害。根据热病产生的原因进行有针对性的预防，就可以避免热病的发生。

（1）热病

① 脱水。脱水是指人体由于消耗大量水分而不能及时补充所造成的新陈代谢障碍，严重时会造成虚脱，甚至有生命危险。在炎热的环境中长时间剧烈运动，大量出汗将使 Na^+ 容量明显减少而导致脱水。脱水可引起排汗率、血浆量、心排血量、最大摄氧量、工作能力、肌肉力量、肝糖原含量等下降。脱水量达到体重的 2%左右时属于轻度脱水。轻度脱水时影响血容量，使心脏负担加重，运动能力下降，并出现渴感和尿少等现象。脱水量达到体重的 4%左右时属于中度脱水。中度脱水时可出现脱水综合征，表现为严重口渴感，心率加快，体温升高，疲劳、血压下降等症状。脱水量达到体重的 6%～10% 属于为重度脱水。重度脱水表现为呼吸频率增加、血容量减少、恶心、食欲

不振、厌食、容易激怒、肌肉抽搐、精神活动减弱，甚至发生幻觉、昏迷等症状，严重威胁人的健康。

② 热痉挛。热痉挛是机体在干热环境条件下运动时因出汗过度，无机盐丢失过多而出现的肢体和腹壁肌肉痉挛，但体温并不升高的现象。热痉挛经常出现在剧烈运动中或运动后，在运动中补充足够的电解质饮料，可以有效地预防热痉挛。

③ 热衰竭。热衰竭是热环境下运动时出现的一种血液循环机能衰竭现象。对热环境尚未适应就开始进行剧烈运动时，容易发生热衰竭。在这种情况下，热衰竭的主要原因是大量出汗导致细胞外液，尤其是血浆减少，出现循环系统调节机能障碍，血液滞留在扩张的体表血管中，使中心血量及心排血量显著下降。热衰竭的主要表现为虚弱，心率加快、出汗减少，体温升高、直立时血压低、头痛、头晕等。当人体出现热衰竭时，应立即停止运动，尽快到达阴凉处休息并补水，必要时输液以尽快补充丢失的液体，使血浆量恢复正常。

（2）热病的预防

通过合理补液预防过度脱水是预防高热环境下训练时热病发生的最重要措施。补液量可通过在运动后体重丢失的量确定。补液不能只在运动中和运动后进行，在运动前就应该开始。在运动，人应该提前补充足够的液体，使细胞处于良好的水合状态，有利于预防热病的发生。运动前后的补液都应该以少量多次为原则，并要补充电解质饮料。另外，由于热环境中训练的时间不同，选用的补液方法也应视情况而定。

目前市场上销售的运动饮料多种多样，不同配方的饮料有不同的功能，适用于不同方式的训练。一般情况下，最好按照说明配制和饮用，以免渗透压过大或过小而影响胃肠吸收，甚至造成胃肠不适。

（二）冷环境下的定向运动训练

1. 冷应激与运动

在冷环境中，机体通过两种调节机制防止体温下降：一是通过寒战以增加代谢产热；二是通过收缩外周血管减少热量散失。如果这两种调节机制不能保证机体产热和散热的平衡，机体内部温度就会降低，出现一系列应激反应。在低温情况下，风速和湿度越大，机体散热越多，冷应激对机体和机体的运动能力影响就越明显。

① 冷应激会使体温下降，体温每下降 10 ℃，神经传导速度将降低 15 m/s。当局部温度降为 8～10 ℃时，神经传导将完全阻断，此时四肢会因受冷伴随有工作能力迅速下降的现象。

② 严重的冷应激会使最大摄氧量和心率显著下降。冷应激会使皮肤血管明显收缩，使血流量迅速从皮肤转向中心循环，以维持机体内部温度，但周围组织和皮肤热量减少，使手指和脚趾很容易冻伤。

③ 寒冷还会使骨骼肌的黏滞性增大，肌肉收缩速度减慢，动作灵活性和协调性降低，工作效率下降，并容易发生运动损伤。

④ 在寒冷环境中如果出现上呼吸道感染，将导致个体运动系统的运动能力及免疫系统的监视能力下降。因此，在寒冷环境中训练的一个重要任务是防止上呼吸道感染。

2. 冷适应

经常暴露在冷环境中会加速机体对冷环境的适应。冷适应的基本特征是寒战产热减弱和外周血管收缩反应减弱。重复对手或脚进行寒冷刺激会使流经这些部位的血流增加而提高局部的冷适应，防止组织出现低温造成的损害。

（三）高原环境下的定向运动训练

高原训练是一种在低压、缺氧条件下进行的强化训练。这种训练为人体提供了两种负荷：一是运动本身所引起的缺氧负荷，即运动性缺氧负荷；二是高原性缺氧负荷。两种负荷相加，产生比平原更为深刻的缺氧刺激，使运动员承受在平原难以达到的训练强度，从而更深入地挖掘人体的技能潜力。

1. 高原应激

高原是一种低气压、低氧、低湿度、寒冷、日照时间长、昼夜温差大、高紫外线辐射的特殊环境，机体在这种环境中进行训练产生的特殊应激反应称为高原应激。在以上刺激因素中，对机体机能影响最大的刺激是低氧刺激。

（1）最大摄氧量下降

高原的低氧环境会对正常氧运输产生不利影响。由于大气氧分压的降低，人体血氧饱和度急剧下降，组织细胞利用氧量就减少。随着高度的升高，最大摄氧量开始下降。

（2）肺通气量增加

从平原到高原最主要的反应是氧分压降低所引起的肺通气过渡。高原缺氧反射性引起呼吸加深加快，肺通气量加大。当高度达到 2 348 m 时，安静时的肺通气量开始以指数的形式增加。肺通气量过大会造成过度换气，排出的 CO_2 过多，使肺泡和血液 CO_2 分压下降，血液和脑脊液中 pH 升高偏碱性，易发生代偿性呼吸碱中毒而抑制呼吸中枢，从而反射性地引起肺通气量减少。因此，在高原缺氧环境中，同时存在加快和减慢两种相互对抗的调节机制。在一般情况下，缺氧易引起肺通气增加为主。肺通气量的增加提高了肺泡氧分压，有利于氧的运载。

（3）心血管反应

到达高原的初期，心率和心排血量增加，但每搏输出量没有变化。每分输出量的增加主要靠心率的加快，心率的增加可以补偿运输氧能力的下降。在平原上，安静时心率一般为每分钟 70 次；在高原 4 500 m 高度时，安静时心率可增加至每分钟 105 次。

（4）高原反应征

到达高原的初期，机体因缺氧而产生一系列生理反应，出现头痛和呼吸困难等急性高山病病症。高山病主要是脑缺氧引起的，脑组织对缺氧最敏感，在缺氧的环境中最先易受到伤害。体液滞留在脑部或肺部容易发生高山脑水肿或肺水肿而危及生命。由于低氧的影响抑制了视网膜感光细胞的机能，视觉感受器对光的敏感性降低。

（5）运动能力下降

高原环境对运动能力的影响因海拔高度的不同而有所差异。与在平原上比赛比较，在 2 300 m 的高度比赛，运动时间超过 2 分钟的全身耐力性运动项目的竞技成绩明显下降，如 1 500 m 跑的成绩下降 3%，5 000 m 和 10 000 m 跑的成绩下降约 8%。

2. 高原适应

在高原地区停留一段时间后，人体会对低氧环境产生调节反应，提高对缺氧的耐受能力，称为高原适应。高原适应过程是循序渐进的，从平原到达 2 300 m 的高度，大约需要两周的适应时间，此后每增加 610 m，需要增加一周的适应时间。

许多研究认为，高原训练能明显提高有氧能力。但高原应激和高原训练对返平原后的有氧能力和耐力的影响机理目前尚不清楚。多数人认为，高原训练提高了局部循环和细胞代谢的适应及血液代偿性载氧能力。此外，呼吸系统的适应性变化也不会再回到平原后马上消失。因此，高原训练中低氧和训练的双重刺激提高周期性耐力运动项目成绩的效果应该优于平原训练。

但也有人认为，长时间高原应激也会给生理机能带来一些负面影响，如体重下降、最高心率降低、每搏输出量减少，最大心排血量减少。最大心排血量的减少将抵消血液载氧能力增加带来的效益。此外，高原训练的强度不能达到平原上的训练强度，使高原训练的绝对训练强度下降，这些因素都可能影响运动员在平原的竞技状态。

（四）女子经期的定向运动训练

月经周期是女性特有的生理现象，表现为卵子的生长发育、排卵和黄体形成周而复始。同时，在卵巢雌激素的影响下，子宫内膜发生周期性剥落，产生流血现象，称为月经。

1. 月经周期中运动能力的变化

月经周期中由于女性激素水平的规律性波动，导致机体的运动能力发生相应变化。在月经周期的不同阶段，人体运动能力的变化具有明显的个体差异。研究证实，大部分女性有氧工作能力及整体体能以黄体形成期最强，卵泡期和排卵期其次，月经前期和月经期最弱。但也有关于专业运动员的研究指出，在月经周期的不同阶段，运动员的有氧能力、反应速度、力量出现不同时相的变化。例如，有的运动员在月经期反应速度有所减慢，但有氧耐力和力量并没有变化；而有的运动员在月经前期兴奋性最高，体能最好。因此，在女运动员的训练和比赛安排上，应充分注意其体能与月经周期的关系，根据各个阶段体能变化的规律安排训练负荷，大运动量训练应与体能的高峰期相吻合，以使负荷作用达到最佳状态，从而提高训练效果和比赛成绩。

2. 女子月经期定向运动训练

一般的运动训练对女性的月经期没有影响，适度的体育活动能改善女性的机能状态，促进血液循环，改善盆腔生殖器官的血液供应，并可通过运动时腹肌、盆底肌收缩与舒张交替对子宫起到一定的按摩作用，促进经血排出。

长时间或大强度训练易引起女子出现运动性月经失调，表现为经期延长或缩短、月经量过多或过少，甚至闭经。运动性月经失调的发生与运动负荷、体脂含量、运动项目、饮食营养、应激等因素有关。因此，女子经期一般不宜安排长时间或大强度训练。另外，除非特别需要，也应避开寒冷的下雨天，经期中淋雨受凉会引起小腹疼痛，经血量过多或过少。如果比赛时适逢下雨，赛后要尽快用热水洗澡，换上干净衣服，并注意保暖。有条件时，用红糖生

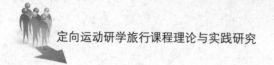

姜煮水喝，或者把鸡蛋放在红糖水里煮熟，趁热喝，将有利于缓解小腹疼痛。

五、定向运动训练与营养

良好的营养是运动员取得优异运动成绩的重要因素之一。营养不当会使运动员的生理功能和运动能力下降，影响训练效果和运动成绩的提高。随着体育科学的发展，人们对营养的认识已不仅仅是用来保证运动员的身体健康，而是进一步研究如何根据不同运动项目的运动员体内物质代谢的特点，科学利用营养因素以促进运动成绩的提高。

（一）运动员膳食的基本要求

1. 要求热量保持平衡

定向运动员的能量消耗较大，需要及时地补充充足的热量。一方面满足机体的正常需要；另一方面使运动员保持充沛的运动能力，并有一定的热能贮备。当然，热量也不宜过多，过多的热量将引起体脂增多，身体发胖，所以膳食要科学、合理。

2. 注意热能物质的比例适当

运动员的热能物质以糖为主，脂肪量最少，定向运动是一个耐力项目，糖的比例为 1：0：7，做到高糖、低脂肪。

3. 充足的维生素

由于运动员的代谢旺盛，激素分泌增加，大量排汗，所以维生素的损失较多，要补充充足的维生素。同时，合理增加维生素还可提高运动成绩。定向运动员对维生素的需要量很大。维生素需要量与运动量、机能状态及营养水平有关。高强度训练对维生素的需要量增加，可使维生素缺乏症提前出现，而运动员对维生素缺乏的耐受性又比一般人差；运动员的早期维生素缺乏症表现为运动能力下降，容易疲劳，免疫力减弱。一旦维生素得到补充时，因维生素缺乏而失去的能力将会随之得到恢复；但过多服用某一种维生素可造成维生素之间的不平衡，长期过多服用维生素不仅不能改善工作能力，还会产生不良影响，使机体维生素代谢水平提高，一旦维生素摄入量较少时，就更易出现缺乏症。各种维生素摄入量只有保持适宜的比例，才能在体内发挥良好的作用。

4. 合理的膳食制度

这包括严格的饮食时间、饮食质量以及饮食的分配。进食时间要与训练或比赛时间相适应，运动后应休息 30 分钟以上再进食，因为运动使体内血液集中于运动器官，消化器官相对缺血，此时进食对消化不利。进食后应休息 1.5～2.5 小时才能剧烈运动，因为进食后胃肠道被食物充盈，不利于运动，同时运动也会影响消化功能正常发挥作用。

5. 正确地选择食物和烹调加工

选择运动员的食物要从营养学角度出发，选择那些易消化、易吸收、营养丰富的食物，同时注意酸碱性食物的搭配，烹调时尽量保留食物的营养成分，还要注意食物的色、香、味，从而增进运动员的食欲。

（二）运动员一日三餐的食物分配

运动员一日三餐食物分配要合理，其基本原则如下：运动前的一餐，食物的量不宜过多，但要有一定的热量，要易消化，含有较多的糖、维生素和磷，少含脂肪和纤维素；运动后的一餐量可以大些。晚餐不宜过多，也不宜吃脂肪和蛋白质过多以及有刺激性的食物，以免影响睡眠。运动员的早餐应富含蛋白质和维生素，因为运动员早晨要进行早操训练，势必会消耗一定的热量，且经过前一夜的消化，食物所剩无几，及时补充是十分必要的。

（三）定向运动的营养特点

定向运动属于中长跑和超长跑耐力性项目，运动时能量消耗大，热能主要来自糖原的有氧分解。因此，要供给充分的糖，保持充足的糖原储备。另外，耐力项目对循环呼吸等机能要求也高，血红蛋白要维持在较高水平，要保证蛋白质、维生素、无机盐，尤其是铁的充分供给。

（四）赛前运动员的饮食特点

比赛会使运动员的机体处于高度紧张状态，能量消耗也很大。比赛期间的饮食十分重要，但运动员往往因为比赛时的神经紧张，出现食欲不振、消化紊乱等现象，所以赛前就应该提高饮食质量。比赛前，饮食中要注意充分地补充糖，使糖原储备达到最高水平。同时，还要充分补充维生素、维生素C、维生素A及无机盐，但不要过分补充蛋白质及脂肪等酸性食物，以免体液偏酸，对运动不利。在比赛前，可以食用葡萄糖和维生素C，食用时间要根据比赛的项目不同而有所不同，短距离比赛项目在比赛前 40～60 分钟食用，而超长距离比赛可在开始比赛前食用，维生素C每日供给量为 140 mg。

比赛前的饮食制度应逐步过渡到比赛期的膳食。但由于比赛前一般都是减量训练，能量消耗减少。所以，比赛前不宜吃得过多，以免体重增加，不利于比赛。

比赛前当天的饮食要求应当是食物体积小，发热量高，易消化吸收，不要多食难以消化及产气的食物，如肥肉、豆类等。食物应富含磷、糖、维生素 C 等，以糖作为主要能源，特别是长时间耐力项目，除了要在食物中含有丰富的糖以外，还要有一定量的脂肪，以维持身体的饱腹感，这是由于脂肪代谢能参与能量供应，不至于使血糖下降，可推迟疲劳的出现。比赛前进餐的时间要根据比赛时间而定，一般要在比赛前 2.5～3 小时前完成。

（五）运动员比赛途中的饮食特点

定向运动员热量消耗较大，特别是标准距离的比赛，机体在运动过程中会失去大量水分及能量，若不及时补充，不但有损于健康，而且也直接影响运动成绩的提高。因此，为了维持机体的正常循环，调节体温，在比赛途中补充饮料和饮食是十分必要的。

（六）家后运动员的饮食特点

比赛后，运动员需要补充热量和水分。超长距离赛跑后应立刻补充 100～150 g 的葡萄糖，这不仅能补充运动员的能量消耗，还能促进肝糖原储备的扩充，预防肝脂肪浸润。比赛后 2～3 天应补充高热量的饮食以及维生素 B、C。主要热量是糖，其次是蛋白质、水分，无机盐也需连续补充，但饮食中脂肪应少些。少量多次地补充，水中可加适量食盐（一般为 0.2%），也可以把蔗糖、钾、果汁等做成饮料，供运动员随时饮用。

（七）夏季训练期的营养特点

夏季训练期气温较高，因此，水、盐、维生素及蛋白质的代谢都十分旺盛。同时，由于高温的影响，运动员的食欲下降，这势必会造成体内热量的收支不平衡，从而影响运动能力以及身体健康。为了避免这些不良的影响，在饮食方面要特别加以注意。在夏季训练期，因高温使蛋白质分解代谢加强，排汗量增加致使排氮量也相应增加，为此应增加蛋白质供给量。另外，由于代谢旺盛，维生素 C 等需要量也明显增加，再加上排汗量多，一些水溶性维生素损失也会增加，因此要额外补充维生素，特别是维生素 C。由于气候炎热，加上运动量大，排汗量就会明显增大，水分损失较多。此时，无机盐也会随水分的损失而损失较多。例如，四小时长跑训练可损失水分 4.5 L，因此，补充水分也是非常必要。对水分的补充不能一次暴饮，而是少量多次地补充。

夏季训练期有关膳食的具体安排可注意以下几点：

① 食物要调配好，多样化，清淡可口，促进食欲。

② 适当地吃些凉拼盘，但要注意卫生，防止污染，黄瓜、西红柿、萝卜可以拌糖生吃。

③ 主副食要注意含丰富的维生素 B、维生素 C 和矿物质。

④ 可配制含盐分的清凉饮料，放在运动场供运动员随时饮用，但不可在饭前或饭后暴饮。

⑤ 主餐可放在早、晚凉爽的时间，也可采用一日四餐的办法，以增加热能的补充。

（八）冬季训练期的营养特点

冬季训练期正处在寒冷季节，由于气温低，机体的散热量大，基础代谢相应升高，加上运动量较大，所以热能消耗比较多，因此，运动员一日需要的总热能较高，可达 20 925～25 110 kJ，脂肪的摄入量也应增加，以保温御寒。同时还要增加维生素 B、维生素 C 的摄入量。维生素 C、维生素 B 可增加 30%～50%，维生素 B2 可增加到 5 mg/d。北方地区冬季青黄不接，蔬菜供应往往不足，为补充体内维生素，可以补充维生素制剂。在冬训时，运动员的膳食要注意以下几点：

① 食物要温热、丰富、利于消化吸收。

② 食物应保证充足的热能，可适当增加脂肪或肉类，缩小食物体积。

六、定向运动队训练期间的保健工作

（一）定向运动队训练的保健要求

1. 参加定向运动队训练的健康要求

凡在健康分组中属基本组的学生都是身体发育和健康状况正常，功能检查良好，尤其是体质好，并在该项目上有特长的学生可参加学校定向运动队训练，凡属准备组和医疗体育组的学生，不得参加训练。

2. 遵循运动训练的卫生原则

训练方法和手段应符合学生的性别、年龄特点，符合学生的生理和心理特点。训练要讲求全面性、系统性。要注意身体的全面训练，以促进身体健康，提高功能水平，为将来取得良好成绩打下稳固的基础。

3. 合理安排训练负荷

学生正处于生长发育阶段，机体新陈代谢过程旺盛，在训练过程中，虽有接受较大负荷训练的能力，但由于心血管系统和呼吸系统功能发展尚不完善，故容易出现疲劳，因此，训练时增加运动量和运动强度不能突然或过猛，应循序渐进，逐步提高要求。

4. 预防运动性伤病

定向运动训练中要重视对学生的安全教育，加强运动场地的安全检查。尽可能减少或避免伤害事故的发生，训练中除了重点预防急性损伤外，还要注意预防骨关节肌腱的劳损。

5. 定向运动训练的禁忌证

凡有下列情况之一者，禁止参加定向运动训练：中枢神经系统和末梢神经系统疾病（如精神病和癫痫病等）；运动系统疾病（如骨骼、关节、脊柱变形等）；风湿性心脏病和先天性心脏病、高血压患者、高度近视眼患者。

（二）定向运动训练的保健措施和方法

1. 医学检查

对参加定向运动训练的学生，在参加正式训练前，应做医学检查，其内容有体格检查，身体发育、皮肤、肌肉系统、皮脂厚度、身体形态、腿形、胸廓形状与足的检查等。健康检查有既往病史、心、肺、肝、肾等主要脏器的物理或化学检查等。有条件的学生还可以做心血管系统和呼吸系统的功能检查。医学检查最好每学期进行一次，至少每年一次。

2. 定期的生理功能检测与评定

对参加训练的学生，要经常或定期地监督和检查他们的身体功能状况，重点是心血管系统和呼吸系统的生理功能，其目的是判断运动员的身体功能水平，了解机体对运动量的适应能力，鉴别大运动量训练过程中出现的生理现象或病理状况，预防过度训练和运动性伤病，从而为改进训练提供科学依据。常用的检测指标有：脉搏、血压、肺活量、呼吸频率、握力、血色素、尿蛋白和心电图等，这种检测除了在实验室条件下进行外，还可以在训练过程中进行。

3. 日常健康监督

参加定向运动训练的学生一般应写训练日记，清晨自测脉搏，并填写自我监督记录表，教师可在训练课前、中、后测量学生的脉率、血压和肺活量等简易指标，也可以在训练过程中做运动量和运动强度的测定，并观察学生的疲劳反应，以摸清学生承受最大训练负荷的情况；对女生，要填写月经卡片，以便体育教师和教练员更好地安排训练和正确掌握运动量。

4. 建立运动伤病登记制度

凡训练中发生的运动损伤和运动性疾病，均应填写运动伤病登记卡，要按照登记卡中的各项内容逐项填写，以利于统计、分析和研究其与运动训练的关系，分析运动伤病发生的原因和机理，从而找到预防运动性伤病的有效方法，保证训练的正常进行，并为提高训练水平提供必要的保障。

5. 训练后的恢复措施

参加定向运动训练的学生不仅要完成紧张的文化学习任务，还要承担较大的训练负荷，因而无论是在脑力上，还是在体力上消耗都是很大的。如果训练安排不合理，产生过度训练疲劳的情况，不仅会影响学习，还会损害身体健康。如果训练后不采取一些实际可行的恢复措施，疲劳就不能得到及时消除，同样也会影响到第二天的文化学习，所以无论是从预防过度训练的角度，还是从保证文化学习的角度来看，训练后的恢复措施都是必不可少的。要重视训练后的整理活动，它是消除疲劳、促进体力恢复的一种好方法。训练后的整理活动可使人体由紧张的运动状态更好地过渡到安静状态，缩短恢复过程。而采用按摩、洗热水澡等物理措施以加速疲劳的消除，促进恢复过程。由于运动训练需要消耗更多的营养物质，所以，对参加训练的学生应适当增加营养，补充额外的消耗，同时搞好膳食安排，这对学生体能的加速恢复也是很重要的。

（三）自我监督

自我监督是体育活动参加者在锻炼过程中对自己的健康状况和身体功能状况经常进行观察的一种方法，自我监督是体格检查的重要补充措施。自我监督对体育活动参加者，尤其是经常参加运动训练的青少年有重要的意义。它可以间接地评定运动量的大小，为体育教师和教练员合理安排教学、训练以及掌握运动量提供重要依据；可以预防和早期发现过度训练和过度疲劳，从而及时调整训练量；同时，还能及早发现运动性伤病，以便尽早采取措施，保证运动员的身体健康。

自我监督的内容包括主观感觉和客观检查两个方面。

1. 主观感觉

一般感觉：反映整个机体的功能状况尤其是中枢神经系统的状况。一般感觉好的人在运动过程中总是精神饱满、精力充沛、心情愉快、积极性高。但在患病或过度训练时，就会感到精神萎靡不振、疲倦、乏力、头晕或情绪易激动等，在进行自我监督时，根据情况可填写为良好、一般或不好。

运动心情：一个身体健康、精神状况良好的人，在参加体育锻炼时，总是心情愉悦、乐于参加运动的，若出现对运动不感兴趣，表现出冷淡或厌倦，不服从教师或教练员的指导，情绪容易冲动等现象，可能是教学和训练不当或出现疲劳，也可能是早期过度训练的征象。根据个人的运动心情，可填写为很想训练、不想训练、冷淡或厌倦等。

不良感觉：指运动训练或比赛后的不良感觉，如肌肉酸痛、关节疼痛、四肢无力等。一般来说，在强度较大的训练比赛后，由于机体疲劳，大部分人会产生一些不良的感觉，但这些现象经过适当休息后就会消失。如果运动时或运动后除上述不良感觉外，还有心悸、头晕、头痛、气喘、恶心甚至呕吐、心前区或上腹部疼痛等症状，就说明机体对运动量不适应，或身体功能状况和健康状况不良，在自我监督记录表中可填写具体的不良感觉。

睡眠：正常的睡眠状态应是入睡快，睡得深，不做或很少做梦。经常参加体育活动的青少年学生和运动员，睡眠应当是良好的。由于生活和工作的一时没有规律，或是训练和比赛负荷过大，偶然的一天或数天睡眠不好并不是异常现象，但长时间的睡眠不安宁、失眠、多梦或者嗜睡，一般是健康状况不良或某种疾病潜伏期的一个征象。当体育活动参加者和运动员中出现失眠、睡眠不好的现象时，大多是对运动量不适应或是过度训练的早期反应。记录时可填写睡眠的时间以及睡眠状况，如良好、一般、不好，或失眠、多梦、易醒等。

食欲：生活规律、健康状况正常的青少年学生和运动员的食欲应该是正常的，即在一定的时间间隔后有饥饿感，想进食，同时食欲和食量在绝大多数情况是一致的。一时食欲不振或食欲缺乏，很多是由于饮食制度混乱和吃零食引起的；长期性的食欲不振则可能是消化器官或全身慢性疾病的反应，如慢性胃肠病、传染性肝炎、肺结核等。经常参加体育活动的人或运动员，由于能量消耗多,一般食欲良好,食量也较大。但健康状况不良或过度训练时,食欲便会减退,食量减少。此外,运动训练刚结束后马上进餐,食欲也是较差的。记录时可填写食欲良好、一般、不好或厌食等。

排汗量:在运动时,人体排汗量的多少与运动量(运动强度)、气温、湿度、风速、训练水平、情绪、衣着量、饮水量以及汗腺和数目等因素有关,剧烈运动和比赛时出汗多是正常的生理现象。当然,也有一些人因体质弱、疲劳或病后恢复期参加运动,也会出汗较多,这是体内调节功能弱的一种表现。如果其他因素相同,则没有经过训练的人在运动时会出汗更多。随着训练水平的提高,出汗量会逐渐减少。如果训练水平较高的运动员,运动时重新出现大量排汗的情况,可能是过度训练的征象。根据排汗情况,记录时可填写为汗量较多、一般、不多或其他。

2. 客观检查

脉搏:经常从事运动的人由于迷走神经紧张性增高,安静时脉搏频率非常缓慢,称为心动徐缓现象。定向运动运动员的心动过缓现象通常较其他运动项目的运动员更明显。脉搏频率与训练水平、运动年限和运动专项有关,随着运动年限的增长和训练水平的提高,脉搏频率也会减少,这是系统训练后的良好反应。脉搏作为心血管系统的一个重要功能指标,它可以准确地反映人体的健康状况。在健康状况不良或机体处于疾病潜伏期,人还没有明显感觉出来时,脉搏次数已明显增多了。在自我监督中,常用早晨脉搏,又称基础脉搏评定运动员的训练水平和身体功能状况。在训练正常,运动员处于良好的健康状态时,脉搏次数一般保持在一个相对恒定的水平上或逐渐下降。若每分钟脉率增加 12 次以上,说明机体反应不良,可能是疲劳还未消除、夜间睡眠不好或身体有病等情况引起的。如果晨脉比过去明显增加,且较长时间不能恢复到原有水平,而可能是早期过度训练的表现,需要深入查找原因。晨脉与自我感觉之间也有一定的联系。在测晨脉时,除注意频率外,还要注意脉搏的节律性,如果发现脉搏节律不齐或有停跳现象,可能是心脏功能异常现象,应采用心电图等方法做进一步检查。测晨脉可在清晨起床前进行,一般记录 10 s 的数值,求其稳定值即连续两次测得的数值相同,否则应继续测量,直到达到要求为止。也可沿用 30 s 的数值,然后换算成一分钟的脉率数。

体重:体重是评定体育活动参加者健康状况的标志之一。成年人的体重一般比较恒定,少年儿童随着年龄的增大,体重也逐渐增加。青少年学生和运动员在大运动量训练或激烈的比赛后，因体内水分的大量丧失，可以看到一时性的体重下降，但 1～2 天后就能恢复正常。如体重持续下降，并伴有其他异常现象，可能是早期过度训练或罹患慢性消耗性疾病，如慢性胃肠病、肺结核或营养不良等。少年儿童的体重如果长期不增长，甚至下降，则是健康状况不良的表现，应查明原因。在进行自我监督时，每周应测体重 1～2 次（应在同一时间内进行）。此外，还可测运动前和运动后的体重，以观察运动对体重的影响。运动成绩：坚持合理训练，运动成绩应能逐步提高，并且能稳定在一定的水平上。如经较长时间训练，运动成绩没有提高，甚至出现下降，可能是身体功能状况不良或早期过度训练的表现。

七、定向运动队比赛期间的保健工作

学生在定向运动比赛期间，神经系统处于高度紧张状态，心血管系统和呼吸系统以及内分泌功能也都处于较高水平，以适应比赛需要。由于定向运动比赛体力消耗很大，极易给机体带来一些不利的影响，因此，做好比赛期间的保健工作，对保护学生的身体健康和保证比赛的顺利进行有着十分重要的意义。

（一）全国学生定向锦标赛的保健要求和措施

1. 赛前健康检查

在比赛前，学生应进行必要的健康审查和体格检查。身体发育正常，健康状况良好，有一定训练基础，体育健康分组中属基本组的学生，一般可参加比赛。属准备组和保健组的学生，或有伤病者，一律不许参加比赛，以免发生意外。

2. 合理的组织安排

场地选择和路线设计应符合安全条件；检查运动员的服装、鞋子是否符合比赛的要求；做好比赛期的伙食管理和膳食供应。

3. 现场救护

认真组织和实施比赛现场的救护工作，配备必要的救护人员和药物、器材，有条件的应设立现场急救站，由医务人员负责现场救护工作，若无专业医务人员，也应指定专业人员负责，一旦发生伤病，应迅速送医院处理。此外，比赛期间要进行安全教育、遵守组织纪律教育和文明新风的宣传教育。

4. 赛前的准备活动

参加比赛的学生在赛前必须做好充分的准备活动，尤其是在气温较低时，肌肉关节僵硬，做好准备活动可以预防运动损伤。准备活动强度和时间应根据运动员赛前状态和气候等因素而定。

5. 赛中保健要求和措施

赛中运动员的神经处于高度的紧张状态，各器官、系统的功能处于较高的水平，运动员的机体要消耗很大的体力和能量。场地裁判和工作人员要关注比赛现场的一切情况，对比赛中出现的伤病，如腹痛、休克、痉挛、挫伤、撕裂伤、擦伤、关节韧带扭伤等，要及时处理和向医务人员报告，以保证比赛的顺利进行。此外，要做好比赛中的饮料供应工作。

6. 赛后保健要求和措施

比赛结束后，对参加比赛的运动员的保健指导仍应继续。赛后应及时了解运动员的疲劳程度，伤病的发生和发展情况，消除疲劳的措施和方法以及生理功能有无异常变化，为安排下一阶段的训练和比赛提供依据。赛后应及时采取恢复措施，如按摩、放松肌肉等，尽快消除运动员的疲劳，促进体力恢复。对带伤病参加比赛的运动员，赛后要仔细检查。如果赛中新发生了运动损伤，赛后要抓紧治疗，并做好对损伤的随访安排。

（二）比赛期间的几个特殊保健问题

1. 时差反应

时差反应是由于地球自西向东自转，人体产生了与之相适应的一种与昼夜周期相适应的节奏生物钟。人类的生物钟现象能使人对变化做出反应，而影响人的活动能力。随着国际体育交往的增加，运动员要经常跨越时区到国外去参加比赛，新式的交通工具，如飞机能将人们在很短的时间内从一个国家载往另一个国家。科学研究发现，时差在三小时内一般不会产生很大的影响，时差变化越大，机体的反应也越强烈，因为人们迅速转移有较大东西向位移的新环境后，由于生物钟测时的误差，就会产生生理干扰，时差适应能力差的人就会出现时差反应，如疲倦乏力，精神萎靡不振，食欲不佳，睡眠不良，情绪容易激动，注意力不集中，运动员往往感到心烦意乱。总之，时差反应使整个身体的机能和运动能力都会受到影响，如果运动员在这种情况下参加比赛，就会影响技术水平的发挥和运动成绩的提高。有关时差适应的医学研究证明，人类不能适应昼夜交替太大的外界环境，必须经过一定的时间，才能实现生理节奏同步化。为了保证运动员在重大国际比赛中发挥最高水平，创造优异成绩，时差适应就成了比赛期间一项重要的保健工作。据研究，人类机体生物钟的完全颠倒约需 8～10 天，因此，为减轻和消除时差反应，可以采用提前到达比赛地点，有时则需要提前一周至十天就要到达比赛地点进行适应，抵达比赛地点后，应马上执行新的作息制度，按当地的时间用餐、训练和就寝，而不应逐步过渡，以尽快完成生物钟的调整。另一种方法是在国内预先适应，即改变作息时间，将训练时间和睡眠时间逐步向前或向后推移，以适应比赛时新的时间条件。研究资料表明，预先适应需要 2～3 周甚至更长一些时间。

2. 高原反应

产生高原反应的参赛者会感到呕心、呼吸困难甚至鼻孔出血。克服高原反应的方法同样可以采取提前适应法，运动员一般应在一周之前到达比赛地进行适应性训练。

第二节　定向运动的技能训练

一、地图的使用

（一）读图

读图是将二维的平面地图通过心理过程在大脑中视觉化，形成立体的三维实际地形，并与实地进行对照的认知过程。一个优秀的定向人必须首先是一个优秀的读图者。因此，对定向爱好者来说，迅速准确的读图技能是最基本的定向技能。为了学习上的方便，我们将读图技能分为动作技能和认知技能两个方面。

读图的动作技能包括折叠地图、拇指辅行、标定地图和确定前进方位，它们是正确读图的基础。所有定向人都必须熟练掌握这些技能，并且最好能达到自动化的水平。但是读图动作技能的练习与读图的认知技能的练习常常是同步进行的，只是不同的阶段侧重点不同而已。通常先以动作技能练习为主，然后动作技能和认知技能练习并重，当动作技能达到熟练水平甚至自动化水平时，则以认知技能的练习为主。

按读图时的运动状态可将读图分为静止站立读图和运动中读图。读图练习应从静止站立开始逐步过渡到运动中读图。而在运动中读图首先要使读图的动作技能达到熟练水平，为了避免因地形和地图符号对动作技能的影响，最初的练习应该安排在线状特征较多并且比较简单的地形中进行。

（二）标定地图

标定地图就是使地图跟实地保持一致，它是定向运动的基本技能之一，标定地图的方法有多种。

1. 概略标定

若已知实地方位和站立点的图上位置，只要将地图正置，使地图上方（即磁北方向）与实地北方向保持一致，地图即标定。

2. 指北针标定

指北针标定即使指北针的北方向与地图北方向保持一致，地图即标定。若以磁北针方向与地图北方标定地图时，要求图、地对应更精确，可对照周围地形，正置地图，使图、地的地貌、地物相对应即可。

指北针标定地图第一步：用指北针的长尺边相切于磁北方向线，并使指北针的前进方向箭头指向地图北方。指北针标定地图第二步：转动身体或转动地图，使指北针磁针的北端（红色的一端）与地图的磁北方向线一致。

3. 明显地貌、地物点标定

地貌、地物的点标定即利用地图、实地对应的明显地貌或地物作为参照点标定地图。可作为地貌参照点的有山头、鞍部、山凸、山谷等。可作为地物参照点的有塔、亭、桥、烟囱、独立房、独立树等。

利用地貌、地物的参照点标定地图的前提是必须知道实地站立点在地图上的位置，以及地图上和实地都有的明显同一地貌或地物。具体操作方法如下：首先明确实地站立点在地图上的准确点，选择实地和地图上都有的山头上的点，如烟囱作为参照点，水平转动地图，使地图上的站立点与地图上烟囱所构成的连线和实地站立点与实地烟囱之间所构成的连线重合，并确保图、地烟囱在图、地站立点同侧，地图即标定。

4. 地貌、地物的线标定

地貌、地物的线标定即利用线状的地貌或地物作为参照物标定地图。可作为线状地貌参照物的有山脊、合水线、分水线、长形陡崖、长堤等；可作为线状地物参照物的有江河、沟渠、道路、围墙、电力线等。

利用线状地貌、地物的参照物标定地图，也必须知道实地站立点在地图上的位置，以及实地长形地貌或地物在地图上的位置。在标定地图时，只需将地图上的长形地貌或地物与实地的长形地貌或地物保持方位一致即可，即长形地貌或地物在图、地走向或重合或平行，且选择的地图上的长形地貌或地物两侧的实地地貌和地物符号，与实地上对应的长形地貌或地物两侧的实地地貌和地物——对应。

5. 利用明显面状地物标定

如果利用池塘标定地图，只要将图上池塘与实地池塘外形轮廓对应，即图上池塘与实地池塘概略重合，地图即标定。

（三）图地对照，确定站立皮和目标点

图地对照就是将地图与相应实地的地物、地貌进行逐一对照，确定站立点，就是在实地确定自己站立点在地图上的相应位置。确定目标点就是确定实地某一目标在地图上相应的位置，图地对照，确定站立点和目标点，三者互为条件，有密切联系。通过对照地形，可以确定站立点和目标点；知道了站立点或某个目标点的图上位置，可以提高图地对照的速度与精度。同时，知道了站立点的图上位置，可以确定目标点，知道了目标点的图上位置，可以确定站立点。在三者中，虽然重点是站立点的确定，但由于可互为条件，因此，图地对照确定站立点和目标点没有固定的先后顺序，可根据具体情况决定。在基础训练时应按下述步骤进行。

1. 先明确站立点，后进行图地对照

先明确站立点是指站立点已知，即在进行地图与实地对照基础训练时，站立点一般先由教练员指出。通常在以下两种情况下出现：在进行定向运动模拟训练和比赛时，出发点已经在地图上标明；在定向运动途中运动员已经明确站立点。后图地对照是指在站立点已知的前提下进行图地对照。

在初次进行野外地图与实地对照时，应利用已知站立点对照地形，先进行控制对照，即对照大而明显的控制点，如较高的山顶、较明显的鞍部、大的山背山谷与明显的地物等，根据这些控制点在地图上的相互关系位置，从而确定它们在实地的相应位置，这样可提高对照的精度和速度。在控制对照的基础上，再进行细部对照。在进行细部对照时，以控制点为准进行分片对照；也可以由近至远、由左至右或由右至左进行对照，这时对照的重点是地貌，根据图上等高线的弯曲形状、间隔距离，结合等高线显示地貌的原理与特点，与实地地貌进行分析比较，反复验证，使地图与实地逐一对应。

对照地形时要注意地图经过测绘和制图过程中的取舍，一些地貌的细部和少数次要地物在地图上有所省略，不要因追究这些而浪费时间与精力。同时，由于定向越野训练时，一般都使用国家基本地形图，这种地图大都成图时间早，虽然实地地貌与地图差异不大，但地物变化大。因此，在图地对照时要综合分析，以对照地貌为主，图地对照的难点也是地貌对照，只有把主要精力放在对照地貌上，才能取得较好的效果。

2. 先图地对照，再确定站立点

先图地对照，再确定站立点是指在站立点不明确的情况下，通过对照地形来确定站立点，如在对照地形有一定的基础后，为提高训练效果而采用提高难度的方法时，教练员事先不指出站立点，让运动员通过图地对照确定站立点；又如在实地运动中迷失方向时，也要通过图地对照才能确定站立点，明确运动方向与运动的具体路线。

确定站立点的主要方法是依据实地站立点附近明显的地形特征，用综合分析的方法确定。用这种方法确定站立点时，先进行控制对照，确定各控制点的实地位置。这时的控制对照是在站立点不明确的情况下进行的，但站立点在地图上的范围应是清楚的，在控制对照时，应根据各控制点本身的特征及其相互关系位置，通过综合分析，反复验证，是可以确定其图上位置的。确定各控制点（当然不是全部）的图上位置之后，再根据站立点附近的控制点，结合站立点与此控制点的方向距离，经过细部对照，即可确定站立点的图上位置。用图较熟练者在遇到有一定的起伏、通视较好的地段或在有明显地物、通视较好的平坦地时，用上述方法确定站立点会取得满意的效果，而且方便迅速。

二、按方位角行进

（一）方位角概述

在进行定向运动的过程中，往往需要从图上判断两点的相对位置。如果仅有两点之间的水平距离，而没有方位关系，显然无法确定两点的相对位置。而要确定两点之间的方位关系则必须规定起始方向，然后求出两点间的连线与起始方向之间的夹角，以此确定两点的相对位置，这就需要用方位角表示。它是指从起始方向北端算起，顺时针转至目标方向线间的水平角，定向地图中都以磁北为起始方向，故所用的方位角均为磁方位角。

（二）按方位角行进的应用场合

在实际定向中，有时往往由于地形平坦，森林覆盖范围较大，又无明显特征，运动员很难根据地形特征来确定前进方向或捕捉检查点。此时，运动员如果不能很好地运用按方位角行进技术，就会造成盲目被动，或是无目标地乱跑，或者过多地看地图，耽误时间。如果能熟练地运用按方位角行进技术去完成定位到找点的全过程，将大大提高找点的速度。

此外，在运动途中，当运动员遇到多条岔路线，有多个相近或相同的地物或地貌特征时，也可以采用按方位角行进技术确定前进方向，到达目标点。

（三）按方位角行进的技术要领

通过反复实践，可以总结出在定向运动中按方位角行进的"五准"要领，即方位角要估准，攻击点要选准，距离要判准，路线要走准，目标要找准。

1. 方位角要估准

获取准确的方位角有两种方法：一是利用指北针在地图上采用量取法：① 标定地图；② 指北针直尺边切站立点到目标点的方向线；③ 转动分度盘，使定向箭头与磁针北端重合，此时指北针中心指示线所对正的度数，即为站立点到目标点的磁方位角。二是目估法，就是根据平时经验的积累在地图上估算出目标点的磁方位角，准确度应在±1度之内，这需要运动员在相当熟练后才能做到。此方法简单快捷，在训练竞赛中运用较多。

2. 攻击点要选准

磁方位角测准后，若不采取措施，帮助记忆方向线，那也将事倍功半。记忆的办法除依靠指北针指示的方位角外，就是要选准和瞄准方向线上前方较远处的攻击点作为参照。攻击点必须清楚、明显，宜选那些有特点、易辨认、目视可见的，最好是高大、独立、背景开阔的。

如果点位距离较远，利用一次攻击点达不到目的时，则需选择多次和瞄准多个攻击点，采取分段运动的办法。在运动时，切记每段均应注意还原到预选的攻击点上，防止因偏离或丢失攻击点而造成方向的偏离。

3. 点距离要判准

为提高找点成功率，距离的判断也是很重要的。首先应根据地图比例尺估算出图上的距离。由于实地地形的起伏和道路的迂回曲折，实地距离应比图上距离略长。起伏越大，实地距离越长。在平时，运动员可根据自己的速度和所跑时间来确定所跑距离。

4. 路线要走准

在上述"三准"的基础上，要想既快又准地行进在方向线上，如何选择好行进路线，把握好行进方向及提高行进速度是至关重要的一环。

在按方位角或参照物行进时，由于山地崎岖不平，途中还会遇到各种障碍，因而偏离方向线也就在所难免。但如果掌握了行进要领，还是可以尽量减少偏差的。

在行进时，运动员应注意以下两点。

（1）选好路线

如果是覆盖范围大的树林，地面情况又简单易行，那就应果断地采取直线穿越法。但如果是大面积的灌木林，通行困难，就不能直穿硬插，而应酌情选路绕行，否则，既耽误时间又易造成心理障碍。但若地面情况不算太复杂，属中等难度的，则可根据个人体力、越野能力等酌情处理。若当时无合适道路可选，感觉通过拼搏能过去又能争取时间的话，就硬拼。若不具备这种能力，哪怕多绕路也不要硬拼，当遇到河流、水库、陡崖、禁区、深沟等无法通行的障碍时，应纵观现地全局，毫不犹豫地选路绕行。在选路时，运动员应注意选择便于通行，特征物也较明显，又能快速接近点标的道路。

（2）减少平移误差

当遇障碍绕行、迂回后，必须及时调整，准确修正跑偏的距离。例如，若向右绕行了 50 m，绕过后应有意识地向左跑回 50 m，即每次绕行都应估出和记住绕行的距离及反向修正，类似蛇形前进。

5. 目标要找准

在训练和比赛中常听运动员反映，自己方向线很准，路线也走得准，可就是近距离耽误多或找错点位。这主要有以下两个方面原因：第一，距离感不强，过早地进行找点或跑过头，都会导致找不到点位。遇到这种情况，运动员应保持清醒的头脑，不急躁，不慌乱，不盲目地乱窜乱搜，更忌受他人影响或主观臆想而离弃原方向线，而应冷静下来认真分析地图，根据所跑距离寻找攻击点，找出所在站立点，再重新确定点标位置。第二，就是到位后找错点的事情常有发生。为保证比赛的公平、公正性，比赛的组织越来越严密，一点多标应运而生，也就是在同一个范围内设有多个组别的不同点标。这就要求运动员要有相当高的识图能力和判断能力，在打卡时一定要确保点标上的代号与自己所找点的代号一致时才能打卡。

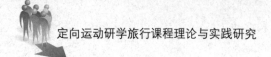

上述"五准"技术要领相互依存,缺一不可,均是按方位角行进找点的重要组成部分和关键所在。运动员反复练,多体会,在"准"字上下功夫,才能做到心中有数,熟能生巧,灵活运用,提高按方位角行进的能力,提高在复杂地形中找点的速度。

(四)训练方法

按方位角行进技术训练,应按照由简到繁、循序渐进、反复体会、逐步提高的原则进行。此技术实际包括两大环节:一是快速量取方位角,判断距离,瞄准方向线,选准参照物;二是按方位角行进直至找到检查点。所以,运动员可先进行分解训练然后再综合训练,点距离和地形难度逐渐加大。

1. 基础环节(分解)训练

目的:训练运动员估算方位角、判断距离及选择攻击点的速度和准确性。

方法一:在图上作业。先在地图上设计一条完整的比赛路线,按顺序从起点到一号点,一号到二号……直至到终点。要求运动员在规定时间内,迅速判断出这一点到下一点的方位角和距离以及在途中可能经过的参照物,并将其标注在地图上。然后由教练统一讲评,把每点的正确数据公布给运动员,最后让运动员自行校对,检查其准确性。

方法二:实地训练。运动员在图上量测(估算)出方位角、估算出距离后,在实地选瞄方向线和攻击点,然后由教练讲评。

2. 单点可观察训练

目的:训练运动员按方位角行进的准确性。

方法一:

① 选择范围为 200~300 m 的简单林地(如公园、乔木林等),在周围设置点标,在图上标出。

② 为便于观察运动员的行进路线,出发点应选在视野开阔的地方。运动员轮流单个出发,要求运动员在估准方位角、估准距离、瞄准方向线、选准攻击点后,把地图交给教练员开始出发,按方位角行进找点。若找到,立即返回起点,以安排他人出发;若找不到,也需迅速返回重新进行。教练员要注意观察每个队员的动作和沿方位角行进的准确性。

方法二:

① 选择不能直接通行、有较大障碍的地方,在障碍物前方设置检查点。

② 运动员从障碍物后方的某起点单个出发,按方位角进行找点,教练

员观察运动员绕过障碍物后能否修正平移误差并返回到原方向线上。

3. 多点综合性训练

目的：进一步提高运动员按方位角找点的能力。

方法：

① 在方圆 300～3 000 m 范围内，设置多个检查点。每个检查点上都挂一张地图，只标出这一点和下一点的位置。

② 运动员在同一起点按顺序找点。运动员在看完起点到第一点的图，量测（估算）出方位角、距离，选瞄好方向线和攻击点后，把地图交给教练员开始出发，找到第一点后，看第一点到第二点的图，以同样的方法找第二点，以此类推，直到找完最后一点。要求每点都严格按方位角行进的技术要领进行，重点体会和练习按方位角行进的各个技术环节和要领。

③ 由于训练难度较大，花费时间多，所以前几次训练不需要规定时间，以体会为主。随着水平的逐步提高，在规定时间，按方位角行进这一技术环节在定向技能中占相当大的比重，运动员只有把这个技术要领掌握熟练，运用自如，才能适应各种地形的比赛，这也是我国定向运动员在世界大赛中提高运动成绩的一个重要突破口。

三、越野跑技术

掌握越野跑的技术也是决定定向越野成绩优劣的重要因素之一。要想在比赛中既能保持高速度、长距离奔跑，又能避免一切可能发生的危险并取得好成绩，还需要掌握一定的越野跑技能。

（一）越野跑的特点

定向越野中的越野跑实际上是一种长距离的间歇跑。由于在途中常常需要停下来看图和辨别方向，在崎岖的道路上不可能始终保持均匀的跑速，越野跑总是体现出走、跑、停相交替的间歇跑的特点。在野外环境中的这种奔跑形式可以使身体肌肉的紧张与放松、身体的负荷与精神的专注不断交替进行，使参赛者身体的各个部分特别是呼吸系统与心血管系统得到较大的锻炼。也正因为这一特点，对定向越野中的越野跑技术要求不能等同于一般长跑的技术要求。

75

（二）越野跑的基本要求

1. 基本跑步姿势

上体保持正直或微向前倾，使身体各部分的动作协调配合。善于利用跑步中产生的支撑反作用力和惯性，这一点在山地和丘陵地带尤其重要；运动员应时刻注意调整上体的姿势，使身体保持平稳，从而提高奔跑的速度。

2. 呼吸

最好利用鼻子与半张开的嘴共同呼吸。在野外，风大、尘土多，要学会用舌尖顶住上颚呼吸。呼吸要保持自然、平稳、有节奏。当出现生理"极点"现象时，应及时调整呼吸的频率与深度。

3. 体力分配

可以按选择路段、比赛阶段、自身体能状况的不同确定体力分配。通过运动阶段和休息阶段适时交替的方法，达到既快又节省体力的目的。

4. 行进速度

一般来讲，越野跑的速度不宜过快。过快或在途中加速太猛不仅会影响体力的正常发挥，还会严重影响判断力，当地形有利时，可适当加速。

5. 行进节奏

行进的节奏要平稳、适宜。节奏过快会降低对周围环境的感知能力，过慢则会影响运动成绩，有节奏的动作可以减少体能的消耗。

6. 距离感

在越野跑中保持一定的距离感是必要的。它不仅可以帮助运动员提高找点的速度，还有利于体力的计划与分配。可以通过测量自己的步长或参考有关数据进行距离感的训练。

7. 间歇时采取的正确方式

一般来说，在间歇时采用放松性的慢跑比走好，走比停下来好，没有特殊情况不要坐。当然，当遇到迷路、迷向时就另当别论了。

（三）不同地形越野跑的技术

在越野跑时，由于跑的地点和环境在不断地变化，因此，跑的技术也要随之变化。下面介绍几种在常见地形上的越野跑技术。

① 在沿道路跑时，采用与中、长距离跑基本相同的技术，并尽量注意在路面平坦的地方可采用加速奔跑。

② 在过草地时，运动员用全脚掌着地，看清地面，以免陷入坑洼或碰在石头上。

③ 在上坡时，上体应前倾，大腿应高抬，并用前脚掌着地，小步跑上去。当遇到较陡的斜坡时，可改用走步的方法或用"之"字形跑（走）法，必要时还可用单手或双手辅助攀登。

④ 在下坡时，上体应稍后倾，并以全脚掌或脚跟着地的方法行进。当遇到较陡的下坡或地面很滑的斜坡时，可改用侧脚掌着地，甚至采用蹲状并用手在体后牵拉草、树、撑地等方法行进，到达下坡的末端时，可顺坡势疾跑至平地。

⑤ 从稍高的地方往下跳时，可用跨步跳的方法：踏在高处的腿必须弯曲并用力蹬地，另一条腿则向前下方伸出，跳下；两脚着地，并屈膝缓和冲击的力量。在落地时，两脚应稍微前后分开，以便继续往前跑。从很高的地方往下跳时，应设法降低下跳的高差，根据情况采用屈膝深蹲或坐地双手撑跳下或侧身单手撑跳下的方法。在落地时，要两腿用力，屈膝深蹲。

⑥ 在穿树林奔跑时，要注意避免被树枝、树叶、藤蔓等刮伤，特别要防止眼睛被树枝戳伤，此时一般都随时用手护住脸部。

⑦ 在过障碍物遇到小的沟渠、土坑、矮的灌木丛或倒伏树木时，要增加奔跑速度，大步跨跳而过；落地的同时上体稍向前倾，以保护腰部，便于继续往前跑。在通过较宽的沟渠时，可加速跑，采用大跨步跳和跳远的方法越过。在落地时，要防止后倒。遇到大的倒伏树木或其他矮障碍物，可以用踏过它们的方法越过。遇到较高的障碍物，如矮围栏、土墙等，可用正面助跑蹬跳和单手或双手支撑的方法翻越。

⑧ 在通过独木桥等狭窄悬空的障碍物时，应采取使脚掌外转成"八"字形的方法。如果这类障碍物很长，就不应跑，而应平稳地走过。

第四章　定向运动课程安全问题、体质测试与身体素质

第一节　定向运动课程安全问题

定向运动是一种以个人为主的体能类运动项目，而现在学生的体能水平下降非常明显，学生又缺乏自我保护和相互保护意识，同时，定向运动又很容易受到天气、场地的影响，因此，即使是在校园中进行练习，也很容易造成运动伤害。因此，安全问题一直是定向运动课程实施中最重要的问题。

一、定向运动课程中的安全问题

在往年的定向运动课程教学中，发生了一些严重或者是较为严重的突发事件，给学生的身体和心理造成了伤害，同时也给学生的学习、生活带来了极大影响。因此，下面介绍一下这些事件发生的经过、原因和预防措施，从而避免突发事件再次发生，同时再次强调定向运动课程的安全。

二、定向运动课程中的避险与自救

定向运动大多是在户外进行的，当突发事故发生时，人们只有极短的反应时间。但只要运用所掌握的科学知识和自救技能，在短短的几分钟甚至几秒钟内做出正确的反应，采取应急的安全措施，就可以将危害降到最低，保证自己的人身安全。

（一）中暑的防治

夏季在湿热无风的山区中开展体育活动时，由于身体无法靠汗液蒸发控制体温，人就会中暑。

中暑的主要症状为：头痛、晕眩、烦躁不安、脉搏强而有力，呼吸有杂音，体温可能上升至 40 ℃以上，皮肤干燥泛红。如果不及时救治，中暑的人可能很快会失去意识，如果程度很深，则有可能导致意外的发生。因此，在夏季进行体育活动前一定要准备好预防和治疗中暑的药物，如十滴水、清凉油、仁丹等。另外，还应该准备一些清凉饮料和太阳镜、遮阳帽等防暑装备。中暑的急救方式为立即带病人至阴凉地休息，解开其衣服领子通风，并及时联系其他同学和教师，严重者马上拨打 120 急救电话。

（二）抽筋的防治

抽筋发生的原因是体育活动时过度地运动或姿势不佳，而引起肌肉的协调不良，或因体育运动时或运动会后受寒，体内的盐分大量流失，从而致使肌肉突然产生非自主性的收缩。抽筋的症状有患处疼痛，肌肉有紧张或抽搐的感觉，患者无法使收缩的肌肉放松。急救的方式为拉引患处肌肉，使患处打直，轻轻按摩患处肌肉。补充水分及盐分，休息直到患处感觉舒适为止。

（三）如何应对蛇咬

参加定向练习时，经过蛇类栖息的草丛、石缝、枯木、竹林、溪畔或其他比较阴暗潮湿处时，如果不慎被蛇咬伤，不要吓得不知所措。首先应判断是否被毒蛇咬伤。通常观察伤口上有两个较大和较深的牙痕，才可判断为毒蛇咬伤。若无牙痕，并在 20 分钟内没有局部疼痛、肿胀、麻木和无力等症状，则为无毒蛇咬伤。只需要对伤口清洗、止血、包扎。若有条件再送医院注射破伤风针即可。

被毒蛇咬伤的主要症状有以下几种。出血性蛇毒的症状有：伤口灼痛、局部肿胀并扩散，伤口周围有紫斑、瘀斑、水泡，有浆状血由伤口渗出，皮肤或者皮下组织坏死、发烧、恶心、呕吐、七窍出血、有血痰、血尿、血压降低、瞳孔缩小、抽筋等。被咬后 6～48 小时可能导致伤者死亡。如果是神经性蛇毒：伤口疼痛、局部肿胀，嗜睡，运动失调，眼睑下垂、瞳孔散大，局部无力，吞咽麻痹，口吃、流口水、恶心、呕吐、昏迷、呼吸困难，甚至呼吸衰竭，伤者可能在 8～72 小时内死亡。

一般而言，被毒蛇咬伤后 10～20 分钟后，其症状才会逐渐呈现。被咬伤后，争取时间是最重要的。首先需要找一根布带或长鞋带在伤口靠近心脏端 5～10 cm 扎紧，缓解毒素扩散。但为防止肢体坏死，每隔 10 分钟左右，放松 2～3 分钟。应用冷水反复冲洗伤口表面的蛇毒。然后以牙痕为中心，

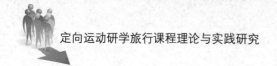
用消过毒的小刀将伤口的皮肤切成十字形，再用两手用力挤压，拔火罐，或在伤口上覆盖 4～5 层纱布，用嘴隔纱布用力吸吮（口内不能有伤口），尽量将伤口内的毒液吸出。

（四）如何应对蜂蜇

对于蜂蜇来说，首先要注意预防，离草丛和灌木丛远些，因为那里往往是蜂类的家园。发现蜂巢应绕行，一定不要做出过于"亲近"的表现。最好穿戴浅色光滑的衣物，因为蜂类的视觉系统对深色物体在浅色背景下的移动非常敏感。如果有人误惹了蜂群而招致攻击，唯一的办法是用衣物保护好自己的头颈，反向逃跑或原地趴下。千万不要试图反击，否则只会招致更多的攻击。如果不幸已被蜂蜇，可用针或镊子挑出蜂刺，但不要挤压，以免剩余的毒素进入体内。然后用氨水、苏打水甚至尿液涂抹被蜇伤处，中和毒性。可用冷水浸透毛巾敷在伤处，减轻肿痛。最后，直奔医院。

（五）水泡的防治

长时间的运动后脚被磨破，长出水泡，每走一步都疼痛难耐。预防的办法：最好穿着一双合脚的鞋和一双吸汗的棉或线袜子，在容易磨出水泡的地方事先贴一块"创可贴"。如有条件，可以到商店里买一瓶防止起泡的喷雾剂（主要减轻摩擦作用）。一旦磨出了水泡，首先要将泡内的液体排出。用消毒过的缝衣针在水泡表面刺个洞，挤出水泡内的液体，然后用碘酒、酒精等消毒药水涂抹创口及周围，最后用干净的纱布包好。千万不能把水泡的皮给撕了，否则很容易感染。

（六）昆虫叮咬的防治

在野外为了防止昆虫的叮咬，参赛人员应穿长袖衣和裤，扎紧袖口、领口，皮肤暴露部位涂擦防蚊药，不要在潮湿的树荫和草地上坐卧。宿营时，烧点艾叶、青蒿、柏树叶、野菊花等驱赶昆虫。被昆虫叮咬后，可用氨水、肥皂水、盐水、小苏打水、氧化锌软膏涂抹患处止痒消毒。

（七）遇到坏人的应急措施

遇到坏人可以用以下五个方法进行处理。

① 喊：有道是"做贼心虚"，别小看喊声带来的威慑力量，它就有可能

阻止犯罪嫌疑人的恶性动机继续加深。假如犯罪分子正处于犯罪初始阶段，女性应当大声呼救，以求救助。

②撒：可以就地取材，抓一把泥沙撒向犯罪分子面部，这样做可以抢时间，逃脱后再去找人帮忙。

③抓：猛抓犯罪嫌疑人的面部、要害。抓时要抓得狠、抓得死，将其抓破以达到制服犯罪分子的目的。

④踢：可以拼命踢犯罪分子的下身，这样可以削弱他继续侵害的能力。

⑤咬：犯罪分子施暴时常常先将女性的双臂缚住，此时在不得已中应抓住时机咬住其身体不松口，迫其松手。

三、运动损伤的处理原则与方法

在进行体育运动中，运动损伤是经常会发生的事情，但是绝大多数学生却因为不懂如何处理，而造成二次损伤，不仅使身体受到了巨大伤害，同时极大影响了学习和生活。因此，必须掌握常见运动损伤的处理原则与方法。

（一）运动损伤的急救

运动损伤的急救是指对运动现场的意外或者是突发伤害事故进行紧急、临时性的处理。迅速而正确的急救不仅能抢救伤员的生命、减轻痛苦和预防并发症，而且可为下一步治疗创造良好条件。

现场急救遵循的原则首先是要以挽救生命为第一目的，如因骨折疼痛而引起休克，应先处理危及生命的休克而后做骨折的固定。其次，进行急救要有时间概念，即要争分夺秒地进行抢救。再次，抢救人员要有高度的责任心、正确的急救技术、沉着冷静的头脑。

1. 心跳、呼吸骤停的急救

心跳、呼吸骤停是指心脏突然衰竭，不能泵出足够的血液保证大脑及其他重要器官的需要；呼吸突然停止，机体不能进行有效的气体交换。一般在心跳呼吸停止 5 至 8 分钟内称临床死亡期，处于此期的患者是有可能被抢救过来的。但如果超过 8 分钟，则进入生物学死亡期，患者无法被抢救过来。因此，抢救必须争分夺秒。

（1）呼吸骤停症状

①神志完全消失。

②颈动脉和股动脉搏动消失。

③ 呼吸停止。

④ 心音听不到。

⑤ 瞳孔散大、各种生理反射消失。

（2）现场抢救步骤

① 通畅呼吸道：抢救者一手使患者头后仰，另一手把患者下颌向前提起或使颈抬升、舌根上移而不影响呼吸道通畅，并用手或器具去除口腔内的异物。如果异物在气管内，则可用腹部按压法，即使患者仰卧，抢救者一手掌根部放在患者上腹部剑突下方，另一手重叠在前一手掌背上，双手用力向胸部方向推压，使腹压剧增，把气管内异物迫出。

② 口对口（或口对鼻）人工呼吸：患者仰卧于硬地或硬床板上，抢救者一手使患者头后仰、口张开，另一手拇指和食指紧捏患者鼻孔，抢救者深吸气后对患者口内猛吹气至患者胸部抬起；随后开放鼻孔，使患者被动呼气，这时可见胸部回缩。吹气频率为每分钟 14～16 次。

③ 胸外心脏按压：患者仰卧在硬地或硬床板上，双腿稍抬高以利静脉血回流。抢救者位于患者一侧，把一手掌根部置于患者胸骨中、下 1/3 交界处（手掌与患者胸骨纵轴一致），另一手掌根部重叠于该掌背，双肘关节伸直，借助双上肢和自身体重垂直下压，使患者胸骨下沉 3～4 cm，然后迅速放松，使胸骨弹起，如此反复，按压频率为每分钟 60 次。

（3）抢救注意事项

① 人工呼吸和心脏按压应交替进行。

② 操作次序：如两人同时进行抢救，每按压心脏 5 次，吹气 1 次；如果仅一人抢救，则按压心脏 15 次，吹气 2 次。

③ 胸外心脏按压的有效指标：出现颈动脉和股动脉搏动；如能测到血压和发现散大的瞳孔缩小、发绀消失、皮肤转红，则表明大脑血流灌注已经建立。

④ 胸外心脏按压常见的并发症有肋骨骨折，偶可致肝、脾破裂，故抢救者应根据患者年龄和胸廓弹性灵活按压，对胸部损伤者则不可施术。

⑤ 心跳呼吸骤停恢复后的处理：抢救者要尽快向附近医院求援，或火速将患者送往有条件的医院继续抢救。

2. 休克的急救

休克是指人体遭受体内外强烈刺激后发生的一种严重的病理状态或全身综合征。由于人体有效循环血量锐减、组织血液灌流量不足引起机体代谢障碍和细胞受损，是临床常见的危重状态之一。

（1）休克的症状

①　皮肤冷而黏湿，同时皮肤可能会显得惨白或者灰沉。

②　脉搏乏力而急促。患者的呼吸可能缓慢而微弱，或者出现强力呼吸（不正常的快呼吸或深呼吸，其结果是血液中损失二氧化碳，从而导致血压降低，手脚颤动，有时还会晕倒），其血压也会低于正常值。

③　眼神无光且凝滞，有时甚至瞳孔也会扩大。

④　休克的人也可能有所知觉。这时患者可能感到眩晕甚至非常虚弱或者神志恍惚，休克有时还会使人过度兴奋或者焦躁。

（2）急救措施

如果有人疑似休克或者受伤以后表面上仍然正常，请根据以下急救步骤进行急救。

①　拨打120急救电话。

②　使病者仰卧平躺，如果在搬动其腿部时不会引起疼痛或引起其他损伤，请将其双腿抬起并高过头部。

③　检查患者的生理循环功能（呼吸、咳嗽或者胸部起伏），如果循环功能消失，请赶紧为其做心肺复苏急救。

④　使患者保持温暖与舒适。请解开患者的腰带，脱去比较紧身的衣物并给他盖上一块毯子保暖，即使患者抱怨饥渴，也不要给他进食饮水。

⑤　如果患者呕吐或者口中咯血，请让他保持侧卧的姿势以避免噎塞。

⑥　如果患者流血或者骨折，请立即采取相应的急救措施。

（二）运动损伤的常规处理原则与方法

1. 运动损伤处理原则

运动损伤由于其本身特点和发病规律，故在损伤的处理过程中需要遵循以下原则：

①　急性期以抑制肿胀，减轻疼痛为原则；

②　中期以消除肿胀，加速组织的愈合，恢复功能为原则；

③　晚期以恢复功能为原则。

2. 运动损伤处理方法

运动损伤有多种有效的处理方法，比较理想的是将各种处理方法有机地组合，以期获得最佳治疗效果。目前采用的处理方法可分为以下几类：初期处理、运动或固定、药物治疗、冷疗、热疗、电疗、手法治疗等。

（1）初期处理

伤后 24 小时是急性软组织损伤处理最关键的时期，损伤早期应尽量减少损伤部位的出血。适当的处理方法可概括为：保护、休息、冰疗、加压包扎和抬高患肢。

（2）运动和固定

对于大多数中、重度软组织损伤，传统的处理方法是固定。然而，固定时间一般不应超过 6 天。固定主要适用于骨骼损伤，特别是急性骨折。长时间的固定可能会导致一系列组织损害，例如关节僵硬、关节软骨畸形、肌肉萎缩、无力和僵硬等。因此，需要进行一些保护性运动。这意味着在运动时使用保护支持带，以防止损伤肢体，并避免使损伤组织承受过大的应力刺激。

（3）冷热疗法

冷热疗法是运用低于或高于人体温度进行治疗的一种物理疗法。

① 冷敷法能降低局部组织温度，使血管收缩，减轻局部充血，抑制神经的感觉，具有止血、镇痛、防止或减轻肿胀的作用。常用于急性闭合性软组织损伤的早期，伤后立即使用，冷敷后应加压包扎并抬高伤肢。

冷敷时一般使用冰袋或寒冷气雾剂。冰袋或用冰块装入塑料袋内做伤部冷敷约 20 分钟；若用寒冷气雾剂做局部喷布冷敷时（面部不宜采用），喷射出的细流应与皮肤垂直，瓶口距皮肤 20～30 cm，每次约 10 s，不可喷射过多，以防发生冻伤。如条件允许，也可用冷水毛巾置于伤部，2～3 分钟更换一次。

② 热疗热疗包括热敷、红外线照射等，它能扩张局部血管，增强血液和淋巴循环，提高组织的新陈代谢，解除肌肉痉挛，加速淤血和渗出液的吸收，促进损伤组织的修复，具有消肿、解痉、减少粘连和促进愈合的作用，常用于急性闭合性软组织损伤的中、后期和慢性损伤的治疗。

热敷时一般采用热水袋或热水毛巾，每天 1～2 次，每次 20～30 分钟。毛巾无热感时要立即更换，热敷的温度要适当，以防发生烫伤。红外线照射治疗时，先把红外线灯预热 2～5 分钟，然后把红外线灯移向伤部的上方或侧方，灯距一般为 30～50 cm，照射剂量以伤员有舒适热感、皮肤出现桃红色均匀红斑为度。如伤员自觉温度过高时要适当增大灯距，汗液应擦去。每天 1～2 次，每次 15～30 分钟。

四、运动中的常见损伤与疾病

（一）踝关节扭伤

踝关节是人体在运动中首先与地面接触的主要负重关节，也是日常生活和体育运动中较易受损伤的关节之一。踝关节周围韧带在保持踝关节的稳定性中发挥了重要的作用，因而也较易受到损伤。

踝关节韧带损伤根据严重程度可以分为三度：Ⅰ度，轻微韧带拉伤，轻微肿胀和压痛，无不稳定，几乎无功能丧失；Ⅱ度，韧带部分撕裂，肿胀和压痛明显，轻到中度不稳定；Ⅲ度，韧带完全断裂，严重肿胀和压痛，功能丧失，显著不稳定。

患者于扭伤后迅即出现扭伤部位的疼痛，随后出现肿胀及皮肤瘀斑。严重者患足因为疼痛肿胀而不能活动。外踝扭伤时，患者在尝试进行足内翻时疼痛症状加剧。内侧三角韧带损伤时，患者在尝试进行足外翻时疼痛症状加剧。受累部位出现典型的疼痛、肿胀、瘀斑表现。触诊可及明确的压痛点。查体抽屉试验阳性可提示外侧距腓前韧带损伤，内翻应力试验阳性提示合并外侧跟腓韧带损伤，外翻应力损伤提示内侧三角韧带损伤。上述试验评价时均需与对侧未受累踝关节进行对比，且在扭伤急性期尤其是踝关节肿痛明显时，这些查体往往难以完成。行踝关节正位、侧位、踝穴位 X 光片可有助于排除骨折。应力位 X 光片可有助于间接判断踝关节韧带损伤，但往往因加剧患者症状或加重损伤而在急性期难以实现。当扭伤严重怀疑有关节软骨损伤时可进行 CT 或 MRI 检查，以除外骨软骨损伤。

急性踝关节扭伤通常采用保守治疗，原则为 RICE（Rest，休息；Ice，冰敷；Compression，加压包扎；Elevation，抬高患肢）。于损伤初期严格遵守这一原则，并辅以理疗以促进消肿。3 周内采用支具或护具进行相对制动和保护，尽量避免负重，可在非负重情况下积极活动足趾及行小腿肌肉的等长收缩，以促进消肿。急性期过去后，可逐步开始主动安全范围活动度锻炼、负重，在斜行板上锻炼本体感觉，加强腓骨肌力量，以增强踝关节的稳定性，避免日后再次发生扭伤。虽然一些专家强调一期修复撕裂的韧带可以获得更好的效果，但针对手术和保守治疗效果的大量比较研究表明，手术治疗效果不比保守治疗更好。

预防措施包括下肢柔韧性、平衡能力、本体感觉和肌肉力量的练习，以

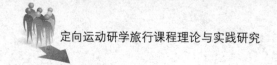

增强稳定性和灵敏度。同时运动前要做好充分的热身准备活动，运动时可佩戴护具限制关节的过度活动。踝关节不稳者平日行走于不平路面或参加运动时可穿高帮鞋，以提供对踝关节的保护。

（二）急性腰扭伤

急性腰扭伤是腰部肌肉、筋膜、韧带等软组织因外力作用突然受到过度牵拉而引起的急性撕裂伤，常发生于搬抬重物、腰部肌肉强力收缩时。急性腰扭伤可使腰骶部肌肉的附着点、骨膜、筋膜和韧带等组织撕裂。

1. 病因

本病主要有以下两种原因引起腰部软组织损伤。

（1）腰扭伤

腰扭伤多因行走滑倒、跳跃、闪扭身躯、跑步而引起，多为肌肉、韧带遭受牵制所致，故损伤较轻。

（2）腰挫裂伤

腰挫裂伤是较为严重的损伤，如攀高，提拉、扛抬重物的过程中用力过猛或姿势不正、配合不当，造成腰部的肌肉筋膜、韧带、椎间小关节与关节囊的损伤和撕裂。

2. 症状

患者伤后立即出现腰部疼痛，呈持续性剧痛，次日可因局部出血、肿胀、腰痛更为严重；也有的只是轻微扭转一下腰部，当时并无明显痛感，但休息后次日感到腰部疼痛。腰部活动受限，不能挺直，俯、仰、扭转感困难，咳嗽、喷嚏、大小便时可使疼痛加剧。腰肌扭伤后一侧或两侧当即发生疼痛；有时可以受伤后半天或隔夜才出现疼痛、腰部活动受阻，静止时疼痛稍轻、活动或咳嗽时疼痛较甚。检查时局部肌肉紧张、压痛及牵引痛明显，但无淤血现象。

3. 治疗

急性期应卧床休息。压痛点明显者可用 1% 普鲁卡因做痛点封闭，并辅以物理治疗，也可局部敷贴活血、散瘀、止痛膏药，症状减轻后，逐渐开始腰背肌锻炼。

4. 预防

预防急性腰扭伤主要有以下两种方法：

① 掌握正确的体育运动姿势，如背杠铃时要尽量挺胸、腰部挺直，起

身应以下肢用力为主，站稳后再迈步。搬、提重物时应采取半蹲位，使物体尽量贴近身体。

② 若在寒冷潮湿环境中工作后，应洗热水澡以祛除寒湿，消除疲劳。尽量避免弯腰性强迫姿势工作时间过长。

（三）肌肉痉挛

肌肉痉挛是指肌肉突然、不自主地强直收缩的现象，会造成肌肉僵硬、难忍。肌肉痉挛的真正原因目前尚未被确知，大多数的研究结果认为，肌肉抽筋起因于神经或神经肌应激阈值的降低，使得肌肉的神经行动频率突然增加，造成肌肉强直收缩。

1. 病因

痉挛即肌肉抽筋。腿常抽筋大多是缺钙、受凉、局部神经血管受压引起的，平时可适量补钙，多晒太阳，注意局部保暖，也要注意体位的变化，如坐姿睡姿，避免神经血管受压，也可做局部肌肉的热敷、按摩，加强局部的血液循环，如果仍无改善，就应到医院检查治疗。

2. 分类

① 夜间肌肉痉挛，包括在任何静态的情况下所发生的抽筋，如睡觉时或静坐时。

② 不动时发生的抽筋，此种抽筋常发生的部位为腓肠肌和足部的一些小肌肉。此种抽筋有些是因为神经肌的自主性活动使患者的脚产生活动。

③ 中暑性肌肉痉挛，此种类型的抽筋与脱水和体内电解质的平衡失调有关。此种抽筋最常发生在运动员的身上，尤其是在炎热的天气下运动最易发生。典型的中暑性痉挛是于炎热的环境下工作一两小时后发生；中暑性痉挛甚至在活动结束后的 18 小时之内皆可能发生，且可能在持续几天内肌肉皆有不正常的现象。中暑性痉挛多发生在手掌、手臂及腿部的大肌肉上，有时一些女性短跑选手也会在腹壁发生中暑性痉挛。

3. 症状

① 全身强直性抽筋：全身肌肉强直，一阵阵抽动，呈角弓反张（头后仰，全身向后弯呈弓形），双眼上翻或凝视，神志不清。

② 局限性抽筋：仅局部肌肉抽动，如仅一侧肢体抽动，或面肌抽动，或手指、脚趾抽动，或眼球转动，眼球震颤、眨眼动作、凝视等，大多神志不清。以上抽风的时间可为几秒钟或数分钟，严重者达数分钟或反复发作，

抽风发作持续 30 分钟以上者称惊厥的持续状态。

4. 应急办法

防止患者在剧烈抽搐时与周围硬物碰撞致伤，但绝不可用强力把抽搐的肢体压住，以免引起骨折。

腓肠肌抽筋的处理有以下几种方法：

① 急剧运动时腓肠肌突然觉得疼痛、抽筋时，要马上抓紧拇趾，慢慢地伸直腿部，待疼痛消失时进行按摩。

② 游泳时抽筋的处理方法有以下几种：手指、手掌抽筋：将手握成拳头，然后用力张开，又迅速握拳，如此反复进行，并用力向手背侧摆动手掌。

上臂抽筋：将手握成拳头并尽量屈肘，然后再用力伸开，如此反复进行。

小腿或脚趾抽筋：用抽筋小腿对侧的手。握住抽筋腿的脚趾，用力向上拉，同时用同侧的手掌压在抽筋小腿的膝盖上，帮助小腿伸直。

大腿抽筋：弯曲抽筋的大腿，与身体成直角，并弯曲膝关节，然后用两手抱着小腿，用力使它贴在大腿上，并做震荡动作，随即向前伸直，如此反复进行。

③ 如果半夜出现腓肠肌抽筋时，可以利用墙壁压挡脚趾，将腿部用力伸直，直到疼痛、抽筋缓解，然后进行按摩。

（四）延迟性肌肉酸痛

一般在锻炼后 24 小时后出现的肌肉酸痛在运动医学上称为"延迟性肌肉酸痛症"。

1. 原因

多数人认为，肌肉的过度使用可造成肌肉酸痛症，其原因有以下几点：

① 肌肉的张力和弹性的急剧增加，可引起肌肉结构成分的物理性损伤。

② 新陈代谢的增加，代谢废物对组织的毒性增加。

③ 肌肉的神经调节发生改变，使肌肉发生痉挛而致疼。

2. 症状

锻炼后 24~72 小时酸痛达到顶点，5~7 天后的疼痛基本消失。除酸痛外，还有肌肉僵硬，轻者仅有压疼，重者肌肉肿胀，妨碍活动。任何骨骼肌在激烈运动后均可发生延迟性肌肉酸痛，尤其长距离跑后更易出现。长跑者可出现髋部、大腿部和小腿部前侧伸肌和后侧屈肌的疼痛，在肌肉远端和肌腱连接处症状更显。在炎热的夏天进行极量运动后，除肌肉疼痛外，还会出现脱水、低钙、低蛋白等症状。

3. 处理方法

营养疗法，因为此病伴有糖原的消耗及磷酸肌酸无机磷酸值的减少，维生素 C 能改善此病的症状，另外，超声波处理有一定的效果。

4. 预防

① 锻炼安排要合理。经过一段时间锻炼后，原先出现的肌肉酸痛症的运动量，就较少出现症状，并且表现有特异性，例如下坡运动锻炼一段时间后能减轻下坡锻炼带来的肌肉酸痛症。

② 局部温热和涂搽药物。锻炼后用温热水泡洗可减轻肌肉酸痛，局部涂搽油剂、糊剂或按摩擦剂也可减轻疼痛。

③ 牵伸肌肉的运动可减轻酸疼。牵伸肌肉可加速肌肉的放松和拮抗肌的缓解，有助于紧张肌肉的恢复，这种肌肉牵伸练习也为预防锻炼时的拉伤打下基础。

④ 做好准备活动和整理活动。准备活动做得充分和整理运动做得合理有助于防止或减轻肌肉酸痛。

（五）肌肉拉伤

肌肉拉伤是肌肉在运动中急剧收缩或过度牵拉引起的损伤，这在引体向上和仰卧起坐练习时容易发生。

1. 原因

在体育运动中，由于准备活动不当，某部肌肉的生理机能尚未达到适应运动所需的状态；训练水平不够，肌肉的弹性和力量较差；疲劳或超负荷运动，使肌肉的机能下降，力量减弱，协调性降低；错误的技术动作或运动时注意力不集中，动作过猛或粗暴；气温过低，湿度太大，场地或器械的质量不良等都可以引起肌肉拉伤。

在完成各种动作时，肌肉主动猛烈地收缩超过了肌肉本身的负担能力，或突然被动地过度拉长，超过了它的伸展性，都可发生拉伤。如举重运动弯腰抓提杠铃时，竖脊肌由于强烈收缩而拉伤。在做前压腿、纵劈叉等练习时，突然用力过猛，可使大腿后群肌肉过度被动拉长而发生损伤；横劈叉练习可使大腿内侧肌肉过度被动拉长而发生拉伤。在体育运动中，大腿后群肌肉的拉伤最为常见，大腿内收肌、腰背肌、腹直肌、小腿三头肌、上臂肌等都是

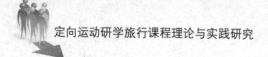

肌肉拉伤的易发部位。

2. 症状

局部疼痛、压痛；肿胀、肌肉紧张、发硬、痉挛；功能障碍。当受伤肌肉主动收缩或被动拉长时疼痛加重，肌肉收缩抗阻力试验阳性，即疼痛加剧或有断裂的凹陷出现。有些伤员伤时有撕裂样感，肿胀明显及皮下淤血严重，触摸局部有凹陷或见一端异常隆起者，可能为肌肉断裂。

3. 处理

用一块布包着冰块或是用一个冰袋对伤处冰敷，以防进一步肿胀，并减少疼痛。设法在几天内不要使用受伤的肌肉，或者是在疼痛消失之前，不要使用受伤的肌肉，用绷带或布条将受伤区包扎起来，给它支撑力量，但是要注意的是不要扎得太紧。如果扎得太紧，肌肉会进一步肿胀，妨碍血液循环。治疗的方式要视损伤严重程度而定，医生可能会给你服用止痛剂或肌肉松弛药物，或是两者一起使用。当然也可以外敷膏药，膏药功效全面，适用范围广，既可用于肢体外伤及伤筋的后期，也可用于肢体明显肿胀或新伤初期，对受损皮下组织可起到消肿止痛、去腐生肌的作用。如果是腿肌受伤，医生可能会建议使用拐杖，如果是手臂受伤，医生会建议使用吊带，甚至会让卧床静养三四天。医生还会建议做理疗，当急性疼痛及肿胀消退时，医生会拟定一个循序渐进的运动计划，以便恢复活动及力量。

4. 预防

肌肉拉伤预防主要是针对发生原因进行预防。如剧烈运动前做好准备活动，尤其是易拉伤部位的准备活动；体质较弱、训练水平不高的，运动时要量力而行，防止过度疲劳和负荷太重；要提高运动技术及动作的协调性，不要用力过猛，改善训练条件，注意运动场所的温度。冬季在野外运动时要注意保暖，不可穿得太薄，要注意观察肌肉的反应，如肌肉的硬度、韧性、弹力、疲劳程度。肌肉拉伤后重新参加训练时要循序渐进，勿操之过急，并要加强局部保护，防止再度拉伤。

（六）运动性猝死

对运动性猝死（SCD）的定义是在运动中或运动后即刻出现症状，6 小时内发生的非创伤性死亡。

第二节 体质测试与身体素质

体质健康的国民是国家的最大资产，国民体质健康是国力的具体象征，也是国家竞争力的关键因素与衡量国家现代化的指标之一。同时，保持身体健康还可以降低死亡率，并减少患上冠状动脉心脏病、糖尿病、大肠癌、高血压、高血脂、骨质疏松和抑郁症的风险。

体质的定义可视为身体适应生活、运动与环境的综合能力。体质与健康息息相关，而健康程度又直接影响人们的工作效率和休闲生活的品质，因此，促进体质水平已被各发达国家的医疗体系列为预防医学的重要领域之一。有研究发现，体质较佳者，患高血压的概率比较差者低；而习惯坐着的人，其死亡的危险大约是正常活动者的两倍，体质水平低的人的相对危险是高水平体质个体的 7～8 倍，而经常运动并保持较佳体质的人，除了较健康外，也不易受疾病的侵袭，其患病率和死亡率都较低。

因此，好的体质可以带来健康，而规律运动对降低心血管疾病的患病率、高血压的防治、血脂成分的改善、预防与控制糖尿病都有实质性的功效。同时，运动后常给人带来愉悦的感觉，因此运动能减缓心理压力，降低沮丧，使人具有自信心等心理效果。为此，每一个学生可以通过每年一次的体质测试评估自己的体质水平，了解自己的身体健康状况，然后针对个人的特殊性，知道自己要如何从事运动，哪种运动方式才适合自己，然后拟定具体有效的运动计划，才能达到增强体质，促进健康的目的。

一、体质测试项目操作方法

学生需要了解与掌握各个项目正确的测试方法和要点，从而能够测试出自己的最佳水平。

（一）身高

1. 测试目的

为了评估学生的身体匀称度、生长发育水平和营养状况，应该结合测试学生的身高和体重。这样可以综合考虑学生的身体比例以及体重和身高之间的关系，从而评估学生的身体发育是否正常，并确定是否存在营养不良或超重等问题。

91

2. 器材

身高测量器械。

3. 测试方法

受试者赤足，立正姿势站在身高计的底板上。足跟、骶骨部及两肩胛区与立柱相接触，躯干自然挺直，头部正直，耳屏上缘与眼眶下缘呈水平位。

4. 注意事项

测量身高前，学生应避免进行剧烈体育活动和体力劳动。

（二）体重

1. 测试目的

测试学生的体重应与身高测试相结合，评定学生的身体匀称度，评价学生生长发育的水平及营养状况。

2. 器材

电子体重计。

3. 测试方法

受试者赤足，以立正姿势站在秤台中央。

4. 注意事项

测量身高前，学生应避免进行剧烈体育活动和体力劳动。

（三）肺活量

1. 测试目的

测试学生的肺通气功能。

2. 器材

电子肺活量计。

3. 测试方法

房间通风良好，使用干燥的一次性吹嘴。受试者不必紧张，以中等速度和力度尽全力吹气效果最好。肺活量计主机放置平稳桌面上，按工作键液晶屏显示"0"即表示机器进入工作状态，然后受试者持吹嘴进行测试，吹完第一次会显示成绩，然后又变成"0"，说明可以进行第二次测试，共进行三次测试，三次完成后，会跳出一个最高值，即为学生的测试结果。

学会深吸气。测试时，受试者进行一两次较平日深一些的呼吸动作后，更深地吸一口气，屏住气向吹嘴处慢慢呼出至不能再呼为止，防止此时从吹嘴处吸气，测试中不得中途二次吸气。

4. 注意事项

① 测试时要根据口型放好吹嘴，以免漏气。

② 不能堵住测试仪器下面的小口子。

③ 力气小的女生需要以较快的速度完成吹气，不然会因为中途没有力气而导致测试结束。

（四）50 m 跑

1. 测试目的

测试学生的速度、灵敏素质及神经系统灵活性的发展水平。

2. 场地

50 m 直线塑胶跑道 4 条。

3. 测试方法

受试者 4 人一组，最好是 2 男 2 女。站立起跑，受试者听到"跑"的口令后起跑。发令员的口令为"预备""跑"。发令员在发出口令同时要摆动发令旗，受试者躯干部到达终点线的垂直面，教师停表。

4. 注意事项

① 不得超线，不得抢跑。

② 每人一条跑道，不要跑出范围。

③ 以教师为终点线，要全速跑过教师。

④ 跑完后要往前小跑一段，不能立刻往两边，以免与旁边测试的学生相撞。

（五）800 m 跑或者是 1 000 m 跑

1. 测试目的

测试学生耐力素质的发展水平，特别是心血管呼吸系统的机能及肌肉耐力。

2. 场地器材

400 m 标准塑胶田径场。

3. 测试方法

受试者男女生分开进行测试。站立起跑，受试者听到"跑"的口令后起跑。发令员的口令为"预备""跑"。发令员在发出口令同时要摆动发令旗。

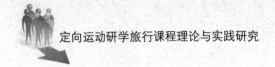

受试者躯干部到达终点线的垂直面，教师停表。

4. 注意事项

① 不得少跑和漏跑。

② 身体不好的同学，可以请假，不得勉强进行。

③ 跑到终点要记住教师报的名次，随后去根据名次取得成绩。

④ 跑完后要往前小跑一段，进行积极性的恢复，不得立刻坐到地上，尤其是不能躺到地上，以免血液回流发生休克。

⑤ 800 m 或者是 1 000 m 跑测试不及格的学生，体质测试成绩最高为 59 分。

（六）立定跳远

1. 测试目的

测试学生的下肢爆发力及身体协调能力的发展水平。

2. 场地

在田径场上进行。

3. 测试方法

受试者两脚自然分开站立，站在起跳线后，脚尖不得踩线。两脚原地同时起跳，不得有垫步或连跳动作。每人连跳三次，记录其中最好一次。

4. 注意事项

① 不得犯规，否则要重新跳。

② 测试前，要进行适当活动，以免受伤。

（七）引体向上

1. 测试目的

测试学生的上肢肌肉力量和耐力的发展水平。

2. 场地器材

高单杠，杠粗以手能握住为准。

3. 测试方法

受试者跳起双手正握单杠，两手与肩宽成直臂悬垂。静止后，两臂同时用力引体，上拉到下巴超过横杠上缘为完成一次。

4. 注意事项

① 受试者应双手正握单杠，待身体静止后开始测试，可以在别人的帮

助下使身体静止。

② 引体向上时，身体不得做大的摆动。

③ 两次引体向上的间隔时间超过 10 s 终止测试。

④ 如遇到手滑的情况，可用衣服先擦拭下。

⑤ 测试前要适当活动下肩关节和手腕，以免受伤。

（八）坐位体前屈

1. 测试目的

测试学生在的静止状态下的躯干、腰、骶等关节可能达到的活动幅度，主要反映这些部位的关节、韧带和肌肉的伸展性和弹性及学生身体柔韧素质的发展水平。

2. 器材

坐位体前屈测试计。

3. 测试方法

受试者两腿伸直，两脚平蹬测试纵板坐在平地上，两脚分开 10～15 cm，上体前屈，两臂伸直，用两手中指指尖逐渐向前推动游标，直到不能向前推为止。测试计的脚蹬纵板内沿平面为，点向内为负值，向前为正值。

4. 注意事项

① 身体前屈时，两臂向前时两腿不能弯曲。

② 受试者应匀速向前伸出手臂，不得突然发力。

③ 测试前一定要进行伸展活动，否则很容易拉伤韧带。

（九）仰卧起坐

1. 测试目的

测试学生的腹肌耐力。

2. 场地器材

垫子若干。

3. 测试方法

受试者仰卧于垫子上，两腿稍分开，屈膝呈 90° 左右，两手五指交叉贴于脑后。另一同伴压住其踝关节，以固定下肢。受试者坐起时两肘关节触及或超过双膝为完成一次。仰卧时两肩胛骨必须触及垫子。教师发出"开始"口令时计时，记录一分钟内完成次数。

4. 注意事项

① 测试时，动作必须规范才能计数，尤其是当受试者借用肘部撑垫或臀部力量起坐时，这种情况下不能被计入有效的动作。

② 压腿的学生在计数时要大声报数。

二、身体素质练习

身体素质通常指的是人体肌肉活动的基本能力，是人体各器官系统的机能在肌肉工作中的综合反映，身体素质一般包括力量、速度、耐力、灵敏、柔韧等。身体素质经常潜在地表现在人们的生活、学习和劳动中，自然也表现在体育锻炼方面。一个人身体素质的好坏与遗传有关，但与后天的营养和体育锻炼的关系更为密切，通过正确的方法和适当的锻炼，可以从各个方面提高身体素质水平。

（一）准备活动

1. 准备活动的目的

准备活动是通过各种练习，提高人体中枢神经系统的兴奋性，使它达到适宜的水平，加强各种器官的活动，克服各种机能活动的惰性，为课上的主要内容做好机能上的准备。良好的准备活动可以促进有机体新陈代谢的加强，使体温升高，使血液中的氧气向组织细胞释放保证氧气的供应，使各组织器官较快地发展较高的工作效率，适应运动的需要。良好的准备活动可以提高学生学习兴趣、缓解心理压力、活跃课堂气氛，同时可以缩短身体的适应过程，使学生的注意力从其他方面转移到体育活动上来，为完成体育活动做好准备，减少和避免运动伤害事故的发生。

2. 准备活动的作用

在进行体育锻炼前做好充分的准备活动，对于学生来说是非常重要的，准备活动的主要作用归纳起来主要有以下几点：

① 提高肌肉温度，克服肌组织的黏滞性，防止运动损伤的发生。体育锻炼前进行一定强度的准备活动，可使肌肉的代谢过程加强，肌肉温度升高，这样既可以使肌肉的黏滞性下降，还可以增加肌肉、韧带的伸展性和弹性，减少由于肌肉剧烈收缩造成的运动损伤。

② 提高内脏器官的机能水平，以适应身体运动的需要。内脏器官的机能特点是惰性较大，适当的准备活动可在一定程度上预先提高运动员内脏器

官的机能，使正式锻炼一开始时内脏器官的机能就达到较高水平，这样还可以减轻运动员开始运动时由于内脏器官的不适应所造成的不舒服感觉。

③ 调节心理状态，提高神经系统兴奋性。体育锻炼前的准备活动可以将运动员的心理状态调整到体育锻炼的情境中来，同时接通各运动中枢间的神经联系，使大脑皮层处于最佳的兴奋状态，可达到事半功倍的效果。

3. 体育课准备活动的类别及内容

通常准备活动可分为一般性准备活动和专门性准备活动。

（1）一般性准备活动

一般性准备活动主要包括队列及队形练习、徒手体操、走及慢跑、伸展性练习、一般性游戏等，主要目的是通过练习使运动员的机体得到一个较全面的一般性准备。

体育中的一般性准备活动有以下几点：

① 慢跑 1~4 圈，一圈为 400 m。

② 压腿，包括正压腿、侧压腿。

③ 柔韧性练习。坐在地上，拉伸大腿内侧肌肉—坐姿，双脚在体前伸直并分开，保持背部和膝盖部挺直，从胯部向前屈体，双手从腿内侧去抓住双腿的脚踝，保持这个姿势，感觉大腿内侧被拉紧，放松，然后重复。拉伸小腿（后部）肌肉，俯身，用双臂和一条腿（伸直，脚尖着地）支撑身体，另一条腿屈于体前放松，身体重心集中于支撑脚的脚尖处，脚跟向后、向下用力，感觉到小腿后部肌肉被拉紧，保持紧张状态，数 10，放松，重复 3 次，然后换另一条腿做 3 次。

拉伸肩部肌肉，仰卧，抬起一条腿，抓住大腿靠近膝盖一端，用力拉向胸部，保持另一条腿伸直并贴近地面，头部也不能离开地面，保持姿势，数 10，重复 3 次，并换腿。

④ 原地练习，包括手腕、脚踝练习，正弓步压腿，侧弓步压腿，俯身运动，腰部运动，扩胸运动，肩部运动，头部运动，原地高抬腿 10 s。

⑤ 行进间练习，包括踢腿练习，高抬腿练习，小步跑练习，转髋练习，拍脚练习，矮姿步走，跨步跳，快跑 50 m。

（2）专门性准备活动

在进行运动难度强度较大的练习之前，还应做些专门性的准备活动，主要作用是针对基本部分的内容做好进一步的准备。

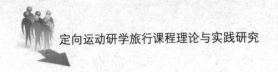

（二）力量素质练习

力量素质是指人的机体或机体的某一部分肌肉工作时克服内外阻力的能力。外部阻力是指物体的重量、支撑反作用力、摩擦力以及空气或水的阻力等。内部阻力包括肌肉的黏滞力、关节的加固力及各肌肉间的对抗力等。外部阻力往往是发展力量素质的手段，人体在克服这些阻力中提高、发展自身的力量素质。

力量素质是人体进行体育运动的基本素质之一，是获得运动技能和取得优异运动成绩的基础，同时也是其他身体素质发展的重要因素。所以，在教学、自我训练中，应注意科学地、系统地增强上、下肢及躯干肌肉群的力量素质。

1. 静力练习

① 对抗性静力练习：根据发展某一部位肌肉的需要，确定一定的姿势，身体姿势保持不变，用极限力量对抗固定的物体。

② 负重静力练习：根据发展某一部位肌肉的需要，确定一定的姿势，身体姿势保持不变，负不同的重量练习。

③ 慢速力量练习：动作速度很慢，不借助反弹和惯性，靠肌肉的紧张收缩完成。效果非常好。

2. 动力练习

① 绝对力量：一般以最大负重量的 85%～100%练习，次数 1～3 次，组数 6～10 组。

② 速度力量：一般以最大负重量的 65%～80%练习，次数 5～15 次，组数 4～6 组。

③ 耐力力量：一般以最大负重量的 40%～60%练习。次数 15～30 次，组数 2～4 组。

3. 上肢力量

上肢力量训练主要是为了发展手腕、小臂、大臂、肩部等部位的肌肉力量，常用的训练方法有以下几种。

（1）持哑铃练习

持哑铃练习包括哑铃推举、哑铃体前平举、哑铃前平举、哑铃俯立侧平举、哑铃扩胸、哑铃两臂交换摆动、哑铃侧平举、哑铃前臂屈伸、哑铃体前臂交换推、哑铃臂环绕。

（2）徒手练习

徒手练习包括墙手倒立、墙手侧立臂屈伸、俯卧撑、推起击掌、指卧撑、仰卧撑。

（3）双人练习

① 牵拉：两人面对面站立，两腿前后分开，两人的同侧脚相对顶住，同一侧的手互握，两手同时用力牵拉对方，一方的脚离地为失败。

② 抗阻力臂屈伸：两人面对面站立，两手指交叉互握，做抗阻力的臂屈伸练习 20 至 30 次。练习时两人的脚均不得离地。

③ 推小车：学生直接俯撑，身体挺直，同伴握其双脚跟抬起他的身体，做快速的双手撑地向前爬行练习，也可攀台阶。

（4）肋木练习

肋木练习包括握肋木两臂屈伸、侧上举、前倒推起、水平静力支撑。

（5）沙袋球和实心球练习

沙袋球和实心球练习包括单手正面推掷球、单（双）手体前上抛球、单手侧向推掷球、双手向后抛球、单手肩上前甩球、双手侧抛球。

（6）杠铃练习

杠铃练习包括单手上举、站立推举、提铃上举、斜上推举、颈后推举、直臂上举、前平举、坐推举、卧推举、高拉杠铃、杠铃旋转、俯卧扩胸。

4. 下肢力量

下肢力量训练主要是为了发展筋部、腿部及足部，常用的训练方法有以下几种。

（1）徒手练习

徒手练习包括静力半蹲、单腿蹲起、蹲起、单足跳、纵跳、屈体跳、侧向跳、挺身跳、立定三级跳、多级跳、蛙跳、跳起抱膝、跳起转身等。

（2）双人练习

双人练习包括驮人跳、小腿力量对抗、拉手单足跳、侧弓步交换跳、挂肘跳、跳人马等。

（3）沙袋球、实心球练习

沙袋球、实心球练操包括俯卧双脚夹球后摆起、俯卧双脚夹球腿屈伸、双脚夹球上抛、双脚夹球前抛、双脚夹球后抛、双脚夹球侧抛、双脚夹球向前蹲跳、跳跃沙袋球、实心球。

（4）杠铃练习

杠铃练习包括肩负杠铃提踵、肩负杠铃蹲起、肩负杠铃半蹲起、肩负杠铃弓箭步换腿跳、肩负杠铃半蹲跳、肩负杠铃左右侧跨跳、肩负杠铃弓箭步走、肩负杠铃蹬上台阶。

5. 腹、背肌

躯干肌肉群力量的一般训练方法和专项训练方法基本相同，常用方法有以下几种。

（1）徒手练习

徒手练习包括仰卧起坐、仰卧举腿、仰卧两头起、仰卧蹬伸、俯卧体后屈、仰卧起坐转体、俯卧体后屈转体。

（2）肋木练习

肋木练习包括背悬垂直腿上举、背悬垂屈腿上举、背悬垂侧举腿、背悬垂举腿绕环。

（3）沙背心、沙护腿练习

沙背心、沙护腿练习包括背屈伸转体、侧屈体、马头仰卧举腿、斜板仰卧起坐、俯卧举腿、仰卧两头起。其他方法还有静力腹肌和背肌、凳上徒手或负重俯卧体后屈、徒手或负重转体、徒手练习挥臂，结合转体，前屈动作明显等。

6. 注意事项

① 力量练习前要充分做好准备活动。练习后及时放松肌肉，注意培养肌肉放松能力，提高肌肉的弹性。

② 力量练习以隔天一次为宜。锻炼过程要在适应原来负荷的基础上，逐渐增加负荷，才能不断发展力量。

③ 完成力量练习要注意呼吸。憋气能增加肌肉用力，但对心血管系统会产生不良影响。只在短时间最大用力时才允许憋气。在完成练习前不应做最大吸气，以中度吸气为宜，用力过程可慢呼吸，以达到憋气的效果。

④ 力量锻炼要先练大肌群，后练小肌群。全身不同部位或不同性质的练习交替进行。

⑤ 不能急于求成，要长期做一些均衡锻炼，有氧锻炼。锻炼时间长，自会让力量素质直线上升。

7. 力量素质练习的要点

发展水平是影响身体训练水平的关键因素。在实施发展力量素质过程中为达到优化控制，取得事半功倍的效果，必须注意如下几点。

（1）力量素质的发展要全面而有重点

在发展力量素质的过程中，一方面应使四肢、腰、腹、背、臀等部位在大肌肉群和主要肌肉群得到锻炼提高，另一方面也要注意发展那些薄弱的小肌肉群的力量。因为体育运动中的许多动作是很复杂的，需要身体各部位许多大小不同的肌群协同工作才能完成，所以发展不同类型的力量素质也不意味着面面俱到，平均发展，应该在全面发展的基础上又针对项目特点而有所侧重。

（2）练习时要使肌肉充分拉长和收缩，练习后要使肌肉充分放松

每次练习时，应使肌肉先充分伸展拉长，然后再收缩，动作的幅度要大。因为肌纤维被拉长后可以增大收缩的力量，同时又可保持肌肉良好的弹性和收缩速度。力量练习以后，肌肉常会充血，胀得很硬，这时应做一些与力量练习动作相反的拉长动作，或者做一些按摩、抖动，使肌肉充分放松。这样既可迅速消除疲劳，促进恢复，又可防止关节柔韧性因力量训练而下降，同时，这些练习还有助于提高肌肉的弹性和收缩速度，并帮助保持肌肉在运动中的良好状态。

肌肉越是工作到接近疲劳时其放电量越大，这说明此时肌肉受到了较深的刺激，这种刺激能促使机体发生良好的生理、生化反应，有助于超量恢复而使力量得到增长。所以在进行力量练习时越是最困难的最后一两次动作，越要坚持完成。

（3）进行力量练习时，要全神贯注，念动一致，注意安全

肌肉活动总是在中枢神经系统的调节下进行的，练习时要全神贯注，练习哪里就想到哪里，使意念活动与练习动作紧密配合保持一致。这样有助于肌肉力量得到更好地发展，特别是进行大负荷练习时不能说说笑笑，注意力应高度集中，否则容易受伤。因为笑的时候肌肉最容易放松，而力量练习的负荷又大，不当心就易造成损伤。此外，为了安全，达到期望的效果，还应注意加强自我保护和互相保护。尤其在举或肩负极限重量时更应该注意加强相互保护。

（4）紧密结合专项特点安排力量训练，注意正确的技术动作规格

不同的专项动作有各自不同的技术结构，要求参加工作的肌肉群力量也不同。如跑要求竭尽全力连续快速蹬地向前推进的力量；投掷要求竭尽全力使运动器械获得最大加速度的爆发力量。因此，力量训练时首先要根据专项

技术的动作结构选择恰当的练习，以发展相关的肌肉群力量，其次要通过肌电研究了解主要肌群用力特点、工作方式、用力方向、关节角度等确定力量训练的方法。只有紧密结合专项特点安排力量训练，才能收到更好的效果。

每一个力量练习动作，都有各自的技术规格要求，学生只有按照技术规格要求去操作，才能够真正发展肌肉群的力量。例如，臂弯举的正确动作是身体直立，两臂贴于体侧，只依靠肘关节的充分屈伸来完成，保证屈肘肌群力量得到充分的发展。再比如做深蹲练习，正确的动作要求挺胸直腰，腰背肌收紧以固定脊柱，主要依靠膝关节的屈伸，同时也伴随着髋关节的一定屈伸完成动作。即使站不起来，腰背肌也要一直保持收紧，等待同伴的保护帮助。这样既安全可靠，又能保证伸膝肌群力量得到很好发展。可是很多学生往往总是弓腰练习深蹲，尤其是当站不起来时，腰弓得更加厉害，这样就比较容易造成腰部损伤。

（5）进行力量训练时，要掌握正确的呼吸方法

由于憋气有利于固定胸廓，提高腰背肌紧张程度，因此，可提高练习时的力量，所以极限用力往往要在憋气的情况下进行。有研究发现，如一人憋气时背力最大为 133 kg；在呼气时为 129 kg；而在吸气时力量最小，为 127 kg。虽然憋气可提高练习时的力量，但用力憋气会引起胸廓内压力的提高，使动脉的血液循环受阻，而导致脑贫血，甚至会产生休克。

为避免产生不良后果，力量练习时必须注意以下几点：

第一，当最大用力的时间很短，但有条件不憋气时就不要憋气。尤其在重复作用力不是很大的练习时，应尽量不憋气。

第二，为避免用憋气来完成练习，对刚开始训练的人，所给予的极限和次极限用力的练习不要太多，并让其学会在练习过程中完成呼吸。

第三，在完成力量练习前不应做最深的吸气，因为力量练习时间短暂，吸的气并不会立即在练习中产生作用，相反，深度吸气增加了胸廓内的压力，此时如再憋气就可能产生不良变化。

第四，用狭窄的声带进行呼气，几乎也可达到与憋气类似同样大的力量指标。

因此，做最大用力时可采用慢呼气协助最大用力练习的完成。

（6）训练中要采用大负荷与循序递增负荷

大负荷是指训练的负荷强度和训练总量，一般要用某人所能承受的最大负荷或接近最大负荷进行训练。因为采用大负荷能迫使肌肉进行最大收缩，

能刺激人体产生一系列的生理适应性变化，从而导致肌肉力量的增加。为了达到大负荷，训练时无疑要保持较大的强度，或者要保持较大的数量。

在力量训练过程中，当力量增长后，原来的负荷就逐渐地变为小负荷了，因此为了继续保持大负荷，就必须循序渐进递增负荷。

优秀运动员的力量训练是建立在"超负荷训练"的基础上的。所谓"超负荷训练"就是指要求肌肉完成超出平时的负荷。"超负荷训练"通常会引起肌肉成分特别是肌蛋白的分解及超量恢复的产生。在超量恢复的整个过程中，肌肉的成分会重新组合，肌蛋白含量得到提高，从而使肌肉更加粗壮有力。运动员应在训练中应不断有目的、有计划地安排"超负荷训练"以引起超量恢复，达到迅速发展力量素质的目的。

（7）力量素质训练要系统科学安排，不间断

根据"用进废退"的原理，力量素质训练应全年系统安排，不能无故中断。科学研究表明，力量增长得快，停止训练后消退得也快。如果停止了力量训练，已获得的力量将会按增长速度的三分之一消退。通过训练获得的力量，停止训练后虽然会逐渐消退，但一部分力量会保持很久，甚至会永远保持下来。然而，发展力量素质练习不宜在疲劳的状态下进行，这种状态下的练习不是发展力量，而是发展耐力。

力量素质练习应因人、因项、因不同训练周期和训练任务而异，负荷的安排应是周期性、波浪式变化的。力量训练课的次数取决于一系列因素：训练课的主要任务，训练课处于的阶段和周期，各力量素质的发展水平及训练特点，运动员的年龄、性别、健康状况、身体素质能力及训练水平等，其中训练水平是重要的因素之一。实验证明，对刚开始训练的人，每周3次练习要比1～2次练习或5次练习的效果更好。而对训练有素的运动员来讲，训练课的次数则可安排得稍多一些。这是因为刚参加训练的人与训练有素的运动员相比恢复过程不同，适应性变化也不相同。根据优秀运动员的训练经验，每周进行1～2次力量训练，可保持已获得的力量；每周进行4～6次力量训练，力量可获得显著增长。

由于大肌肉群的工作能力恢复相对较慢，通常在考试前7～10天，训练中不宜安排用极限负荷进行较大部位肌肉群的练习。在每个小周期内，尽量使各种不同性质的力量训练交替进行。在一堂练习中，可先安排发展最大力量、速度力量的练习，最后安排发展力量耐力的练习。

在进行发展力量素质的训练课中应使各肌肉群交替"进行工作"。例如

练习开始时，先进行下肢肌肉群的综合练习，之后躯干肌肉群，然后进行上肢和肩带肌肉群的练习。在一次练习中安排发展某些肌肉群练习时，应先促进大量的肌肉群投入工作，然后才可以启动局部肌肉群投入工作。

（8）要偏重摆动的动力性练习

在进行发展力量素质练习时，应偏重于摆动的动力性练习，尤其要注意动作的振幅。这样做可使学生获得用力感和速度感，增强技术动力力量，培养快速完成动作的能力，同时也改进了关节的灵活性。为了增大动作的振幅，要注意结合肌肉的放松和伸展练习，以使肌肉保持弹性和柔韧性。

（三）耐力素质的练习

耐力素质是指人体在长时间工作或运动中克服疲劳的能力，也可以认为是抗疲劳的能力。它是反映人体健康水平或体质强弱的一个重要标志。

耐力素质按运动时的外在表现，可分为速度耐力、力量耐力、静力耐力、一般耐力和专项耐力等；按照器官的影响可分为呼吸和循环系统耐力、肌肉耐力、全身耐力等；按供能特点可分为主要包括发展有氧耐力和无氧耐力；按照工作环境的不同，人们的工作耐力可分为高温工作耐力、低温工作耐力和低气压工作耐力等几种类型。

1. 基本要素

① 发展耐力素质要充分考虑年龄、性别及生理特点。男子在 17 岁之后，女子在 16 岁以后发展素质耐力较好；运动负荷男子和女子，体质强和体质弱者都要有明显的差别。

② 发展耐力素质应该在发展有氧耐力的基础上发展无氧耐力。

③ 为了发展耐力素质，需要在适量的运动负荷和适当的间歇之间进行训练。

④ 动作速度为中等对耐力素质的提高最为有效。

⑤ 要重视耐力锻炼中的呼吸与动作的配合。

⑥ 耐力锻炼必须持之以恒，要有顽强的意志品质。

⑦ 耐力锻炼后，应加强营养的补充和疲劳的消除。

2. 生理学基础

（1）发展有氧耐力的生理学基础

有氧耐力是指机体长时间进行有氧供能的工作能力，这种有氧耐力可以通过人体的最大摄氧量反映出来。

第一，呼吸器官的机能得到良好的改善。

第二，红细胞所含的血红蛋白与氧的结合能力提高，血红蛋白有结合氧、携带氧的能力，可以将结合的氧经循环系统运送到肌肉和其他组织。经常锻炼身体可以增加红细胞的数量，提高血红蛋白结合氧的能力，提高机体有氧耐力的能力。

第三，肌肉中的糖原、脂肪在酶的作用下进行旺盛的有氧代谢，同时必须影响最大吸氧量。

第四，心血管系统的机能是影响最大摄氧量的重要因素。

（2）发展无氧耐力的生理学基础

无氧耐力是指机体在缺氧状态下，长时间对肌肉收缩供能的工作能力。

第一，肌肉内无氧酵解供能能力提高。

第二，机体缓冲乳酸的能力提高。

第三，脑细胞对血液酸碱度变化的耐力提高。

3. 耐力素质练习的一般方法

耐力素质练习的方法较多，而且各种方法都有其各自的特点。总的来说，这些特点基本上在耐力素质的训练过程中体现出来，包括练习强度、持续时间、间歇时间以及训练方式、重复次数等因素的组合和变化。

12 分钟跑是国际上流行的一种运动方式，对于发展有氧耐力，提高心血管功能的效果较好。跑完 12 分钟，根据自己跑的距离，再查一下评分表，就可以知道自己的有氧代谢能力水平。耐力锻炼可分为有氧耐力和无氧耐力。有氧耐力运动包括长跑、游泳、登山、健美操等；无氧耐力运动包括爆发运动，如短跑、跳高、跳远等，爆发力较差的人应注意缩短运动距离。以长跑为例，可以从每天 500 m 开始，逐渐过渡到 800 m、1 000 m 等。

（1）有氧耐力练习

常用的有氧耐力练习有以下几种：

① 1 分钟立卧撑。由直立姿势开始，下蹲两手撑地，伸直腿成俯撑，然后收腿成蹲撑，再还原成直立。每次做 1 分钟，4～6 组间歇 5 分钟，强度为 50%～55%。要求动作规范，必须站起来才算完成一次练习，也可以穿上沙背心做该练习，或做立卧撑接蹲跳起，则强度稍大，做 30 次为一组，组间歇为 10 分钟。

② 重复爬坡跑。在 15°的坡道或 15°～20°的山坡上进行上坡跑，重复 5 次或更多，跑距 250 m 或更多，间歇 3～5 分钟。强度为 60%～70%。也可

根据训练目的决定强度，可以心率控制运动强度，也可穿砂背心进行。

③ 连续半蹲跑。呈半蹲姿势，大小腿呈 100° 左右，向前跑进 50～70 m，重复 5～7 次，每组间歇 3～5 分钟，强度为 60%～65%，不规定速度，走回来时尽量放松，在进行下次练习前，可做 15 s 贴墙手倒立。

④ 连续跑台阶。在高 20 cm 的楼梯或高 50 cm 的看台上，连续跑 30～50 步，如跑 20 cm 高的楼梯，每步跳 2 级。重复 6 次，每次间歇 5 分钟，强度 55%～65%。要求动作不能间断，但不能规定时间，向下走尽量放松，心率恢复到 100 次/分钟时可开始下一次练习，也可穿沙背心做该练习。

⑤ 沙滩跑。在沙滩上做快慢交替自由跑，每组 500～1 000 m，也可穿沙背心跑，速度变化和要求可因人制宜，做 4～6 组。每组间歇 10 分钟，强度为 50%～55%。

⑥ 逆风跑或负重耐力跑。遇飓风天气可在场地或公路上做持续长距离逆风跑，也可做 1 000 m 以上的重复跑，重复次数 4～6 次，间歇 5 分钟。强度 55%～60%。

可穿沙背心进行负重耐力跑，要求与间歇同。

⑦ 原地间歇高抬腿跑。原地或前支撑做高抬腿跑练习。每组 100～150 次，6～8 组，每组间歇 2～4 分钟，强度为 55%～60%，要求动作规范，不要求时间，但动作要不间断地完成，也可负重做练习，但每组练习次数及组数可适当减少。

⑧ 原地间歇车轮跑。原地做车轮跑，每组 50～70 次，6～8 组，组间歇 2～4 分钟，强度为 50%～60%，也可扶墙借助支撑物完成。

⑨ 后蹬跑。后蹬跑每次 100～150 m 或负重后蹬跑 60～80 m，6～8 组，组间歇 3～5 分钟，强度为 50%～60%。

⑩ 连续换腿跳平台。平台高度 30～45 cm，单脚放在平台上，另一脚在地上支撑，两脚交替跳上平台各 30～50 次，要求两臂协调配合，上体正直，重复 3～5 组，组间歇 3 分钟，强度 55%～65%。

（2）无氧耐力练习

常用的无氧耐力练习有以下几种：

① 原地间歇高抬腿跑。原地做快速高抬腿练习。如发展非乳酸性无氧耐力，则可做每组 5 s、10 s、30 s 快速高抬腿练习，做 6～8 组，间歇 2～3 分钟。强度为 90%～95%。要求越快越好。为发展乳酸性无氧耐力，则可做 1 分钟练习，或 100～150 次为一组，6～8 组，每组间歇 2～4 分钟，强度为

80%，要求动作规范，也可前支撑做高抬腿跑练习。

② 高抬腿跑转加速跑。行进间高抬腿跑 20 m 左右转加速跑 80 m，重复 5～8 次，间歇 2～4 分钟，强度为 80%～85%。

③ 原地或行进间歇车轮跑。原地或行进间做车轮跑，每组 50～70 次，6～8 组，组间歇 2～4 分钟，强度为 75%～80%。

④ 间歇后蹬跑。行进间歇后蹬跑，每组 30～40 次或 60～80 m，重复 6～8 次，间歇 2～3 分钟，强度为 80%。

⑤ 反复起跑。蹲踞式或站立式起跑 30～60 m，每组 3～4 次，重复 3～4 组，每次间歇 1 分钟，组间歇 3 分钟。

⑥ 反复跑。跑距为 60 m、80 m、100 m、120 m、150 m 等。重复次数应根据距离的长短及运动员水平而定。一般每组 3～5 次，重复 4～6 组，组间歇 3～5 分钟。强度一般的心率控制，如短于专项的距离，练习时心率应达 180 次/分钟，间歇恢复至 120 次/分钟时，就可时进行下次练习。如发展乳酸耐力，距离要长些，强度小些。

⑦ 间歇行进间跑。行进间跑距为 30 m、60 m、80 m、100 m 等。计时进行。每组 2～3 次，重复 3～4 组，每一次间歇 2 分钟，组间歇 3～5 分钟，强度为 80%～90%。

⑧ 计时跑。可做短于专项距离的重复计时跑或长于专项距离的计时跑。重复次数 4～8 次，间歇 3～5 分钟，强度为 70%～90%，根据运动员水平及跑距而定，距离短，强度大些。

⑨ 间歇接力跑。跑道上，四人成两组，相距 200 m 站立，听口令起跑，每人跑 200 m 交接棒，每人重复 8～10 次，要求每棒跑的时间。

⑩ 迎面拉力反复跑。跑道上，两队相距 100 m，每队 4～5 人，迎面接力跑，每人重复 5～7 次，要求每棒时间，强度为 70%～80%。

（四）速度素质的练习

1. 速度素质的定义与要点

速度素质是指人体快速运动的能力。神经系统的反应能力、做动作的频率和动作幅度的大小，是影响速度素质发展的主要因素。发展速度素质，对于提高大脑皮层的反应能力和对身体快速指挥和协调能力，使身体更加灵活，做动作更加迅速，具有重要的作用。发展速度素质一般采用强度大、持续时间短的练习，应在精力充沛、运动欲望强的情况下各种练习交替进行，在疲劳时或只用单一的练习方法，不能收到良好的效果。同时，发展速度素质要与发展力量、速度耐力和柔韧性素质结合起来，注意提高肌肉的放松能力。

（1）反应速度

反应速度指人体对各种信号刺激的快速应答能力，最常见的方法是利用各种声、光等突发信号让练习者快速做出相应的反应动作，以提高其神经系统反射弧的接通机能水平。

（2）动作速度

动作速度指人体快速完成某一动作的快速能力，提高动作速度的锻炼方法有如下几种。

① 减小练习难度，加助力法。如牵引助力跑步或游泳、顺风跑、下坡跑、顺水游、推掷较轻的器械等。

② 加大练习难度，发挥后效作用法。如负重跳或推掷超重器械练习后，紧接着做跳跃或推掷标准器械的练习。

③ 时限法。按预定的音响节拍频率完成动作，以改变练习者的动作频率和速度。

（3）位移速度

位移速度是指在做周期性动作中，单位时间内人体快速移动的能力。提高动作速度是提高位移速度的基础，并与四肢肌肉的爆发力密切相关，通常采用下列方法。

① 快速跑。如短距离用最快速度重复跑、短距离追逐游戏、短距离游泳、速滑等。

② 加速动作频率的练习，如快频率小步跑、快速摆臂练习等。

③ 发展下肢的爆发力。如负重跳、单脚跳、跨步跳等。

2. 发展速度素质

① 发展速度素质要考虑年龄特点。我国人速度素质发展最快阶段的年龄，男子在 7～14 岁，女子在 7～12 岁，速度素质的成绩达到高峰的年龄男子为 19 岁，女子为 20 岁；进入稳定阶段男子在 19～30 岁，女子在 20～25 岁。

② 发展速度素质必须掌握熟练的技术动作。

③ 发展速度素质的同时应发展其他相关素质。

3. 速度素质的具体训练方法

（1）不同距离的直线冲跑练习

① 10 m 冲刺跑练习：训练迅速加速的能力。

② 30 m 加速跑练习：训练起跑后持续加速的能力。

③ 60 m 途中跑练习：训练将最快速度保持一定距离的能力。

④ 100 m 冲刺跑练习：训练途中跑获得的速度不仅不能下降，而且还要尽可能地有所加快的能力。

⑤ 200 m、400 m 中距离跑练习：此项练习是提高速度耐力的有效手段。

（2）往返冲跑练习

① 折返跑练习。采用距离不等，如 5 m，8 m，10 m 或 15 m 的距离进行数次来回冲跑练习。练习要求接近终点时，不能降低速度，应保持最快的速度立即转身折返跑。注意为了保持速度不减低，练习时冲跑的距离不宜过长，往返次数也不宜过多。

② 10 m 前后冲跑练习。从起点快速跑至终点，再由终点快速后退跑至起点，如此反复练习。

③ 10 m 左、右两侧并步跑练习。以右脚在前，左脚在后并步跑至终点，又以左脚在前，右脚在后并步跑回起点。练习时可用两种动作姿势，一种是直立姿势跑，另一种是半蹲姿势跑，无论以何种姿势跑均要求以最快速度完成。

（3）接力跑练习

① 接力跑：把选手分成若干组，每组人数相等。听到口令后各组的第一位选手开始向终点冲跑，跑至终点迅速绕过终点标志往回跑。跑回起跑线后迅速拍击下一位同伴，同伴以同样的方式开始冲跑，以此方法持续练习，以先跑完一轮的小组为胜。

② 把参加训练的学员分成两组，每组 6 人，在地上画两条平行线，两线之间相距 2 m。两组学员间隔一定距离，排成纵队站在起跑线上。听到起跑令后，站在最后的学员拿球以蛇形方式依次绕过队友跑到队前，再立即把球抛给本组的最后一名选手，该选手接到球后再开始第二轮跑，依次进行。以率先完成传球，并在跑的过程中没有触及本组队友的小组为优胜。

（4）快速跳绳练习

① 单足快速变速跳练习：采用 1 分钟快、1 分钟慢的密频小步、高抬腿、前后大小交叉步等专项步法动作，做快速变速跳绳练习。

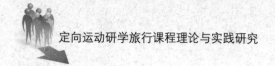

② 1 分钟快速双摇跳练习：1 分钟内以最快速度完成双足双摇跳，要求突出的是速度，以次数多者为佳。

（五）灵敏素质的练习

1. 灵敏素质的定义与作用

灵敏素质是指人体在各种突然变化的条件下，能够迅速、准确、协调、灵活地完成动作的能力，是人各种运动技能和身体素质在运动中的综合表现。大脑皮层神经活动过程的灵活性及分析综合能力，是灵敏素质的重要生理基础。因此，可通过训练改善和提高各感受器官功能，以增强灵敏素质。此外，在体育锻炼的实践中，掌握的运动技能越多就越熟练，大脑皮层中暂时神经联系的接通就越迅速、准确，动作也越灵巧。灵敏素质是运动技能、神经反应和各种素质的综合表现。在对抗性体育活动中，灵敏能力是非常重要的。灵敏是人体各种运动能力在运动过程中的综合体现，良好的灵敏性不但有助于更快、更多、更准确、更协调地掌握技术和练习手段，使已有的身体素质充分、有效地运用到实践中去，而且可以防止伤害事故的发生。灵敏素质分为一般灵敏素质和专项灵敏素质，前者指适应一般活动的灵敏素质，后者指符合专项需求的特殊灵敏素质。

2. 灵敏素质的练习方法

（1）发展灵敏素质的方法

由于灵敏素质是人体综合能力的表现，发展灵敏素质必须从全面提高身体素质的综合能力入手，重点培养掌握动作的能力、反应能力、平衡能力等。主要的练习方法有以下几种。

① 固定转换体位的练习，如各种穿梭跑、8 字跑和折返跑等，这些练习主要发展人体的基本灵敏能力。

② 在跑、跳中做迅速改变方向的各种跑、躲闪、突然起动以及各种快速急停和迅速转身等练习。

③ 突然发出各种指令信号，学生接收信号后，迅速做出应急反应，这种方法主要是提高人体应用灵敏的能力。

④ 总的来说，耐力素质的训练过程中体现了这些特点，包括练习的强度、持续时间、间歇时间、训练方式以及重复次数等因素的组合和变化。

⑤ 做复杂多变的综合练习。

⑥ 专门练习耐力素质的方法包括立卧撑跳转 180° 的连续进行、上步纵

跳、左右弧线助跑、单腿起跳以及连续进行旋转360°等动作。

⑦ 变速和变向练习。在跑、跳过程中快速、协调、准确地完成各种动作，如变向、变速、急停、急起、转体等。

（2）注意事项

① 灵敏性的全面提高有赖于多建立有严格要求的条件反射。也就是说，学会正确的、随意的动作，越多越好。因此，要重视学习和掌握各种运动技能。

② 灵敏素质是由大脑皮层神经活动过程的可塑性和灵活性所决定的，前者表现为对动作的掌握能力，后者表现为对参加运动肌群的控制、指挥能力。灵敏素质与复杂的运动反射速度及准确性密切相关，这要求练习时要有较强烈的欲望，要有明确的目标追求，减少不动脑筋的盲目重复练习。

③ 发展灵敏素质应在体力较好时进行锻炼，练习负荷强度要大，每次负荷持续时间不宜过长，重复次数也不宜太多，间歇时间要充分，以不产生疲劳为限。

④ 人在疲劳时灵敏性会变差。因此，不断提高自己的耐力水平，对保持灵敏性有积极的作用。

⑤ 灵敏素质是一种综合素质，与力量、速度、协调等素质有密切关系，尤其是反应速度、动作速度、爆发力和协调性等对灵敏素质影响最大。因此，发展灵敏素质应从这些基本因素着手，可结合所锻炼项目的运动特点组合，设计切合自己实际的锻炼内容。

⑥ 灵敏素质应从小抓起，少儿阶段是发展灵敏素质的关键时期。同时，在发展灵敏素质时，应加强心理素质培养，避免由于紧张和恐惧心理而导致反应迟钝，动作的协调性下降，影响正常动作的发挥。

（六）柔韧素质的练习

1. 柔韧素质的定义与作用

柔韧素质是指人体关节活动幅度的大小以及跨骨关节的韧带、肌腱、肌肉、皮肤及其他组织的弹性和伸展能力。

柔韧素质包括以下两个方面的含义：一是关节活动幅度的大小；二是跨骨关节的肌肉、肌腱、韧带等软组织的伸展性。关节的活动幅度主要取决于关节本身的装置结构。跨骨关节的肌肉、肌腱、韧带等软组织的伸展性，则主要通过合理的训练获得。

① 关节是指骨关节，它是骨杠杆转动的枢纽，是肢体赖以活动的部位。因为人体运动是通过关节角度的变化传力、受力使人体产生复杂多变的运动形式，所以关节是人体固有的解剖结构。虽然骨关节结构具有解剖特点，并有其自然的生理生长规律，但如不经锻炼，其关节活动不会适应体育运动的需要。同样，跨骨关节的肌肉、肌腱、韧带也有其自然生理生长规律，若不经训练也只能维持自然生长情况下的活动能力。因此，只有通过体育锻炼，跨骨关节的肌肉、肌腱、韧带及所跨的关节，在中枢神经支配下共同改变其功能，以适应体育运动所需要的形式、方向、范围和幅度。

② 关节幅度是指构成关节的骨骼在其关节结构内，屈、伸、旋内、旋外，旋转的最大可能范围。体育运动中大部分动作需要尽可能地达到其最大范围以利技术的发挥。因此，只有通过合理的柔韧训练才能使关节的活动幅度逐渐加大以适应体育运动的需要。

③ 中枢神经支配下的肌肉，韧带力量的增长必须与所控制的关节活动范围相适应。不能因肌肉过分扩大而影响关节活动幅度，也不能因肌肉、韧带过分伸展而造成关节的松弛无力。可见，体育运动中的柔是指肌肉、韧带拉长的范围，韧是指肌肉韧带发挥的力量，控制关节不受损伤的最大活动幅度，柔和韧的结合便是柔韧，发挥的能力便是柔韧素质。发展柔韧素质有利于正确地掌握各项运动技术，在突然用力的情况下避免损伤肌肉、韧带等软组织。

2. 柔韧素质的种类与要求

对柔韧的训练可分为主动柔韧性练习和被动柔韧性练习两种。

主动柔韧性练习是指学生依靠相应关节周围肌群的积极工作，完成大幅度动作的能力。主动柔韧性训练培养学生的柔韧能力，也起到发展力量素质的作用。被动柔韧性练习是指学生被动用力时，关节所能达到的最大活动幅度，如：压腿、扳腿等练习。被动柔韧性练习是发展主动柔韧性的基础。影响柔韧素质提高的因素主要有以下几点：

① 肌肉、韧带组织的弹性不仅取决于性别、年龄，而且取决于中枢神经系统的兴奋度。情绪高涨时，柔韧性会增大。因此，柔韧训练要从少儿抓起，练习时的情绪也不可忽视。

② 关节的骨结构是柔韧性最不易改变的因素，基本上由遗传决定。关节周围组织体积大小对关节活动幅度有限制作用，它受先天和后天训练的影响。如有些肌肉体积增大后，就会影响其周围关节的活动幅度。因此，对学

生来说，控制肌肉体积的增大是极其重要的。

③ 神经系统兴奋与抑制过程转换的灵活性与运动中肌肉的基本张力有关。特别是中枢神经系统调节对于肌肉之间的协调性改善以及肌肉紧张和放松的调节能力的提高是至关重要的。就是通常说的要求学生做动要放得开，别紧张。研究证明，训练水平高的人，肌肉的随意放松能力很高，这与中枢神经系统支配骨骼肌的神经细胞的抑制深度有关。

3. 柔韧素质练习的方法与要求

柔韧训练的方法与要求主要有以下几点。

（1）主动拉伸练习与被动拉伸练习法必须相互兼顾

主动的动力拉伸练习是依靠自身的力量，将肌肉、肌腱、韧带等软组织拉长，提高其伸展性的方法。如踢腿练习可采用负重和不负重的拉伸练习。主动拉伸还可采用静力拉伸练习法。在动作最大幅度的情况下，依靠自身肌肉力量保持静止姿势的练习。

（2）被动性拉伸练习法是依靠外力的作用，促使关节灵活性增大的方法

被动的动力拉伸练习是依靠教师或同伴的助力拉长韧带、肌肉的练习。如依靠同伴的助力帮助逐渐提高后踢腿或前踢腿的动作幅度。而被动的静力拉伸练习是由外力保持固定姿势的练习。

4. 柔韧素质的练习方法

发展柔韧素质的方法主要是采用加大动作幅度，即拉长肌肉、肌腱、韧带和皮肤的练习。所有的柔韧练习至少连续做 5～10 次，动作幅度应逐步加大，身体各部位的柔韧性要交替进行，并须持之以恒。当软组织被拉长之后，肌体感到酸、胀、痛时应坚持 8～10 s，这样需重复练习 8～10 次，可以收到良好的效果。在每次锻炼过程中，动力拉长练习一般控制在 15～25 个之间，每个练习以 7～30 次之间为宜，注意柔韧练习总的时间不宜过长。

（七）跳绳

跳绳是一项在环摆的绳索中做各种跳跃动作的体育运动，同时也是一项老少皆宜的全身性有氧健身运动、极佳的健体运动。它除了拥有运动的一般益处外，更有很多独特的优点。跳绳每半小时消耗热量 1 674 J，能有效训练个人的反应和耐力，有助保持个人体态健美和协调性，对心肺系统等各种脏器、协调性、姿态、减肥等都有相当大的帮助。

跳绳运动的配备只需一条绳、一身轻便衣服及一双适当的运动鞋；所需

的场地也不大，无须租借特别场地，而且参与人数不限，可单独一人或多人进行。跳绳运动能使人心律维持在与慢跑大致相同的水平，不过它却可以避免因跑步而产生的膝、踝关节疼痛的困扰。

跳绳时宜前脚掌着地，不要穿皮鞋及硬底鞋，绳的长短粗细也要合适。跳绳不仅可以促进少年儿童身体正常发展，而且对发展其灵敏、速度、弹跳及耐力等身体素质也有良好作用，所以除为广大青少年所喜爱外，还常用作各专项运动训练的辅助练习。

1. 跳绳的发展

中国已有数千年的历史，唐宋明清都有记载。唐朝称跳绳为"透索"、宋称"跳索"、明称"白索"、清称"绳飞"，民国以后才称"跳绳"。

2. 跳绳的作用

经国内外专家研究，跳绳对心脏机能有良好的促进作用，它可以让血液获得更多的氧气，使心血管系统保持强壮和健康。跳绳的减肥作用也是十分显著的，它可以结实全身肌肉，消除臀部和大腿上的多余脂肪，使形体不断健美，并能使动作敏捷、稳定身体的重心。

跳绳还能增进人体器官发育，有益于身心健康，强身健体，开发智力，丰富生活，提高整体素质。跳绳时的全身运动及手握绳对拇指穴位的刺激，会大大增强脑细胞的活力，提高思维和想象力，因此，跳绳也是健脑的最佳选择。弹跳能刺激骨骼、肌肉，促进血液循环，此外还能加强淋巴系统的免疫功能，这对缓解便秘十分重要。便秘的人走路时，可以尽量加大腰和胯部的转动，像模特一样走猫步，这能起到对腹腔按摩的作用，能够加强内脏，特别是肠胃的蠕动，促进营养的吸收和废弃物的排出。跳绳还适宜在气温较低的季节作为健身运动，而且对女性尤为适宜。从运动量来说，持续跳绳 10 分钟，与慢跑 30 分钟或跳健身舞 20 分钟相差无几，可谓耗时少、耗能大的有氧运动。

跳绳的场地到处都是，简单易行，是一项适合大众的体育健身运动。中华医学会心血管病分会副主任胡大一教授曾为青少年的健身提供了一道良方，他呼吁在青少年中开展跳绳运动，因为它是对付肥胖、预防血脂异常、高血压最切实可行的方式，也是一个很好的锻炼耐力的有氧代谢运动。

3. 跳绳的技巧

（1）侧身斜跳

这个动作能训练耐久力，增强外展肌和内收肌。两人一前一后站在跳绳的左右两侧，先侧身单脚跃绳向前跳，然后斜身跳回原位。跳跃时应注意用力摆动双臂，跳 1 分钟之后休息 10 秒钟，重复练习 2 次。

简单跳绳法准备动作：双脚并拢，进行弹跳练习 2～3 分钟，弹跳高度为 3～5 厘米。开始跳绳，注意手腕做弧形摆动。初学者先跳 10 至 20 次，休息 1 分钟后，重复跳 10 至 20 次。非初学者可先跳 30 次，休息 1 分钟后，再跳 30 次。

（2）单脚屈膝跳

右腿屈膝，向前抬起。踮起脚尖，单脚跳 10 至 15 次，换左腿重复上述动作。

休息 30 秒钟，每侧各做 2 轮。

（3）分腿合腿跳

先做跳绳准备运动，然后跳绳，跳跃时双脚叉开，着地时双脚并拢，重复动作 15 次。

先做跳绳准备运动，然后双臂交叉跳绳。当绳子在空中时，交叉双臂，当跳过交叉的绳子之后，双臂反向恢复原状。

（4）双人跳绳

① 采取并排站立的姿势。每人用外侧的一只手握住绳柄，先开始练习简易跳绳法，两人同时用双脚跳绳，然后练习同时用单脚跳绳。

② 采取一前一后的站立姿势。身高者站在后面，并挥动跳绳。

（5）绕旋跳

两人跳绳练习：一人叉开两腿蹲下，甩动绳子使跳绳在地上画弧线，另一人则不断地从甩动的绳子上跳过去。速度由慢逐渐加快，1 分钟后两人交替。

（6）侧脚跳

先从简易跳绳法开始，然后用双手手腕挥动跳绳，右脚跳绳，不着地的左脚则斜向一侧，跳 15 次。换另一只脚跳 15 次。非初学者可练习快速跳绳，即绳子从脚下滑过时连跳 2 次。练习时，应注意脚不要抬得过高、过慢，否则容易被绳子绊住。

4. 跳绳对女生的作用

跳绳是一项耗时少、耗能大的运动，有测试显示，跳 5 分钟，每分钟跳 140 次的运动效果就相当于慢跑半小时。只要能保证每分钟 120～140 次的速度，一个小时就可燃烧掉 2 500～4 200 卡的热量。加上跳绳花样繁多，随时

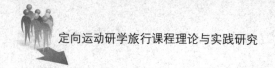

可做，一学就会，所以一直是流行的健身方法和减肥方式。

跳绳减肥的要领：每日跳 5 分钟为一节，每天可跳 5 到 6 节，每周跳 6 天，待适应后可逐步加量。长期坚持，一定可以有效地减轻体重。

跳跃的速度：慢速为平均每分钟跳 60～70 次；较快速为平均每分钟跳 140～160 次。

5. 跳绳的注意事项

（1）选择适当的场地装备

灰尘多或有沙砾的场地及凹凸不平的水泥地应避免，最好选择铺木板的室内体育馆或具弹性的 PU 场地、软硬适中的草坪、木质地板和泥土地的场地以免损伤关节，引起脑部震荡。绳子软硬、粗细适中。初学者通常宜用硬绳，熟练后可改为软绳。

（2）穿着适当的服装

跳绳时，最好穿运动服或轻便服装，这样活动起来会使你感到轻松舒适，也比较安全。

（3）充分做好准备活动

跳绳之前最好活动一下全身，尤其是相关的部位，如肩膀、手臂、手腕、脚踝，避免扭伤、挫伤。开始跳绳后，速度由慢到快、循序渐进。

（4）正确的跳绳方法

① 跳绳方法是用前脚掌起跳和落地，切记不可用全脚或脚跟落地，以免脑部受到震动，当跃起在空中时，不要极度弯曲身体，而成为自然弯曲的姿势。跳时，呼吸要自然有节奏。

起跳和落地是前脚掌的"任务"，因为脚后跟着地，时间长了会产生很多隐患—大脑、脚踝和脊柱都有可能受到不同程度的损伤。同时，膝盖应微微弯曲，缓和膝盖、脚踝与地面接触时的冲撞。

② 握绳的方法两手分别握住绳两端的把手，通常情况下以一脚踩住绳子中间，两臂屈肘将小臂抬平，绳子被拉直即为适合的长度。

③ 摇绳的方法。向前摇时，大臂靠近身体两侧，肘稍外展，上臂近似水平，用手腕发力作外展内旋运动，使两手在体侧做画圆动作，每摇动一次，绳子从地经身后向上向下，回旋一周，绳子转动的速度和手摇绳的速度成正比，摇动越快，则绳子回旋越快。

④ 停绳的方法。向前摇时，一脚伸出，前脚掌离地，脚跟着地使绳停在脚掌下，向后摇时，则一脚后出，脚跟离地，脚掌着地，使绳停在脚底。

⑤ 体重较重者宜采用双脚同时起落。同时，上跃也不要太高，以免关节因过分负重而受伤。

（5）要循序渐进练习

开始练习跳绳时，动作要慢到快，由易到难。先学单人跳绳的各种动作，然后再学较复杂的多人跳或团体跳绳动作。

（6）活动时间

跳绳的时间，一般不受任何限制，但要避免引起身体不适，饭前和饭后半小时内不要跳绳，学校学生可利用课间操或下课时间或课外活动时间练习。

（7）胖人跳绳不安全

跳绳并不是最好的减肥方法，而是一项简单易行的整体训练。胖人在跳健身操的时候，不会让他们每次跳跃运动超过 8 个八拍，而一次跳几千次的跳绳，对膝盖损伤太大了。如果脚部、膝盖、腰部受过伤是最不适合这种运动的。相对而言，走路、慢跑和游泳更加安全。

（8）鞋子必须高帮又减震

跳绳的时候，一定要穿能够减震的鞋、能够保护脚踝的鞋。穿拖鞋、穿跳舞鞋都非常危险。因此，跳绳时应穿正规的、有保护脚踝和脚掌功能的运动鞋。

（9）跳绳不会变成大象腿

大腿不会因为跳绳变粗，这个强度还没那么高，跳绳会使腿部肌肉线条流畅。另外，这个活动事实上对减肥的帮助并不大，而是增强心肺功能。

（10）跳完不抻腿，白跳

跳完之后，一定要做拉伸运动。比如伸展小腿：一只脚踩在台阶上，另一只脚的一半搭在台阶上，脚后跟悬空向下用力震颤，两只脚交替做这个动作，这样能够美化腿部线条，还能缓解肌肉疼。

第五章 研学旅行的课程理念与课程目标

第一节 研学旅行的课程理念

一、研学旅行课程的理论基础

（一）杜威的生活教育理论

1. 教育即生活

杜威的生活教育理论认为，教育就是儿童生活的过程。教育和生活相联系是儿童生长和发展的条件，生长和发展就是教育本身，因为生长是生活的特征，所以教育就是不断生长。教育不是强迫儿童去吸收外面的东西，而是要使人类与生俱来的能力得以生长。

"教育即生活"强调的是教育对生活的影响，强调的是教育的生活意义。所以，最好的教育就是"从生活中学习、从经验中学习"。

"教育即生活"指出教育是生活的需要。杜威强调，教育不能离开社会生活的背景。而社会生活是复杂的，不能直接作为儿童生活的背景。社会生活需要经过教育的简化、净化和平衡后才能成为儿童学习的背景。

"教育即生活"理论阐明：现实教育必须联系和适应社会生活的变化，教育应对社会生活进行简化、净化和平衡，引导学生逐渐融入现实的社会生活中，教育本身是一种生活，更是儿童生长和发展的过程，是一种构建理想生活的活动。

2. 学校即社会

杜威的生活教育理论认为，学校教育是社会生活的一种形式。学校应该成为一个小型的社会，一个雏形的社会。学校应该把现实的社会生活简化到一种简单状态，从而呈现儿童的社会生活。"学校即社会"反映了学校与社会的关系：一是学校本身就是一种社会生活，具有社会生活的全部含义；二是校内学习要与校外学习相联系，两者之间相互影响。

杜威的生活教育理论也指出，"学校即社会"并不意味着社会生活在学校里的简单重现，学校作为一种特殊的社会生活，具有三个重要功能，即：① 简单和整理所要发展的倾向的各种因素；② 把现存的社会风俗纯化和理想化；③ 创造一个比青少年任其自然时可能接触得更广阔、更美好的平衡的环境。

3. 从做中学

杜威的生活教育理论认为，教学过程应该就是"做"的过程，强调学习与应用结合，在学习中充分发挥儿童的主动性和创造性。如果儿童没有"做"的机会，那必然会阻碍儿童的自然发展。儿童生来就有一种要做事和要工作的愿望，对活动具有强烈的兴趣，对此要给予特别的重视。

"从做中学"对于学习和应用相结合的理念，和现在强调的理论联系实际、教育不能脱离生活的原则是一致的，是研学旅行的重要理论基础之一。

（二）陶行知的生活教育理论

陶行知是我国现代伟大的人民教育家、思想家。他在教育实践中对杜威的教育理论进行了改造和发展，在继承和发扬文化教育精华的基础上创立了自己的生活教育理论。生活教育理论是陶行知教育思想的理论核心。

生活教育的内涵指生活教育是人类社会原来就有的，是伴随人类生活的产生而产生的教育，生活教育也必然随着人类生活的变化而变化；生活教育与现实生活相应，生活教育就是在现实生活中受教育，教育在现实生活中进行；生活教育是一种终身教育。

"生活即教育""社会即学校""教学做合一"是陶行知生活教育理论的三大基本原理。

1. 生活即教育

"生活即教育"是陶行知生活教育理论的核心。"生活即教育"的基本含义包括：① 生活决定教育，教育不能脱离生活，有什么样的生活就有什么样的教育，教育是为满足人的发展和生活的进步的需要。② 教育要适应生活的变化，生活教育的内容要随生活的变化而变化。③ 教育为改造生活服务，在改造生活的实践中发挥积极作用，教育只有服务于生活才能成为真正的教育。④ 生活教育是终身教育，是与人共始终的教育。

2. 社会即学校

陶行知认为自有人类以来，社会就是学校。陶行知提出"社会即学校"，在于要求扩大教育的对象、学习的内容，让更多的人受教育。"社会即学校"的基本内涵包括：① 学校教育的内容和范围不仅限于书本和教室，教育的范围应扩大到大自然、大社会和人民群众中去。② 整个社会是生活的场所，也是教育的场所。社会的每一个角落都具有教育的功能，社会就是一个大学校。③ 学校教育必须与社会实践相联系，要根据社会需要办教育。

3. 教学做合一

"教学做合一"是生活教育理论的教学论。"教学做合一"是生活现象之说明，即教育现象之说明。

陶行知所说的"做"，用现在的话说就是生活实践、社会实践，是发现问题、分析问题、解决问题的活动。

陶行知的生活教育理论对中国乃至世界教育改革产生了重要影响，至今仍然对教育具有重要的现实指导意义，特别是我国新课程改革以来推进综合实践活动和研学旅行课程的重要理论基础。

（三）罗杰斯的人本主义教育理论

罗杰斯是著名的人本主义教育家、心理学家之一，其教育思想至今仍有重要的影响。

罗杰斯坚持教育要"以人为中心"，教育的目的应该是"整体的人"的发展，应该追求"完整的人格"。把认知和情感分离的教学方式，强调教学应该知情合一。罗杰斯认为，教学应该是促进学生自由学习的过程，教师的角色应该是学生学习的"促进者"。教师的作用应该是帮助学生发现所学习的东西的意义，帮助学生安排好学习活动和材料。学生应该是学习的主人，教师应该是学生学习的助手、催化剂或促进者。在教学方法上，罗杰斯认为教学是传授获取知识的方法。他主张，教学活动应该是给学生提供组织好的材料，引导和启发学生自己去学习。研学旅行课程恰恰是能够体现罗杰斯的这些教育思想的学习载体，学生在旅行过程中通过对课程设计中选择并安排好的资源的学习，实现全面的自主的发展。教师在教学过程中只是起到组织引导作用，学习是在真实体验下的有意义的学习。

（四）拉尔夫·泰勒的课程原理

拉尔夫·泰勒是著名教育学家、课程理论专家、评价理论专家。

1949 年，拉尔夫·泰勒出版了他的经典著作《课程与教学的基本原理》。这部著作的出版对课程理论的发展产生了重要而深远的影响，基本上界定了课程内涵的基本要素。

在《课程与教学的基本原理》一书中，泰勒给出了分析、诠释和制订学校课程与教学计划的基本原理，这一原理包括四个基本问题，这四个问题，用今天的话来说，就是课程目标、课程内容、课程实施和课程评价四个课程要素。

研学旅行作为一门课程，那么在课程的开发与设计时，就必须包括这四个基本要素。

（五）基于核心素养的教育理论

学生发展核心素养主要指学生应具备的，能够适应终身发展和社会发展需要的必备品格和关键能力。研究学生发展核心素养是落实立德树人根本任务的一项重要举措，也是适应世界教育改革发展趋势、提升我国教育国际竞争力的迫切需要。学生发展核心素养以培养"全面发展的人"为核心，分为文化基础、自主发展、社会参与三个方面，综合表现为人文底蕴、科学精神、学会学习、健康生活、责任担当、实践创新六大素养。各素养之间相互联系、互相补充、相互促进，在不同情境中整体发挥作用。

学生核心素养的内涵包括以下几个方面。

1. 文化基础

文化是人存在的根和魂。文化基础重在强调能习得人文、科学等各领域的知识和技能，掌握和运用人类优秀智慧成果，涵养内在精神，追求真善美的统一，发展成为有宽厚文化基础、有更高精神追求的人。

（1）人文底蕴

人文底蕴主要是学生在学习、理解、运用人文领域知识和技能等方面所形成的基本能力、情感态度和价值取向，具体包括人文积淀、人文情怀和审美情趣等基本要点。

（2）科学精神

科学精神主要是学生在学习、理解、运用科学知识和技能等方面所形成的价值标准、思维方式和行为表现，具体包括理性思维、批判质疑、勇于探究等基本要点。

2. 自主发展

自主性是人作为主体的根本属性。自主发展重在强调能有效管理自己的学习和生活，认识和发现自我价值，发掘自身潜力，有效应对复杂多变的环境，成就出彩人生，发展成为有明确人生方向、有生活品质的人。

（1）学会学习

学会学习主要是学生在学习意识形成、学习方式方法选择、学习进程评估调控等方面的综合表现，具体包括乐学善学、勤于反思、信息意识等基本要点。

（2）健康生活

健康生活主要是学生在认识自我、发展身心、规划人生等方面的综合表现，具体包括珍爱生命、健全人格、自我管理等基本要点。

3. 社会参与

社会性是人的本质属性。社会参与，重在强调能处理好自我与社会的关系，养成现代公民所必须遵守和履行的道德准则和行为规范，增强社会责任感，提升创新精神和实践能力，促进个人价值的实现，推动社会发展进步，发展成为有理想信念、敢于担当的人。

（1）责任担当

责任担当主要是学生在处理与社会、国家、国际等关系方面所形成的情感态度、价值取向和行为方式，具体包括社会责任、国家认同、国际理解等基本要点。

（2）实践创新

实践创新主要是学生在日常活动、问题解决、适应挑战等方面所形成的实践能力、创新意识和行为表现，具体包括劳动意识、问题解决、技术应用等基本要点。

学生核心素养体系的颁布明确了学生应具备的适应终身发展和社会发展需要的必备品格和关键能力。对于核心素养体系中的绝大多数要素指标，研学旅行课程都是很好的教育载体。学生核心素养培养体系是制订研学旅行课程目标的重要依据，为研学旅行课程提供了坚实的新的理论基础。

二、研学旅行的课程定位

研学旅行是由教育部门和学校有计划地组织安排，通过集体旅行、集中食宿方式开展的研究性学习和旅行体验相结合的校外教育活动，是学校教育和校外教育衔接的创新形式，是教育教学的重要内容，是综合实践育人的有效途径。研学旅行是以学生为主体对象，以集体旅行生活为载体，以提升学生素质为教学目的，依托旅游吸引物等社会资源，进行体验式教育和研究性学习的一种教育旅游活动。

研学旅行的概念内涵：研学旅行是校外综合实践教育，也是一种教育旅游活动。作为校外综合实践教育的研学旅行是一门课程，应该符合综合实践教育的课程规范；作为教育旅游活动的研学旅行是一种旅游产业，应该符合旅游产业的运营服务规范。

第一，研学旅行不同于一般的观光旅游活动，研学旅行是一门课程，其本质是实践教育课程。既然是一门课程，那就必须有明确的教学目标，系统的教学内容，规范的实施过程和科学的评价体系。

研学旅行课程不同于一般的旅游活动，具有以下显著特征：

① 研学旅行不同于一般的观光旅游活动，具有明确的教学目标。一般的观光旅游活动无论是目的还是行程都具有随意性。活动目的主要在于欣赏和体验，行程的选择完全取决于个人的兴趣、身体及经济条件。而作为课程的研学旅行则具有明确的、统一的教学目标。旅行是课程实施的特殊方式，是通过旅行让学生体验、探究、分析行程中的教育资源，学会科学规范地研究现实问题的过程与方法，同时培养学生多领域的核心素养，塑造正确的世界观、人生观和价值观的一种课程实施形式。所以说，研学旅行的本质是实践教育课程。

② 研学旅行的线路不同于一般的观光旅行线路，具有明确的研学主题。线路上的每一个景点都是一个教学单元，每一个单元都是线路总的研学主题的组成部分。

所以，研学旅行的线路设计具有课程与教学内容的整体性和系统性。

第二，作为一种综合实践活动，研学旅行课程也不同于传统的学科课程。主要有以下几方面的特点：

① 教学目标的多元性。研学旅行课程有明确的、统一的教学总目标，但根据旅行资源的不同属性和特点，不同的旅行线路，不同的景点资源，又

必然产生不同的具体的教学目标。因此，在课程教学目标的确定时，必须依据不同资源的特殊属性，设定不同的、具体的课程目标。

② 教学内容的开放性。研学旅行不同于一般的学科课程，几乎没有学科内容的边界。理论上任何内容、一切现有的物质的文化的存在都可以成为研学旅行的课程和教学资源，因为任何现实的存在都有现实的或潜在的值得研究的问题。在进行实际课程内容开发的时候必须考虑资源的典型性。

③ 教学内容的独立性。不同于一般学科课程内容的系统性，研学旅行的课程内容可以是独立的。每一条线路都可以独立完成课程教学目标，各线路的教学内容之间不具有关联性。所以，研学旅行的课程内容在不同线路之间具有独立性，而在每一条线路的不同景点，也就是教学单元之间又具有整体性。研学旅行的教学内容具有独立性和整体性的双重特点。

④ 教学过程的实践性。研学旅行不同于一般学科课程，课程的实施必须通过学生的亲身实践完成，文献学习不能取代实践过程。学生必须亲身经历整个研学旅行过程，才能完成课程的学习。旅行过程本身既是课程实施的方式，又是课程实施的目标。

⑤ 教学结果的发散性。研学旅行不同于一般的学科课程，其教学结果与学生本人的特点密切相关。经历同样的研学旅行，参观同样的景点资源，每个研学旅行者关注点不同、文化背景不同、思维方式不同、情感态度与价值观不同，每个人的收获和感悟也一定不同。

第三，研学旅行是跨学科综合课程。研学旅行课程内容的开放性决定了研学旅行一定是一门跨学科的综合课程。地理、历史、文学、科技等各个学科，农业、工业、渔业、商业、林业、服务业等各行各业，都可能在研学旅行的教学内容中涉及。所以，研学旅行课程对开发者、实施者、学习者都具有较高的要求，相较于一般的学科课程，是一种新的挑战。

第四，研学旅行是中小学综合实践活动课程的重要组成部分。综合实践活动课程是国家课程的必修课程，所以，研学旅行是必修课程。

三、研学旅行课程的设计原则

研学旅行工作有以下四项基本要求。

（一）以立德树人、培养人才为根本目的

以立德树人、培养人才为根本目的是指要让广大学生在研学旅行中感受

祖国大好河山，感受中华传统美德，感受革命光荣历史，增强对坚定"四个自信"的理解与认同；同时学会动手动脑，学会生存生活，学会做人做事，促进身心健康、体魄强健、意志坚强，促进形成正确的世界观、人生观、价值观，培养他们成为德、智、体、美全面发展的社会主义建设者和接班人。这些要求和学生核心素养体系的要素是完全相符合的，所以，研学旅行课程对于培养学生的核心素养有不可替代的教育意义。

（二）以预防为重、确保安全为基本前提

安全是研学旅行课程设计与实施的基本前提，没有安全，一切都将失去意义。安全保障要以预防为主，并在行前课程中加强教育培训，并制订各种必要的应急预案。

（三）以深化改革、完善政策为着力点

研学旅行是跨学科、跨领域、跨行业的综合实践活动课程，既是教育行为，又是旅游活动。要切实推进研学旅行教育工作，就必须深化改革、完善政策，调动各方面的积极性，相互配合，通力协作。

（四）以统筹协调、整合资源为突破口，因地制宜开展研学旅行

研学旅行的课程资源极其广泛，涉及教育、旅游、体育、科技、文化、农林牧渔、交通、公安、保险、食品药品监管等各个行业，只有对资源进行统筹协调、有效整合，才能突出教育主题，产生课程实施的教育效果。

研学旅行工作的四项工作原则包括以下几个方面。

1. 教育性原则

研学旅行要结合学生身心特点、接受能力和实际需要，注重系统性、知识性、科学性和趣味性，为学生全面发展提供良好成长空间。

2. 实践性原则

研学旅行要因地制宜，呈现地域特色，引导学生走出校园，在与日常生活不同的环境中拓宽视野、丰富知识、了解社会、亲近自然、参与体验。

3. 安全性原则

研学旅行要坚持安全第一，建立安全保障机制，明确安全保障责任，落实安全保障措施，确保学生安全。

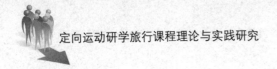

4. 公益性原则

研学旅行不得开展以营利为目的的经营性创收，对贫困家庭学生要减免费用。

研学旅行活动的筹备、组织与实施，必须遵照这些要求和原则进行。依据这些基本要求和基本原则，结合课程与教学的基本原理，研学旅行课程的设计应遵循以下原则。

1. 教育性原则

研学旅行是综合实践活动的组成部分，本质上是教育活动，所以研学旅行课程设计必须首先体现课程的教育性。教育性原则的落实主要在课程目标的确定和课程内容的选择与呈现上。课程目标的确定必须依据国家课程标准关于综合实践活动标准与研学旅行相关的规定，要结合研学旅行的具体资源的性质科学地确定。课程内容的选择要有明确的教育主题，内容的呈现要能够引领学生进行深度的思考和体验，研究问题或作业的设置应该能够引领学生对学习、参观、游览、体验的旅行资源进行更加系统和深入的分析和认识，为学生选定的研究课题提供相关的材料和思维启发有助于学生获得研究成果，或者有助于学生获得预期的情感体验和价值态度。

2. 安全性原则

课程设计要充分考虑课程的安全性，在景点线路的规划上要充分考虑景点资源的安全性，在研学手册中尽可能列出详细的注意事项，科学制订安全防范措施和应急预案，在行前课程中专门开设安全教育单元。课程的设计还要充分考虑学生的学段生理特点，旅行的运动量要设计在合理的范围，既要能够达到锻炼学生毅力的教学目标，也要注意不能超过学生所能承受的合理限度。

3. 科学性原则

课程的科学性首先应该体现在要符合课程原理的基本规范。研学课程必须要有明确、具体、准确的课程目标，要有完善、合理、适切的课程内容，要有规范、有效、深刻的课程实施方案，要有科学、全面、多元的课程评价。

4. 综合性原则

研学旅行是一门多学科综合的跨学科课程。在课程设计时要充分挖掘旅行资源的学科课程属性，在研学实践中体验、巩固、深入理解学科知识，拓展学科知识的外延。体验现实问题的复杂性和综合性，学会综合运用学过的知识分析解决现实问题，把书本上的知识变成现实中的知识，通过知识的综合运用形成解决问题的能力。

5. 模块化原则

课程设计要有总的研学主题。总的课程由若干模块组成，每一个景点就是一个课程模块，也就是一个课程单元。每一个模块或单元应该突出体现课程主题的一部分或几部分内涵，各个模块或单元组成完整的课程体系，表达课程的完整的教育主题。由景区或研学实践教育基地基于自己的资源打造的课程可以自成一个模块，但要结合周边区域的景区资源打造适合不同的旅行线路主题的模块表达形式，以便能够植入不同的旅行线路中。

6. 体验性原则

研学旅行是通过旅行体验达成课程教学目标，是多感官刺激，在场景化、情境化的教学场景中实施教学的特殊课程。课程目标的达成以体验自主生成为主要途径，所以在课程设计时要考虑调动学生多种感官的综合运用，让学生通过对情境化知识的体验形成正向的情感和正确的态度与价值观。

7. 多元化原则

学校应同时安排多种主题或多种类型的研学旅行课程，给学生提供多元化的课程选择。既要考虑研学内容和研学主题的多元化，也要考虑学生不同的生理和经济承受能力。每一课程在模块设计安排时要考虑模块内容的多元化，模块的设置要能够多角度体现教育主题的完整性和丰富性。研学旅行要实现多元化评价，就评价对象而言应包括对学生的评价、对课程的评价、对承办方的评价；就评价的内容而言要从不同的维度上对学生的旅行过程表现和研学成果进行综合评价。

8. 适切性原则

由学校自行开发的课程以及学校委托承办方或通过招标开发的课程，必须适合主办方学校的学生情况，符合学校的相关教学理念和课程设计要求。由景区或研学实践教育基地基于自有资源设计的课程要考虑不同学生的学段特点，要满足多学段适切，对不同学段的学生以不同的内容呈现方式体现。课程还要满足多时段适切，同一景点的旅行资源的课程表达要能够满足学生不同时长的学习要求，比如既可以满足半天行程的研学旅行，也可以满足一天或更长一点的时间的研学旅行。

第二节　研学旅行课程目标

一、研学旅行课程目标概述

（一）研学旅行课程目标特点

研学旅行是一门行走中的课程，是没有教室、没有课本的课程，研学旅行的这些不同于普通学科的特点，也就决定了其课程目标不同于普通学科。

1. 研学旅行课程目标的综合性

基于跨学科综合课程的性质，研学旅行的课程目标必然是综合性的。

学生参加研学旅行首先要学习新知识，并通过对所学知识的综合应用形成能力，在旅行的过程中体验与感悟，在问题解决中拓展思维与方法，在体验、感悟、探究中培养对生命、对同伴、对自然、对家乡、对社会、对国家的情感，形成正确的人生观、价值观和世界观。所以，在研学旅行课程的设计中，课程目标的设定应该涵盖知识与能力、过程与方法、情感态度与价值观三维目标的各个方面，而且要以情感态度与价值观目标为着力点。

参照学生核心素养体系，研学旅行课程目标的综合性还体现在对研学旅行课程资源进行合理的规划和整合，体现核心素养指标体系中的全部 18 个基本要点。在课程设计时，每一个单元或模块要依据核心素养指标体系，结合课程内容的资源属性，科学设置课程目标。

作为综合实践课程的一部分，研学旅行课程的综合性还表现在通过研学旅行达成的探究方法、思维方式、表达技巧、交往能力和科研素养，这是学习所有学科都需要的基本能力，也是未来生活、工作的基本素养。

2. 研学旅行课程目标的过程性

研学旅行作为一种体验式教育的旅游活动，几乎所有的课程教学目标都需要通过旅行过程才能达成。旅行过程是实现课程目标的途径和载体。作为课程目标实现途径和载体的旅行过程包括两个层面的过程：一是外显的过程，包括参观、游览、动手制作、观察、记录、合作交流等活动。学生会在这些活动过程中获得教学资源蕴含的知识，可以实现观察分析、资料收集、动手体验、表达交流、行为规范的外显的课程目标。二是内化的过程，包括探究资料的归纳与分析、游览参观过程中的思考与感悟、由教学资源激发出的情感态度与价值观。这些内化的活动过程是研学旅行课程目标更深层的实现，是思维能力和情感态度与价值观课程目标实现的根本途径，也是研学旅行课程最高的价值诉求。

研学旅行课程目标的过程性还体现在过程本身即课程目标。通过研学旅行课程的实施，学生要从中学到旅行的方法和技巧，学会旅行的规范，形成旅行中良好的行为素养，养成热爱旅行的生活态度。

3. 研学旅行课程目标的实践性

生活教育理论是研学旅行的理论基础。无论是杜威的"从做中学"，还是陶行知的"教学做合一"，用今天的话来说，他们在本质上都是提倡要学以致用、要理论联系实际，要在实践中学习、要向实践学习。研学旅行课程本身就是综合实践活动课程的组成部分，作为实践课程的研学旅行，其教学目标必须体现实践和探究的特征。知识目标要从旅行参观实践中获取，能力目标必须通过旅行实践中的探究与分析达成，情感态度与价值观目标也必须在实践探究和亲身体验中形成。

4. 研学旅行课程目标的发散性

研学旅行课程的课程目标包括两个层面，一是课程的总体目标，二是课程的具体目标。

研学旅行课程的总体目标由课程定位决定，总体目标决定了通过实施研学旅行课程，学生应该形成哪些方面的核心素养，应该具备哪些基本能力，应该形成什么样的价值取向，无论哪一种研学旅行，都必须围绕实现这些总体目标设计课程。研学旅行课程的具体目标则具有显著的发散性，这种发散性体现在两个方面：

一是不同线路课程的具体目标不同。研学旅行课程的具体目标是依据课程的资源属性设计的，不同线路课程的资源属性不同，课程的具体目标也不同。二是课程在实施过程中学生的学习结果各不相同。根据教育心理学，教学目标是学生预期的学习结果。即使在同一线路的同一团队的课程实施过程中，每个学生的学习结果也一定是不同的，由于研学旅行学习资源的情境化和多元化，每个学生观察分析问题的角度不同，原有的能力基础和生活价值认同基础不同，其学习结果也一定是不同的。所以在课程设计时对具体教学目标的设定时必须考虑这一特征，不宜设置僵化的课程具体目标。

（二）研学旅行课程目标的陈述与表达

三维目标陈述是新课程改革以来在基础教育领域推行的教学目标陈述方法，在学科教学领域已经得到普遍应用。三维目标陈述的方法对综合实践活动课程也同样适用。三维目标的内容包括：知识与技能目标、过程与方法目标、情感态度与价值观目标。

1. 知识与技能目标

知识与技能目标主要包括人类生存所必需的核心知识和学科基本知识；基本能力包括获取、收集、处理、运用信息的能力，创新精神和实践能力，终身学习的愿望和能力。

2. 过程与方法目标

过程与方法目标主要包括人类生存所必需的过程与方法。"过程"是指应答性学习环境的交往、体验，"方法"包括基本的学习方式，例如自主学习、小组合作学习、发现式学习、探究式学习等。

3. 情感态度与价值观目标

"情感态度"包括学习兴趣、学习责任、乐观的生活态度、求实的科学态度和宽容的人生态度，"价值观"既强调个人的价值，更强调个人价值和社会价值的统一；既强调科学的价值，更强调科学的价值和人文价值的统一；既强调人类价值，更强调人类价值和自然价值的统一，从而使学生内心确立起对真善美的价值追求以及人与自然和谐和可持续发展的理念。

二、研学旅行课程的总体目标

（一）研学旅行课程总目标的内涵

研学旅行的课程目标包括总体目标和具体目标两部分。研学旅行课程的总体目标是指所有的研学旅行课程都必须达成的目标，无论研学旅行的线路有何差异，学习游览的资源属性有何区别，通过课程的实施，都必须达成这样的教育目标。

国家关于研学旅行的相关文件明确了研学旅行作为课程的价值和意义，也确定了课程的总体目标——研学旅行要以立德树人、培养人才为根本目的，让广大学生在研学旅行中感受祖国的大好河山，感受中华传统美德，感受革命光荣历史，增强对四个自信的理解与认同；同时学会动手动脑，学会生存生活，学会做人做事，促进身心健康、体魄强健、意志坚强，促进形成正确的世界观、人生观、价值观，培养他们成为德、智、体、美全面发展的社会主义建设者和接班人。研学旅行是综合实践活动的重要组成部分，学生能从个体生活、社会生活及与大自然的接触中获得丰富的实践经验，形成并逐步提升对自然、社会和自我之间内在联系的整体认识，具有价值体认、责任担当、问题解决、创意物化等方面的意识和能力。

（二）研学旅行课程的学段总目标

相关文件从价值体认、责任担当、问题解决、创意物化等方面明确了中小学综合实践活动课程的学段目标，其中价值体认、责任担当、问题解决三个方面的目标都与研学旅行课程有关。

1. 小学阶段总体目标

（1）价值体认

获得有积极意义的价值体验，理解并遵守公共空间的基本行为规范，初步形成集体思想、组织观念，培养对中国共产党的朴素感情，为自己是中国人感到自豪。

（2）责任担当

初步养成自理能力、自立精神、热爱生活的态度，具有积极参与学校和社区生活的意愿。

（3）问题解决

发现并提出自己感兴趣的问题，能将问题转化为研究小课题，体验课题研究的过程与方法，提出自己的想法，能够对问题做出初步解释。

可见，对小学生而言，在价值体认方面，要让学生获得初步的价值体验，理解并遵守基本的行为规范，培养对集体、社会、党和国家的朴素情感。在责任担当方面，重在培养学生的自理能力和参与意识。在问题解决方面，重点在于培养学生发现问题的能力，并体验解决问题的过程与方法，能够提出自己的想法和解释。简单来说，小学学段研学旅行课程要让学生通过体验、感知，学会基本的规范，发展基本的能力，形成正确的情感态度与价值观。

2. 初中阶段总体目标

（1）价值体认

亲历社会实践，加深有积极意义的价值体验。能主动分享体验和感受，与教师、同伴交流思想认识，形成家乡情怀，国家认同，热爱中国共产党。

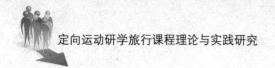

通过职业体验活动，发展兴趣专长，形成积极的劳动观念和态度，具有初步的生涯规划意识和能力。

（2）责任担当

养成独立的生活习惯，初步形成探究社会问题的意识，初步形成对自我、学校、社会负责的态度和社会公德意识，初步具备法治观念。

（3）问题解决

能关注自然、社会、生活中的现象，深入思考并提出有价值的问题，将问题转化为有价值的研究课题，学会运用科学方法开展研究。能主动运用所学知识理解与解决问题，并做出基于证据的解释，形成基本符合规范的研究报告或其他形式的研究成果。

由以上目标陈述可知，初中学段，在价值体认方面，要让学生获得初步的价值认同。在责任担当方面，重在培养学生的独立意识，形成正确的认知和态度。在问题解决方面，重点在于培养学生学会基于问题的课题研究的基本规范。

3. 高中阶段总体目标

（1）价值体认

深化社会规则体验、国家认同、文化自信，初步体悟个人成长与职业选择、社会进步、国家发展和人类命运共同体的关系，增强根据自身兴趣专长进行生涯规划和职业选择的能力，强化对中国共产党的认识和感情，具有建设中国特色社会主义共同理想和国际视野。

（2）责任担当

关心他人、社区和社会发展，能持续地参与社区服务与社会实践活动，关注社区及社会存在的主要问题，热心参与志愿者活动和公益活动，增强社会责任意识和法治观念，形成主动服务他人、服务社会的意识，理解并践行社会公德，提高社会服务的能力。

（3）问题解决

能对个人感兴趣的领域开展广泛的实践探索，提出具有一定新意和深度的问题，综合运用知识分析问题，用科学方法开展研究，增强解决实际问题的能力。能及时对研究过程及研究结果进行审视、反思并优化调整，建构基于证据的、具有说服力的解释，形成比较规范的研究报告或其他形式的研究成果。

以上目标陈述表明，对高中学段而言，在价值体认方面，要让学生形成正确的世界观、人生观和价值观，强化国家认同，坚定"四个自信"。在责任担当方面，重在培养学生的社会责任意识和法治观念，提高服务社会的能力。在问题解决方面，重点在于培养学生的探索实践能力，学会课题研究的科学规范，具备撰写规范的研究报告和其他成果表达形式的能力。

在进行研学旅行课程设计时，可以依据相关国家文件的具体要求，结合学生核心素养培养体系的有关指标，科学界定并规范陈述研学旅行课程各学段的总体目标。

三、研学旅行课程的具体目标

研学旅行课程的具体目标是指在具体的研学旅行课程中，依托学习游览资源的属性，通过学习可以达成的具体目标。研学旅行课程的具体目标根据具体学习资源的不同会有所区别。具体目标通常在单元或模块的课程表达中出现，在不同线路的课程中表现为课程主题的差异。

科学、准确、适切地制订研学旅行课程的具体目标是研学旅行区别于观光旅行，能够取得课程教育效果的重要基础。要准确地制订研学旅行课程的具体目标，首先要准确界定学习游览资源的属性。

总的来看，研学旅行的学习游览资源具有五个方面的属性，即文化属性、自然属性、历史属性、科技属性和教育属性。一个单元或模块的学习资源，可以同时具备一个或多个属性，通常会有一个属性为该资源的主要属性。在不同主题的线路课程中，同一资源往往也需要体现或突出不同的属性。

（一）依据资源的文化属性

有的景点或实践教育基地具有典型的文化属性，是传统文化或地域文化的典型代表。当把这样的学习游览资源作为课程内容呈现给学生时，应该达成的学习结果首先应该是对资源所承载的文化知识的认识或再认识，对资源所表现的文化理念的认同或甄别以及对资源所传递的文化价值的传承或思辨。

（二）依据资源的历史属性

一般来说，多数具有文化属性的学习资源也同时具有历史属性，而以历史属性为主要特征的学习资源通常也都具有文化属性。但是二者之间还是有着明显的区别的，有的以文化属性为主，有的以历史属性为主。

第六章　研学旅行课程方案设计

第一节　研学旅行主题课程方案设计

一、主题课程方案设计要求

研学旅行课程方案包括主题课程方案和专题课程方案，这里重点介绍研学旅行主题课程方案。

（一）主题课程方案的含义与任务

1. 主题课程方案的含义

研学旅行主题课程方案是研学旅行指导师（以下简称"指导师"）根据研学旅行活动所用的研学旅行资源单位教材、学校教科书和学校教学总要求，结合研学旅行学生具体情况，按照研学旅行目标编制的整体的研学旅行进度计划。简言之，研学旅行主题课程是指导师对某次研学旅行教学的总体规划与准备，是研学旅行活动的前提和依据。

2. 主题课程方案的任务

研学旅行主题课程方案要在研学旅行开始前编制设计，为此要完成以下三个任务。

① 确定本次研学旅行所要实现的研学目的与任务。

② 按照行程时间安排主题课程的进程，包括研学课时数、研学旅行目的地、研学旅行课程主要内容、研学旅行活动的方式和方法。

③ 提出针对本次研学旅行如何改进教学、提高研学质量的设想与举措等。

（二）主题课程方案设计的要求

1. 熟悉研学旅行过程的含义

研学旅行过程（简称"研学过程"）是指导师和学生在共同实现研学旅

行任务中的活动状态变换及其时间流程，它由相互依存的教、学和游三个方面构成。具体说来研学旅行过程是指导师根据研学旅行教学任务和学生身心发展的特点，有目的、有计划、有组织地引导学生积极主动地到校外进行认识活动，掌握文化科学基础知识和基本技能，发展智力和体力，培养良好的道德品质、审美情趣及健康的个性，提高核心素养，从而促进学生身心获得全面发展的过程。

在研学旅行过程中，无论是由指导师向学生进行知识传授，还是指导师引导学生探究以发现新知，都是认识及实践活动。在这个实践活动中，指导师要引导学生学习知识、开展交往、认识世界，进行多方面的探究、演练与实践，这些都是为了促进学生的身心发展，以追寻与实现使他们成人、成才的价值目标，因此，研学旅行过程是一种特殊的认识过程，也是一个促进学生身心发展、寻求实现价值目标的过程。

为了使研学旅行过程能强有力地促进学生的身心发展，使学生自觉地追寻与实现价值目标，就必须以学生身心发展的特点、规律及需求和培养他们的价值目标为准则和内涵加以规范、改革、充实，从而指导研学旅行过程。简言之，研学旅行过程就是要使研学旅行成为教育性研学、发展性研学和实践性研学，这是新时代研学旅行的特点和追求。

2. 掌握研学旅行过程的要素

关于研学旅行过程的基本要素，目前主要有以下几种比较有代表性的观点：

① 三要素说：指导师、学生、研学内容；

② 四要素说：指导师、学生、研学内容、研学方法；

③ 五要素说：指导师、学生、研学内容、研学资源、研学方法；

④ 六要素说：指导师、学生、研学目标、研学内容、研学方法、研学资源；

⑤ 七要素说：指导师、学生、研学目标、课程、研学方法、研学资源、研学反馈。

当前，五要素说是一种比较普遍的观点，即指导师、学生、研学内容、研学资源和研学方法是构成研学过程的五个基本要素，这些要素之间相互联系、相互作用，构成了一个动态系统，在研学过程中发挥着各自不同的作用。① 指导师在研学过程中起主导作用，具体担负着课程设计和组织管理研学活动的职责；② 学生是研学过程的主体，其身心发展特征、认知结构、个性特点、能力倾向都直接影响着研学旅行活动进行的方式、效率和结果；③ 研学内容是研学旅行过程的客体，是学生学习和认识的对象，是影响和促进学生身心发展的教育材料；④ 研学资源就是研学旅行课程资源，指研学旅行课程要素的来源，它是实施研学旅行课程必要而直接的条件；⑤ 研学方法是联系指导师、学生、研学内容和研学资源的纽带和中介，它影响着指导师、学生、研学内容和研学资源相互作用的方式以及研学活动的效率、效果和质量。

3. 掌握研学旅行过程的阶段和环节

按照时间进度划分，研学旅行过程可分为研学旅行前、研学旅行中、研学旅行后三个基本阶段，简称"研学前、研学中、研学后"三个阶段。

根据每个阶段及其任务的不同，研学旅行过程又可分为研学旅行前的准备、研学旅行中的上课、研学旅行后的服务等环节。

研学旅行前的准备是研学旅行中上课的前提。为了上好课，指导师在开展研学旅行前必须做好准备，学生也要做好相应的课前准备。为了巩固和发展研学旅行成果，研学旅行后指导师还要运用其他研学形式为学生提供研学旅行后的服务。研学旅行中的上课是研学旅行过程的中心环节，是实现研学旅行目标的主要手段。为了保证研学旅行的有效运行与改进，还必须对研学旅行过程进行后续的跟踪服务，这样便形成了以研学旅行前的备课为前提，以研学旅行中的上课为中心，以研学旅行后的服务为延续的循序渐进的师生互动的研学旅行过程。

4. 熟悉主题课程的相关内容

研学旅行指导师编制课程方案前要熟悉并掌握下列内容。

（1）熟悉学生

指导师要了解、熟悉学生的来源、学生所在年级、学生现有的知识技能储备状况和对研学旅行目的地综合知识的掌握程度以及学生的身体状况、家庭状况、习惯特点等方面的信息。

指导师面对的学生都是一个个鲜活的生命，学生有着共同的年龄特征，也有着个体间的差异和各自家庭的文化差异。所在年级不同、知识技能掌握程度不同、家庭状况不同、来源城市区域不同、习惯特点不同，所用的教学方法都会有所不同。

学生的共性与个性差异都是指导师进行课程设计必须考虑的因素。

（2）熟悉教材

研学旅行使用的教材既包括研学旅行基（营）地课程教材，也包括现行课程教材。研学旅行课程教材是研学旅行基（营）地根据学校提出的研学旅行主题，结合自身的研学旅行课程资源和文化特色而编制的研学旅行课程参考教材。

熟悉教材时，指导师首先要认真钻研研学旅行基（营）地课程教材和现行课程教材中与本次研学旅行课程有关的内容要点和要求，厘清其中要求学生掌握的基础知识、基本技能和过程方法，找到重点难点；其次再考虑探究、体验等研学旅行的路线和师生互动的方式；然后查阅相关书籍资料；最后才能对本次研学旅行课程的任务内容如何处理、如何施教形成比较全面、深入、独到的思考。

（3）熟悉问题

熟悉问题是指研学前指导师要把研学旅行过程所涉及的问题或预料到的问题整理出来，并确定解决问题的办法，只有这样在讲课时才能做到心中有数，有的放矢。之后，提前一周交给学生，让学生分组讨论、准备。需要注意的是该问题的设置要与研学旅行内容相连，要与教材相连，让学生带着问题去讨论、去学习。这个环节要突出分组准备，要培养学生团结合作、责任担当的意识。

（4）熟悉主题

确定研学旅行课程主题是开展研学旅行的第一步，它直接影响着研学旅行能否顺利开展以及开展后的课程实施效果的好坏，主题要突出研学旅行目的地的地域特色文化。

（5）熟悉研学旅行目的地

旅游目的地是指以某一个或一组旅游吸引物为基础，配备足够旅游设施与相关服务，能够吸引一定规模数量的访客，具有一定规模的空间范围和较为明确的管理机构的旅游地域综合体。据此得出，研学旅行目的地是指以一个或一组研学旅行吸引物为基础，配备足够研学旅行设施与相关服务，能够吸引一定规模数量的学生，具有一定规模的空间范围和较为明确的管理机构的研学旅行地域综合体。

研学旅行目的地包括研学旅行基地、研学旅行营地、研学旅行综合体等研学旅行资源单位。

研学旅行目的地构成要素的核心内容如下：

① 有独特的研学旅行吸引物。

② 有足够的研学旅行活动空间和规模支持。

③ 能提供系统、完备的研学旅行设施和服务。

④ 有当地教育部门的认同、参与并提供各类支持保障。

⑤ 有一定的可管理性。

指导师对研学旅行目的地的资源选择是设计方案中不可缺少的环节。指导师要根据研学旅行课程主题，对这些研学旅行目的地中的相关资源逐个了解、甄别、筛选，选出合适的研学旅行目的地资源。指导师在选择研学旅行目的地资源时，只有收集整理每个目的地的历史沿革、地理环境、文化脉络、经济发展等知识并有机串联起来掌握后，才能在针对不同的学段的学生施教时做到得心应手，游刃有余，才能讲得头头是道、津津有味、信手拈来、皆成妙趣，方能真正提升研学旅行课程的质量和内涵。

（6）熟悉研学旅行背景

研学旅行背景是某研学旅行基（营）地或者研学旅行目的地等研学旅行资源单位对本次研学旅行活动的发生、发展、变化起重要作用的客观情况，如历史文化背景、旅游资源背景、研学旅行基（营）地背景、食住行情况背景等。

（7）熟悉研学点

研学点是指研学旅行主题课程体系中的某一方面比较突出的专题课程，就是通常理解的小课题、小景点、小实践点、小内容等。类似于中小学教师在教学中提到的教学点，也类似于综合实践活动课程中的实践点，其作用是吸引研学旅行资源周边的视线，从而突出该点的研学旅行资源效果，在整个课程设计中起画龙点睛的作用。研学旅行主题课程由多个研学点组成，既突出各个部分的特色，也同时也把整个研学旅行过程串联在一起，正是这些研学点组成了整个研学旅行课程体系。如果说研学旅行课程体系是一串精美的珍珠项链，那么研学点就是项链上的一粒粒珍珠，正是这些熠熠发光的珍珠组合成了完美华丽的研学旅行课程体系。

（8）熟悉安全措施

研学旅行要坚持安全第一的原则，研学旅行过程中指导师备课时要设计出学生安全管理方案，对可能发生的安全事故，提前预测，提前准备，把不安全的节点告知有关单位和人员，做好预防和救助，确保学生安全。

研学旅行安全内容的备课包括以几个方面：研学旅行安全管理工作方案；研学旅行应急预案操作制度；研学旅行产品安全评估制度；研学旅行安全教育培训制度；未成年人监护办法；包括疫情、地震、火灾、食品卫生、治安事件、设施设备故障等在内的各项突发事件应急预案以及定期组织的演练方案。

（9）熟悉方式方法

研学旅行方法是指在研学旅行过程中为完成研学旅行任务而采用的方法，包含指导师的教和学生的学两个方面，它具有目的性和双边性的特点。具体包括如何安排每一个研学旅行专题课程的活动以及如何运用各种方法开展研学旅行教育教学活动。

研学旅行主要的教学方法有：课堂讲授法、问题探究法、训练与实践法、现代信息技术法、参观游览法、讲解法等。

5. 熟悉主题课程方案设计的过程

（1）课程方案设计

① 课程方案设计是指导师经常而主要的工作，设计好研学旅行课程方案是指导师在研学旅行前的主要任务。

② 设计好主题课程方案是上好研学旅行课程的前提，设计好方案可以加强研学旅行教学的计划性和针对性，有利于指导师充分发挥自己的主导作用。

③ 研学旅行课程开始前，指导师首先要遵循教育教学规律、依托旅游资源、结合研学旅行行业特点，对本次研学旅行活动做出全面的考虑和准备，设计好研学旅行课程方案。

（2）方案设计的方式

方案设计按编写主体可分为个人设计和集体设计两种方式。

① 个人设计是指导师自己钻研研学旅行课程教材和课程资源设计研学旅行课程方案的方法。

② 集体设计是由各方研学旅行教研团队的指导师共同钻研研学旅行教材和资源，解决研学旅行的重点、难点和研学方法等问题，集体共同设计研学旅行课程方案的方法。

（3）方案设计的过程

研学旅行主题课程方案设计的过程包括个人设计方案、集体讨论方案、现场完善方案三个过程。

① 个人设计方案。学校和研学旅行基（营）地分别组织相关人员围绕主题以个人为单位先设计课程方案个人设计方案包括内容设计、实施流程、人员分工、安全预案编写等。

② 集体讨论方案。学校与基（营）地课程研发团队对各方提供的个人设计的课程方案进行深度沟通、研讨，取长补短，最终确定研学旅行课程方案。

③ 现场完善方案。研发团队到基（营）地现场按照集体共同研发的课程方案，模拟学生的身份进行全流程体验，查漏补缺，完善课程方案。

三次方案设计将学生、学校、基（营）地等资源完整地衔接起来，使教育教学目标在学生身上得到充分实现，并最终推动研学旅行课程设计落地。

二、主题课程方案设计要素

研学旅行主题课程方案主要包括以下要素：主题课程名称、学校班级、研学旅行课程方案设计人、研学旅行项目组长、总课时、研学旅行具体项目负责人、研学旅行目的地、研学旅行课程总目标、研学旅行内容及实施流程、活动经费说明、师资配置情况、研学旅行方式、研学旅行方法、安全管理制度及防控措施、研学评价、研学反思等。

（一）主题课程名称

主题课程名称简称课程名称。拟定课程名称时，要选择吸引人、有学生关注的内容，要做到课程名称意义准确、突出主题、规范简洁、富有时代气息。

（二）学校班级

学校班级是指参与研学旅行活动的学校及其班级。同一场景，不同学段的学生由于认知程度不同，掌握的现有知识储备不同，接受新知识、理解新问题、解决新问题的能力也不同，因此，指导师的教学方法也要有所不同。这就要求研学旅行课程设计应结合学生的身心特点，设计开发适合不同学段的研学主题。所以，指导师在研学课程设计中要注意层级性原则，坚持因材施教、因人而异，使用不同的教育教学方法才能达到育人的目的。

（三）研学旅行课程方案设计人

研学旅行课程方案设计人简称设计人，是指参与研学旅行课程方案设计编写的专业技术人员。设计人可以是研学旅行指导师，也可以是其他教育教学专业技术人员。目前研学旅行课程方案设计人一般由学校业务校长、教务处主任、研学旅行机构课程设计经理、旅行社研学旅行项目经理或者外聘的课程设计专家等专业技术人员担任。

研学旅行课程的开发设计需要专业引领和科学规范，只有加强课程设计的专业性，才能真正实现通过研学旅行培养学生核心素养的目的。因此，设计人的专业技术水平在整个研学旅行活动中至关重要。

（四）项目组长

研学旅行活动要有主办方、承办方和供应方。其中承办方是与研学旅行活动主办方签订合同，提供教育旅游服务的旅行社。承办方应为研学旅行活动配置一名项目组长，项目组长全程随团活动，负责统筹协调研学旅行各项工作。

因此，研学旅行项目组长是在研学旅行活动中全程随团活动并负责统筹协调研学旅行各项工作的旅行社专业人员。在研学旅行实践中，研学旅行项目组长一般由旅行社研学旅行项目部经理或者负责研学旅行的副总经理担任。

（五）总课时

课时是连续教学的时间单位，一课时就是一堂课所占用的时间。总课时，就是完成整个研学旅行过程所占用的时间，在研学旅行教学实践中总课时有的以课时计算，有的按研学旅行天数计算，目前尚无统一规定。

研学旅行课程不同于传统的课程，课时也不能拘泥于课时，在研学旅行中要根据研学内容和研学旅行资源情况来具体确定。

研学旅行课程每天设置几节课，下午、晚上是否加课时，也需要根据研学旅行具体情况确定。原则是既不能增加学生负担，还要保证完成研学旅行任务，既能达到预期目标，还要给孩子们带来快乐。

（六）研学旅行目的地

在设计主题课程方案时，研学旅行课程所涉及的研学旅行目的地的全部旅行课程，涉及的研学旅行目的地有孔子故里曲阜、孟子故里邹城、齐国都城临淄、儒家文化名山泰山等地。

（七）具体项目负责人

研学旅行具体项目负责人简称项目负责人，是指根据研学旅行项目组长的派遣，负责研学旅行具体项目和内容实施执行的专业人员。研学旅行具体项目负责人包括：指导师、导游、学校代表、带队教师、安全员、项目专家等。

1. 指导师

指导师是指策划、研发或实施研学旅行课程方案，在研学旅行过程中组织和指导学生开展各类研究性学习和研学旅行体验活动的专业技术人员。指导师是保证研学旅行育人质量的关键因素，只有真正具有专业素养的研学指导师团队，才能确保研学旅行的育人效果。

2. 导游

导游是指取得导游证，接受旅行社委派，为游客提供向导、讲解及其他服务的专业人员。在研学旅行过程中，导游只为学生提供研学旅行向导、沿途风光讲解、旅游景区解说及饮食、住宿、交通、购物、娱乐服务，不参与研学旅行教学活动。

3. 学校代表

学校代表是依据学校内部的规定，在研学旅行过程中担任某一职务或由学校校长指派代表学校依法行使学校权利，履行学校义务，开展研学旅行活动的负责人。其行为被视为学校的行为，其行为所产生的一切法律权利和义务由其所代表的学校享有和承担。在研学旅行实践中，学校代表一般是由副校长、教导主任、政教主任、年级主任等与研学旅行教学业务有关的学校领导担任。他们根据相关规定，代表研学旅行的主办方，负责督导研学旅行活动按计划开展和实施。

学校代表理论水平高，教学经验丰富，他们的校外实践教学也是一般指导师无法比拟的。因此，指导师在开展研学旅行活动时，一定要尊重学校代表，虚心听取他们的意见和建议，不断提升研学旅行服务质量。在设计主题课程时要突出学校代表的身份，以便及时取得联系。

4. 带队教师

带队教师是指在研学旅行活动中按照学校派遣带领学生队伍开展研学旅行活动的学校教师。在研学旅行领域，带队教师是一个有较明确权力和职责的职位。带队教师一般主要负责学生的人员管理、纪律学风、出行住宿等问题，而一般不涉及该研学旅行团队的专业教学、课程设计等，与研学旅行指导师、学校代表、项目专家等专业相关职位有明显的不同。在研学旅行实践中，带队教师一般是由班主任或年级主任等与研学旅行团队学生有密切关系的学校行政领导担任。按照相关规定，带队教师全程带领学生参与研学旅行各项活动。

学校很多的带队教师都是常年工作在学生管理一线的资深教师，他们有高尚的敬业品德，有丰富的学生管理经验，平时与学生关系最为密切，是学生的直接管理者，是研学旅行团队管理的主心骨，是指导师必须依靠的强大的中坚力量。因此，指导师在进行研学旅行课程设计时，一定要尊重带队教师，把他们编入教案，及时提醒各阶段的指导师处理好与他们的关系，积极争取他们的支持，顺利完成研学旅行教育服务。

5. 安全员

安全员是研学旅行承办方安排的专门负责学生安全工作的专业人员，安全员的职责任务就是在研学旅行过程中随团开展安全教育和防控工作。在研学旅行过程中，研学旅行主办方或供应方要按学生人数比例安排相应数量的专职安全员随团参加活动，他们不参与教学，只负责学生的安全工作。

在研学旅行实践中，各个具体项目负责人要岗位清晰，职责分明，各司其职，各负其责。密切配合，团结协作。

6. 研学旅行项目专家

研学旅行项目专家简称项目专家，是指掌握研学旅行专题课程项目的原理、技术、方法和工具，参与或领导启动、计划、组织、执行和讲解的活动，确保研学旅行项目能在规定的范围、时间、质量与成本等约束条件下完成既定目标的专业技术人员。譬如，地质考古探究课程中的考古专家、研究员、教授，蔬菜、果树种植课程中的园艺师、农技师，陶瓷器制作课程中的陶瓷工艺美术大师，戏的表演课程中的表演艺术家，建筑艺术课程中的建筑设计工程师等都是研学旅行项目专家。

研学旅行项目专家在自己的研究领域或者某项目技术方面有独到的专业造诣，他们的专业水平和技能是研学旅行指导师和学校教师无法替代的，为开展好更专业的研学旅行课程，专业化引领研学旅行，专业的研学旅行课程应该邀请研学旅行项目专家参与实施。

（八）研学旅行内容

研学旅行内容是本次研学旅行过程所涉及的研学点、研学项目。

（九）师资配置情况

研学旅行师资包括参与研学旅行活动的学校代表、带队教师、指导师、安全员、导游、项目专家和其他工作人员。在实践中，有的把救生人员、医务人员、安保人员、家长志愿者也列入其中，为其安排相应的任务。赋予岗位职责，这种方法也可参考。

学校自行开展研学旅行，要根据需要配备一定比例的学校领导、教师和安全员，也可吸收少数家长作为志愿者，负责学生活动管理和安全保障，与家长签订协议书，明确学校、家长、学生的责任权利。

（十）活动经费说明

活动经费就是举办研学旅行活动所需的各种开销的费用。包括住宿费、餐费、门票（半价、免票）、交通费、授课费（研学旅行指导师费、授课项目专家费）、服务费（研学机构服务费、场地租赁费、旅行社服务费、导游服务费）、保险费、服装费、材料装备费、教材费等。

经费预算要听取旅行社计调和研学旅行机构专业人员的意见，他们更懂专业行情和计算办法。下面几个细节提请指导师在设计时多加注意。

1. 住宿费

住宿费设计时应注意两点。第一，虽然都是同一个酒店，都是标准间，楼房不同可能房价不同，服务质量也不同。第二，要注意酒店是否含自助早餐。如果酒店房费包含自助餐费，成本就降低了。

2. 餐费

研学旅行期间总共几顿正餐，按餐算账还是按人算账、每桌几个菜、主食和汤是否免费、早餐什么菜、列出详细清单。

3. 门票费

要门票的研学旅行资源单位的门票门市价多少钱、学生是否免票、优惠门票多少、国家规定的免费学生需提供什么手续都要一一标明。

4. 交通费

交通费要根据选择的交通方式确定。交通方式选择要根据相关的规定设计。研学旅行团队的用车必须是专业的旅游汽车有限公司的合格车辆。专业的旅游汽车公司资质手续齐全，且有丰富的长途旅游经验，这是其他汽车公司无法比拟的。

（十一）研学旅行方式

研学旅行主要的研学方式有：考察探究、社会服务、设计制作、职业体验、党团队教育活动、博物馆参观等。

（十二）研学旅行方法

研学旅行主要的研学方法有：课堂讲授法、问题探究法、训练与实践法、现代信息技术法、参观游览法、讲解法等。

（十三）安全管理制度及防控措施

安全管理制度及防控措施包括：研学旅行安全管理工作方案，研学旅行应急预案操作制度，研学旅行产品安全评估制度，研学旅行安全教育培训制度，未成年人监护方法，包括地震、火灾、食品卫生、治安事件、设施设备突发故障等在内的各项突发事件应急预案等。

三、主题课程方案设计格式说明

研学旅行课程方案的设计是一种创造性劳动，不同的指导师有着不同的设计风格，实践中需要每位指导师发挥自己的聪明才智，做出创造性的研学旅行主题方案设计，但是无论哪种格式或模板，研学旅行主题课程内容中的基本要素都是不能忽视的。

四、主题课程方案实施流程

（一）实施流程的内容

研学旅行主题课程方案要靠规范的流程实施。研学旅行主题课程实施流程的项目包括：研学旅行的具体内容、内容的排列顺序、每个项目所在具体时间段、每个项目实施所用时间、具体项目实施负责人、每个项目研学地点等。

（二）实施流程设计要求

1. 设计原则

实施流程设计的基本原则为以下两点：主题方案设计遵循教育规律；研

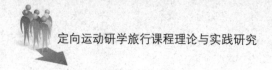

学旅行线路注入教育元素。

2. 设计要求

研学旅行主题课程开发设计务必树立科学、系统的课程体系意识，立足教育性、突出实践性、加强融合性、确保安全性，将研学旅行活动的育人目标、课程结构、课程内容、实施方式、管理与评价等各种因素统合起来整体设计、系统规划。

五、主题课程方案实施要求

主题课程实施流程要详略得当。一般来说新的指导师应当写详细些，有经验的指导师可以写简略些，做到因人而异，以不影响研学旅行教学、不改变研学旅行项目内容为前提。

（一）确保整体方案的思想性与科学性

主题课程整体方案既有思想性又有科学性，这是正确实施研学旅行课程的基本质量要求。在科学性上，指导师或者项目专家要准确无误地向学生传授知识，引导他们正确操作，及时纠正学生在研学旅行中的种种差错，理论联系实际地引导学生掌握重点和难点，抓好研学旅行的基础知识和基本技能教学。在思想性上，要深入发掘研学旅行资源教材的内在的思想性，师生共同切磋，认真探求真知，让学生深受启迪、震撼或产生认同，激起学生的思想共鸣，使他们深受教育。这些内容和环节务必设计出来，确保主题课程整体方案的思想性与科学性。

（二）根据实际情况调整主题课程方案

研学旅行教学情况千变万化，有时原先制定的课程方案即使很完善，也难免与实际情况不符，为此，指导师必须具有研学旅行教学的灵活应变能力，按照提前编制的课程预案，向有关领导请示汇报后，根据实际情况及时调整和修改，努力完成主要的研学旅行教学任务。

（三）突出学生亲自动手参与的实践环节

研学旅行是实践性较强的教育教学活动，主要突出学生的动手环节，要求学生人人参与，亲自实践体验。因此，在设计研学旅行课程时，必须增加实践动手的环节，才能改变我国学生的传统学习方式，由被动地接受学习转变为主动的学习，由机械的记忆性学习转变为探究式的研究性学习，让学生成为研学的主体，真正实现"游中有学"，才能将研学旅行的最大作用发挥出来，促进学生的全面发展。

（四）处理好与研学旅行团队人员的关系

指导师的教学工作是整个研学旅行工作的灵魂，指导师带团开展研学旅行教学时离不开其他相关研学旅行服务部门和工作人员的协作。指导师要尊重学校代表、带队教师、导游、司机、项目专家、安全员等工作人员，积极向他们学习请教，遇事多与他们商量，支持他们的工作，建立良好的人际关系，处理好与他们的关系，积极争取他们的支持，同他们及时协调、密切配合，争取协作单位和其他工作人员的帮助，只有这样才能顺利完成本次研学旅行教育服务。

（五）处理好跨学科之间的关系

研学旅行的跨学科性要求指导师要更新设计观念，加强跨学科知识研究学习，加深不同学科指导师之间的合作，提升跨学科课程设计能力和教学能力，打造跨学科指导师专业团队。积极吸收国内外成熟的跨学科课程设计成果，并进行新的创造、升级。整合不同学科的研学旅行课程内容，进行跨学科教学设计，将不同学科的研学内容有机渗透到研学旅行教学设计中，从而促进研学旅行在跨学科合作中顺利开展。

（六）提高研学旅行综合服务质量

研学旅行综合服务质量直接影响研学旅行活动的质量，开展研学旅行活动要努力提高研学旅行综合服务质量。积极做好研学前事务准备，全程随时开展研学旅行评价激励活动，时时刻刻注意开展安全意识教育，做好安全事故的预防与处理，把安全和爱心放在心中。引导学生开展文明旅游、文明研学旅行活动、正确处理学生个别要求，正确处理研学旅行事故，掌握重大自然灾害救助办法，完善研学旅行后的教育服务。

六、研学旅行课程手册设计

（一）课程手册的含义和功能

研学旅行课程手册也称研学旅行手册，是研学旅行资源单位结合本单位课程资源实际组织研学旅行专业技术人员编写的介绍研学旅行课程专业知识的教学参考书，是一种供读者特别是学生随时浏览、翻检、学习的辅助教材。

研学旅行课程手册是研学旅行课程设计理念最直接的体现，是凝结研学旅行机构的经验和智慧的成果，既为读者开展研究性学习提供方向性的指导，又提供必要的基础性资料。

（二）课程手册的内容设计

1. 设计单位简介

（1）设计单位类别

手册设计单位包括中小学校、研学旅行基地、研学旅行营地、研学旅行教育机构、旅行社研学旅行部门、景区研学旅行部门及研学旅行管理机关等单位。

（2）设计单位的简介

研学旅行课程手册中的单位简介包括单位的理念、单位的战略目标、单位的战略方向、单位的课程、单位所服务的对象、单位所服务的行业、单位的企业文化、单位提供的服务、单位的研究方向、单位的合作伙伴、单位的创始人、单位的团队等内容。另外，还要设计出单位未来发展规划，展示单位发展前景。

2. 资源单位简介

研学旅行资源单位主要是指研学旅行基（营）地，研学旅行基（营）地单位简介，包含基（营）地简介，依托旅游景区建设的研学旅行基（营）地都可以编写景区简介、基（营）地导游示意图、全景图、服务点、研学点的位置分布，并注意定期对新的研学点的解说进行补充，可适当配置图片和背景知识进行说明。学生可随时根据资源单位间接获取基（营）地信息，资源单位简介要帮助学生无障碍式完成研学旅行，获取相关知识，成为学生了解基（营）地的入门资料和研学旅行结束后的纪念品。

3. 研学设施简介

① 标注研学设施的分布及功能，研学项目的内容及地点，让学生做到心中有数，合理安排时间，并根据自身的需要选择性地参与研学项目。

② 加入环境解说、温馨说明，起到保护环境和教育学生的作用。

4. 研学课程说明

研学旅行课程手册中的课程内容包括以下几个方面：

① 课程背景。研学旅行课程资源单位的历史背景、旅游背景、研学背景、食住行背景。

② 研学链接。课程手册中的研学旅行课程内容与现行课本相关联的内容。

③ 主题课程。课程手册要设计出不少于三个主题课程，并一一标明每个研学旅行主题课程的目标、主题内容、课程适应对象、课程的优势特色、教育功能和意义。

④ 专题律程。课程手册要设计出不少于六个专题课程。其中有特点、有特色的招牌课程尽量详细介绍。对于特色课程，出于商业机密考虑，可以采用节选的方法编写。

⑤ 安全方案。研学旅行安全方案包括五个方面的内容：研学旅行安全管理工作方案、研学旅行应急预案操作制度、研学旅行产品安全评估制度、研学旅行安全教育培训制度、未成年人监护保护办法。另外需要强调的是，地震、火灾、食品安全事件、治安事件、交通问题、设施设备故障等突发事故在内的各项突发事件应急预案和组织演练方法，也要设计出来。

⑥ 课程费用。研学旅行课程费用主要包含往返交通费、食宿费、门票、材料费用、保险费、交款时间、交款方式等，根据设计单位不同可选择相关项目编写。

⑦ 社会评价。手册要根据读者适用范围，举例标明师生评价、家长评价、学校评价、研学旅行基（营）地、教育管理机关、研学旅行管理机关等单位和个人的评价，社会评价采用文字说明和图片展示的方式即可。

5. 领导小组简介

研学旅行课程管理领导小组一般由主办方、承办方、协办方主要负责人或者业务负责人组成。领导小组下设办公室，由研学旅行项目组长兼任办公室主任，其他人员如研学旅行指导师、班主任、导游等也要调动其积极性，设置相应岗位。

6. 联系方式说明

合作单位、支持单位、监督单位、咨询单位专家、质量监督的联系方式都要列明。联系方式包括电话、网站、微信等。

（三）设计要求

1. 总体设计

为了让学生大致了解研学旅行基（营）地，激发学生的研学欲望，扩大宣传效果，课程手册应图文并茂，合理编排，做到知识性和趣味性有机结合。

2. 封面设计

精美的封面设计既能反映研学旅行设计单位的特色和文化气息，更能代表设计单位的教学教研能力。封面设计风格应适合学生的口味，掌握好娱乐性与指导性之间的平衡，帮助学生准确、快速、简便地掌握信息。

第二节　研学旅行专题课程方案设计

一、专题课程方案设计要求

（一）专题课程方案的含义

1. 专题课程

专题课程是指在实施研学旅行教育教学的过程中，为达到某一专门教学目的或解决某一专门问题而为学生开设的教育课程。

2. 专题课程方案

专题课程方案是对研学旅行专题课程目标、研学内容、研学方式的规划和设计，是研学计划、研学教材等诸多方面实施过程的总和，类似于中小学教师的课时计划。

3. 专题课程和主题课程之间的关系

研学旅行课程包括主题课程和专题课程。主题课程中的研学内容是由众多专题课程构成的，专题课程内容是主题课程内容的基础，所有专题课程共同组成研学旅行主题课程。

（二）专题课程设计的要求

1. 设计正确的研学旅行目标

① 研学旅行教学目标既包括探求知识、发展能力的目标，也包括掌握探求知识的过程与方法的目标，还包括培养情感、态度与价值观的目标，更

要体现新时代综合素质目标和核心素养目标。

② 正确的研学旅行目标是正确实施研学旅行专题课程的前提。

③ 研学旅行教学是否有正确的目标，是否自觉贯彻和实现了预定的目标，是衡量研学旅行课程成功或失败的一个主要依据。

④ 正确的教学目标要切实可行、具体清楚，能够真正对研学活动起到导向作用，促使师生的一切活动都能紧紧围绕实现研学目的而进行。

⑤ 研学旅行课程强调学生综合运用各学科知识，认识、分析和解决现实问题，提升综合素质，着力发展核心素养，特别是社会责任感、创新精神和实践能力，以适应快速变化的社会生活、职业世界和个人自主发展的需要。迎接大数据时代和知识社会的挑战。它不仅应在课程方案中明确，而且应在研学旅行教学过程中落实，使师生的双边活动围绕课程目标进行，成为师生为之奋斗的目标。

因此，在专题课程设计时一定要设计出正确的研学旅行目标。

2. 设计调动学生积极性和主动性的方法

① 指导师有饱满的研学热情，学生就能够处于积极主动的状态之中。指导师要千方百计地引导学生的思路，启发学生的思维。激活学生的智力活动，确保学生在整个研学旅行活动都能表现出研学热情和活力。

② 充分调动学生的研学积极性和主动性是正确实施研学旅行课程的内在动力，是确保研学质量的核心环节。

③ 在整个研学旅行过程中，指导师要注意尊重、爱护学生，民主平等地对待学生，无论学生的答问或状态的表现多么令人不满意，也要耐心、宽容，也要适当地给予肯定和真诚的鼓励，以调动和保护其积极性。

④ 在研学过程中，要随时关注研学的内容、探讨的方式与深度、运用的方法等是否能激发学生的求知欲、主动性，使研学真正成为师生双向互动的活动，一发现问题就要立即改进，以推动研学活动向前发展。

⑤ 要想方设法让全体同学都参与既竞争又协作的研学探索中，让学生真切感受到自己才是学习的积极参与者和主人，并为自己的积极参与及多方面收获感到兴奋、幸福，充满成就感。

因此，指导师在编写研学旅行专题课程方案时务必设计出相应的方法技巧和教学艺术，以全面提升研学旅行质量。

3. 设计恰当的研学旅行方式

① 研学旅行方式应符合研学旅行资源的特点和学生的特征，并能充分

利用现有的设备条件，帮助学生顺利地掌握本研学旅行课程的基本内容。

② 研学旅行方式应符合课程计划的设计和课程目标的实施，保证整个课程的各个部分进行得有条不紊，一环扣一环，始终能够保持一种良好的研学气氛。

③ 指导师能够机智地处理各种突发性事件，具有驾驭研学旅行教学的艺术，善于根据实际情况及时调整和修改研学方法，确保研学旅行完美进行。

4. 设计纠正并解决学生错误和困惑的预案

① 纠正并解决研学旅行过程中学生的错误和困惑是正确实施研学旅行课程的关键。

② 学生在研学旅行过程中掌握知识、技能，是在解决疑难、纠正差错的过程中一步一步前进的。学生存在着的疑问、偏差与错误只有在教学中暴露出来，并切实加以解决，学生才能获得正确的新知识、新技能。

③ 设计纠正并解决学生错误和困惑的预案。让指导师通过向学生提问，或让学生模拟讲解、操作、演练、示范、参观等来暴露学生在理解和运用知识中存在的问题，并有意引发不同的看法和争论，然后加以解决。这样，不仅能使全体学生的知识技能和思想方法普遍得到提升，而且还能使研学氛围紧张热烈，学生的探究兴趣高涨，活动结束后还会对研学旅行教学过程不断回味与留恋。

如果学生没有学会所教内容，不要责备他们，也不要再继续教学。教师教授新的技能和内容时也是同样，如果学生并不了解教学目标，教师必须评价和分析最初的陈述内容。确定问题，然后找出最适合全班的方法，直接讲授法的成功率将可能接近 100%。学生能理解第一次陈述，其效果要比任何再教学都好，特别是当之后的陈述与第一次不同的时候。更好的办法还有让先学会的学生用自己的话将他们的理解表达出来，以帮助其他学生。

有经验的教师能捕捉到学生反映的信号，感到困惑的学生会以很多方式表现出来。如果全班都不懂，也不要发怒，可以再试试，如果有些东西学生第一次未能学会，教师们就再教一次。

（三）专题课程设计的过程

研学旅行专题课程方案设计同主题课程方案设计一样，包括个人设计方案、集体讨论方案、现场完善方案三个过程。

1. 个人设计方案

研学旅行指导师根据单位安排，围绕主题课程所分配的内容，个人先设计相应的专题课程方案。个人设计方案包括内容设计、教学方式设计、教学方法设计、研学重点难点设计、研学过程设计、研学评价设计、研学反思设计等。

2. 集体讨论方案

课程研发团队对指导师个人设计的专题课程方案进行深度沟通、研讨，取长补短，确定研学旅行专题课程方案。集体讨论方案的程序：指导师说课—团队评课—指导师修订方案—指导师再说课—团队评确定课。

3. 现场完善方案

指导师到基（营）地现场按照集体共同确定的专题课程方案模拟学生的身份进行全流程体验，查漏补缺，完善专题课程方案。

研学旅行专题课程方案设计一般都要经过这三个过程，否则不能直接对学生开展研学旅行教学活动。

二、专题课程方案设计要素

专题课程方案设计主要包含以下基本要素：课程名称、学校班级、带队教师、设计人、指导师、导游、专题课时、研学目的地、课程目标、研学背景、研学链接、研学内容、研学重点、研学难点、研学教具、研学方法、研学方式、研学过程、研学评价、研学反思等。具体要素简要说明如下。

（一）专题课程名称

课程名称要求独特、新颖、有趣、真实。

（二）设计人

专题课程设计人就是设计研学旅行专题课程方案的人，包括研学旅行指导师、项目专家和其他参与研学旅行专题课程教学的人，一般情况下设计人和研学旅行指导师是同一个人。

（三）专题课时

专题课时是指实施某一专题课程所用的课时数。

（四）课程目标

1. 综合实践目标

综合实践活动课程的总目标包括价值体认、责任担当、问题解决、创意物化等四个方面的意识和能力，它是由三维目标和核心素养目标演变而来的综合实践目标。鉴于研学旅行课程和综合实践活动课程存在许许多多的共同点，在研学旅行课程目标的设计上，要与学校的综合实践活动课程的综合实践目标统筹考虑，研学旅行专题课程目标完全可以包括价值体认、责任担当、问题解决、创意物化等几个方面。

2. 核心素养目标

我国学生核心素养以培养"全面发展的人"为核心，其框架由文化基础、自主发展、社会参与三个方面构成，综合表现为人文底蕴、科学精神、学会学习、健康生活、责任担当、实践创新六大素养，具体细化为人文积淀、人文情怀、审美情趣、理性思维、批判质疑、勇于探究、乐学善学、勤于反思、信息意识、珍爱生命、健全人格、自我管理、社会责任、国家认同、国际理解、劳动意识、问题解决、技术应用等十八个基本要点。

3. 劳动教育目标

劳动教育的总体目标要求准确把握中国特色社会主义事业的建设者和接班人的劳动精神面貌、劳动价值取向和劳动技能水平的培养要求，全面提高学生劳动素养，使学生树立正确的劳动观念；具有必备的劳动能力；培育积极的劳动精神；养成良好的劳动习惯和品质。

（五）研学背景

研学背景是指研学旅行资源单位的历史文化背景、旅游资源背景、研学旅行基地背景、食住行背景等。在编写研学旅行专题课程方案时，要把研学旅行资源单位的这些背景一一介绍出来。无论是研学旅行宣传手册，还是学生的研学旅行教材以及指导师的研学旅行课程教案都少不了研学旅行背景这个重要的组成部分。

（六）研学链接

研学链接是指研学旅行专题课程内容和现行课程教材中相关联的知识链接，在研学旅行实践中俗称"研学链接"。

（七）研学内容

研学旅行课程内容是指课程设计专家以课程目标为依据，遵循青少年学生的身心发展规律，考虑到学生认识活动的特性以及研学旅行进程中的历史经验，将学生所要学习的课程内容选编而成的课程纲要。它包含了学生旅行参观、考察和体验的景点、场馆和营地的资源及其承载的文化、技术、原理、方法和传递的思想与价值观。

编写课程方案表格时，研学内容要求突出主题，言简意赅，点到为止。

（八）研学重点

研学重点是依据研学旅行目标，在对研学旅行内容进行科学分析的基础上确定的最基本、最核心的研学内容，一般是研学旅行课程所阐述的最重要的方法、原理、规律、过程，是研学旅行思想或研学旅行特色的集中体现。它的突破是研学旅行课程必须要达到的目标，也是研学旅行课程设计的重要内容。

（九）研学难点

研学的难点是指学生不易理解的知识、不易掌握的技能技巧，或者不易理解的问题。难点不一定是重点，也有些内容既是难点又是重点，难点有时又要由学生的实际水平决定，同样一个问题在不同班级的不同学生中，就不一定都是难点。在一般情况下，使大多数学生感到困难的内容，指导师要着力想出各种有效办法加以突破。

（十）研学教具

研学教具指的是研学旅行过程中用来讲解说明某事物或者某过程的模型、实物、标本、仪器、图表、多媒体等，包括教学设备、教学仪器、实训设备、教育装备、实验设备、教学标本、教学模型等，如地质考察探究研学活动中的生物标本、矿物标本、化石、岩石及珍稀动物样品，地质博物馆中的恐龙仿制品，海洋文化探究中的军舰模型，线装制作中的纸、笔、针线、钉子、锤子、书页、尺子、夹子、剪子等都是研学教具。

（十一）研学方式

专题课程主要的研学方式有：考察探究、社会服务、设计制作、职业体

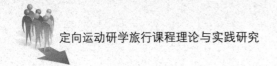

验、党团队教育活动、博物馆参观、劳动教育等。指导师的研学方式会直接影响学生的学习方式，甚至影响学生的学习风格和思维模式，因此，应结合研学旅行专题课程内容和学生实际选择设计适当的研学方式。

（十二）研学方法

专题课程主要的研学方法有：课堂讲授法、问题探究法、训练与实践法、现代信息技术法、参观游览法、讲解法等。因此，应结合研学旅行专题课程内容和学生实际选择设计适当的研学旅行教学方法。

三、专题课程方案设计格式

研学旅行专题课程方案设计的格式主要有条目式和表格式两种形式。

① 研学旅行专题课程方案是研学旅行教学预案，不可能穷尽一切教学要素和环节，有的研学旅行课程方案则需要指导师随着研学旅行过程的实施，不断地进行调整和修订。只有本着教育化、实践化、生活化的原则，创造性地自主开发、自主设计，才能不断丰富研学旅行专题课程内容。

② 研学旅行过程的设计方案是一种最基本的、具有普遍性的、常规的研学旅行课程实施方案模式，更适合考察探究、社会服务、设计制作、职业体验和劳动教育类课程。有的研学旅行活动如团队教育活动、博物馆参观等确定具体恰当的研学旅行方法，彰显研学旅行独特的育人效果。

四、专题课程实施方案设计

研学旅行专题课程的实施过程就是研学旅行的教学过程，研学旅行的教学过程是指研学旅行指导师在研学旅行活动中授课或学生接受指导师授课，学生获得知识、增强技能、提高觉悟、培养素养的过程。研学旅行专题课程的实施过程是整个研学旅行工作的中心环节，也是提高研学旅行质量的关键。

因此，在研学旅行专题课程实施之前务必做好专题课程实施方案的编写设计。研学旅行专题课程实施方案是指为完成研学旅行专题项目，从课程目标、研学内容、研学方式方法及研学旅行步骤等做出全面、具体而又明确安排的计划类执行方案。

专题课程实施方案按照实施时间的顺序可分为：研学旅行前、研学旅行中和研学旅行后三个基本步骤。按照实施步骤和任务，这三个基本步骤可划分为五个基本环节，即研学准备，设置问题；研学导入，提出问题；研学新课，解决问题；研学总结，拓展问题；研学评价，反思问题。这就是研学旅行专题课的结构。

（一）研学准备，设置问题

目前我国教师在上课时，为增进学生理解，会做相关的"课前预习准备"，让学生提前预习本节课的内容，带着问题进入课堂学习，这样做有利于课堂教学的有效开展，也有利于学生快速准确接受教师传授的知识和技能，达到更好的学习效果。研学旅行教学也是如此，在研学旅行活动开始前，有经验的研学旅行指导师就会列出有关的研学旅行问题，提前让学生准备，为顺利开展研学旅行课程创造条件，这就是所谓的研学旅行前的准备，简称研学准备。研学准备的内容还包括：组建研学旅行小组、告知课程目标、布置研学任务、做好研学事务准备，这些都是研学旅行前要设计好的内容。

1. 组建研学小组

（1）研学小组的含义和作用

① 研学小组的含义。研学旅行学习管理小组简称研学小组，是指在研学旅行过程中，为开展好研学旅行活动，根据学生的兴趣、爱好和要求，组成学生自我管理的学习组织。它小型分散，便于开展多种多样的研学旅行活动，满足学生不同的兴趣、爱好，发展学生个体才能，使学生得到更多的学习和锻炼的机会，是目前研学旅行活动的主要组织形式。

② 研学小组的作用。研学小组的正常活动可以引导学生自己组织、实践、探究，培养他们的多种能力和创新精神，既可丰富学生的研学旅行生活，也可为学生提供一个自主发展的时间与空间，有利于培养学生的审美能力和动手动脑能力，调节学生的学习、生活心态，使所学到的知识得到巩固和加深，使他们掌握社会实践知识提供广阔的智力背景。同时，研学小组的自我管理，还可以使学生在研学旅行活动中提高综合素质和核心素养，获得许多在校园里学不到的知识、技能，有利于激发学生的学习兴趣、发展个性特长，促进学生身心健康地发展。

（2）研学小组组建方法设计

① 组建方法。采用个人自由选择组合和指导师指令分配相结合的方式。

② 组建程序。研学旅行前负责研学旅行课程设计的研学旅行指导师要

提前一周走进学校，学校可安排指导师与将要参加研学旅行的学生见面，指导安排班主任或者带队教师协助学生组建研学旅行学习管理小组，引导学生在研学旅行中自我管理。

③ 小组结构。实践中，很多研学旅行指导师在班主任或者带队教师的协助下，将每班分成若干个研学小组，一般每组 4～6 人，设组长 1 名、副组长 1 名，成员若干。成员设安全委员、救助委员、生活委员、纪律委员、学习委员等，保证个个有岗位，人人有职责，事事有人管。指导师可以先明确每个小组成员的岗位责任与义务，引导学生自荐、推荐。研学小组成立后，拟定研学小组名称、学习口号，进行全班演讲，表明决心，还可以组织小组成员举办宣誓仪式。增强责任意识和团队意识，发挥小组干部的模范带头作用，培养学生的价值体认、责任担当的能力和意识。

④ 纪律要求。研学旅行活动将以小组为单位展开活动，所以要求全体组员积极参加研学旅行活动，遵守小组纪律。

2. 告知课程目标

（1）告知课程目标的作用

研学旅行教学活动开始前，指导师要提前告知学生明确而具体的研学旅行目标，将本次研学旅行的教学意图清楚地传达给学生，有利于指导师正确地选择教学方法、妥善地组织教学过程、准确地评价教学结果；有利于学生简洁而清楚地知道将从本次研学旅行过程中学到什么，及时了解自己的学习结果，主动地把握自己的学习过程和方法。

（2）告知课程目标的方法

① 印发明白纸。指导师提前把设计好的研学旅行目标发给学校，征求学校意见，共同修订后再印刷出明白纸，发给学生，告知学生将要进行的研学旅行课程的目的是什么，要完成哪些任务，让学生提前带着目标、任务、问题去思考、去准备。

② 多媒体展示。运用学校或者研学旅行基（营）地的多媒体设施，把研学旅行目标告知学生。

③ 指导师口头传达。指导师初次见到学生时就要口头告诉学生本次研学旅行活动的目标，让学生清楚明了。

④ 简易黑板书写。研学旅行过程中，指导师在临时制作的或者随身携带的简易"小黑板"上写出研学旅行目标并告知学生。

⑤ 终端设备转发。指导师用手机、电脑、平板电脑等设备上的微信、

QQ 等工具平台，转发研学旅行目标文字材料。

3. 布置研学任务

为了圆满完成研学旅行活动，指导师一般要提前给学生布置研学旅行任务，准备研学工具、研学问题、研学资料。这些任务指导师都要提前设计出来。

（1）准备工具

准备研学旅行专题课程需要用到的工具，如担架制作专题课程中的绳子、竹竿、锯、刀、剪子等。

（2）准备研学问题

准备与研学旅行专题课程有关的知识和问题。

（3）准备研学资料

准备与研学旅行专题课程有关的资料。

4. 做好研学准备

在研学旅行过程中。研学旅行指导师不仅承担着研学旅行教学的重任，同时也从事着研学旅行事务的服务工作。学生对研学旅行活动是否满意、研学旅行课程方案能否圆满实施在很大程度上都取决于各位研学旅行指导师的研学服务。

研学旅行指导师做好研学旅行团的接待准备工作是向学生提供良好服务的前提。指导师的工作千头万绪，事无巨细，如果考虑不周就可能出错，因此，准备工。作务必细致、周密。一般来说，研学旅行指导师的准备工作包括以下几个方面，每一项都要逐一设计出来。

（1）熟悉主题课程方案

指导师设计专题课程时要熟悉主题课程方案中的学校名称、年级、来自哪个城市、总人数、男女生数量、年龄、风俗、饮食习惯、领队教师、电话号码、研学线路、用车情况、司机、导游、研学内容、研学方法、研学工具、研学地点、研学时间、安全措施、评价方法、研学专家、项目负责人等内容，做到心中有数。

（2）做好专业知识准备

做好有关知识和资料的准备，尤其是计划中所列新开放研学点知识的准备。准备的过程中应注意知识的更新，及时掌握最新信息。掌握基地专有名词术语、词汇；做好当前热门话题、国内外重大新闻及学生可能感兴趣的话题的准备；做好生源地有关知识的准备；做好在语音、语调、语法和用词等

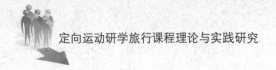

语言表达方面的选择与准备。

（3）做好研学物质准备

指导师设计课程时，要罗列出迎接研学旅行团的有关物质准备，包括研学旅行团主题课程方案（接待计划表）、研学旅行服务质量反馈表、研学旅行团名单、研学旅行团费用结算单等。

罗列出必带的工作物品，包括工作证、执业身份标识、研学旅行旗、音像设备、宣传资料、通信录、研学旅行手册、研学评价表、安全管理手册以及按研学旅行团人数发放的物品（如研学旅行帽、研学旅行图或其他研学旅行纪念品）等。同时也要罗列出必带的个人物品，包括名片、手机及充电器、防护用品（雨伞、遮阳帽、润喉片）、常备药物、记事本与工作包等。

（4）做好个人形象准备

研学旅行指导师的自身美不仅关系到个人形象，更关系到目的地和研学旅行企业的形象，为了给学生留下良好的印象，研学旅行指导师要在教学前做好与所从事的职业相符的仪容、仪表方面的准备。面容整洁，头发要保持清洁、整齐；着装要符合指导师的身份，并方便研学服务工作，整体要求衣着要简洁、整齐、大方、自然。

（5）做好心理准备

研学旅行指导师需要具备良好的心理素质，时刻准备面对艰苦复杂的工作，向学生提供热情周到的服务，而且还要充分考虑如何对特殊学生提供服务以及如何去面对、处理接待过程中可能发生的问题和事故。要冷静、沉着地面对，无怨无悔地继续做好研学服务工作。

（二）研学导入，提出问题

"研学导入，提出问题"这一环节的主要工作内容有：组织教学、检查任务、分组讨论。

1. 组织教学

（1）组织教学的含义

组织教学是指指导师通过对学生情绪状态的调节和研学纪律的维护，使学生能跟随指导师的研学步骤，而有效地实现预定的课程目标的过程。组织教学是保证研学旅行过程中师生活动正常进行的基本条件。目的是引导学生对参与研学旅行教学过程做好心理上和物质上的准备，吸引学生的注意并创设一种良好的研学情境或气氛。它不仅是研学授课前的特定阶段，也贯穿于整个教学活动中。

研学旅行的组织教学是一项融科学和艺术于一体的富有创造性的工作。要做好这项工作，指导师不仅要懂得研学旅行的教育教学规律，掌握一定的研学旅行教育学、心理学知识，还必须关注每一位学生，运用一定的组织艺术调动学生的有意注意，激发学生的情感，让学生在愉快、轻松的心境中全身心地投入研学旅行活动中。

（2）组织教学的方法

①　口头语言变化法。指导师通过口头语言的语调、音量、节奏和速度的变化引起和控制学生的注意力，当指导师从一种讲话速度变到另一种速度时，已分散的学生的注意力会重新集中起来。在讲解中适当加大音量，也可以起到加强注意力和突出重点的作用。

②　态势语言变化法。态势语言亦称体态语言或动作语言、肢体语言，它是通过人的表情、动作、姿态等表达语义和传递信息的一种无声语言。同口头语言一样，它也是指导师重要的语言艺术形式之一，常常在指导师讲课时对口头语言起着辅助作用，有时甚至还能达到口头语言难以企及的效果。指导师的表情语、手势语都可以表达对学生的暗示、警告和提示，也可以表达期待、鼓励、探询、疑惑等情感。指导师面部表情、头部动作、手势及身体的移动也传递着丰富的信息，有助于沟通师生间的交流，调控学生的注意力。

③　姓名举例提醒法。在研学旅行过程中，指导师常常运用人物名字说明事情或创设情境以加强学生对研学内容的理解。如果发现有的同学精力不集中，走神、玩手机、嬉闹、看其他景观等，指导师可以抓住时机运用这位学生的名字或者其附近学生的名字说明事情或创设情境，这样既可以顺利完成研学任务，增加研学旅行的真实性，又可以起到提醒学生的作用，真可谓妙趣横生、一箭双雕。

④　研学方式变换法。变换研学旅行活动方式可以有效地调动和集中学生的注意力，提高研学教学效率。研学旅行活动方式包括师生交流的方式、学生探究的方式、学生体验的方式和研学评价的方式等，在研学旅行过程中指导师应根据教学的需要适时变换一下研学活动方式。

⑤　研学方法变换法。在研学旅行教学中，因此，指导师需要适当变换教学方法，通过多种教学方法的交互使用。充分调动学生的各种感官以获

取信息，这样做不仅可以有效调控学生的注意力，而且有利于学生对知识的记忆、理解和应用，调动学生参与活动的积极性，促进由知识向能力的转化。

⑥ 小组积分激励法。研学旅行过程中，为了圆满完成研学任务，达到预定目标，指导师往往会准备记积分的办法，即以小组为单位，根据每位组员的表现，为学生所在的小组积分。积分与学生的研学旅行纪律、学习成果的展示、学生的自我展示、体验探究参与的质量等直接挂钩。由研学团队的同学给予点评、评分，所得分值记入相应组的总积分，一天合计一次，前三名给予相应的物质奖励，如笔、本子、小红旗、奖状等，以此激励学生树立团队合作意识，积极参与研学旅行活动，这种方法充分调动学生合作学习的积极性和自我展示的主动性。

⑦ 设置问题法。设置问题是研学旅行组织教学中的一种艺术方法。当学生注意力不集中时，指导师设置一些疑问，让学生问答，以促进学生注意力的转移。在学生学习情绪低落时，利用疑问引起学生学习的兴趣，激发学生学习的积极性。它在研学旅行教学中起着承上启下、充实教学内容的作用。

⑧ 竞赛刺激法。在学生情绪不佳、疲劳或学习积极性不高时，指导师可根据研学内容，开展一些小型研学竞赛活动，如采取集体竞赛、小组竞赛、个人竞赛等，以调动学生的积极性，使学生的有意注意力高度集中，从而使学生重新调整学生状态，达到提高研学旅行教学效果的目的。

⑨ 中途休息法。连续的研学旅行活动之后，部分学生可能会表现出精神疲劳、注意力分散。这时，指导师可以唱一首歌曲，也可以让学生唱，或者原地休息几分钟，让学生放松片刻。这样，不但可以消除学生的疲劳，活跃研学气氛，而且能增进师生间的感情。

2. 检查任务

（1）检查任务含义

指导教师在开展研学旅行活动前一般都要提前给学生布置研学旅行的准备任务，在研学旅行活动开始时要对准备任务的落实情况进行检查，这个过程就是检查任务。

检查任务是落实研学旅行前准备的重要举措。学生只有圆满完成研学旅行前布置的任务，才能保证整个研学旅行顺利进行。如果发现学生没有完成研学旅行任务、课程目标不明朗、研学教具准备不充分、研学问题没有查找等现象，就要及时弥补和纠正。

检查任务这个环节应在活动初期展开，很多研学旅行指导教师选择在一开始上车或者开课前就进行，既可及时发现不利于研学旅行活动展开的因素，又能进一步丰富学生的预习知识，为接下来的研学活动打好基础。这样做既能节省时间，又能弥补不足，使整个研学旅行过程丰富紧凑。

（2）检查任务的方法

① 学校领导检查法就是学校领导深入即将外出开展研学旅行的年级、班级，对前期布置的研学旅行前的任务完成的情况进行实地检查。学校领导检查法主要是听和看，听取年级主任或班主任的汇报，观看具有代表性的各类典型案例，通过听和看来发表指示和要求。

② 项目组长检查法就是负责研学旅行的项目组长对前期准备任务的全部指标进行全面检查。全面检查需要制定周密的检查计划和实施方案，需要组织一定的人力和物力。参加检查的人员要熟悉前期既定的各项工作任务，要有明确的分工和组织领导，实行检查责任制，把检查任务落实到人头，并请年级负责人、班主任、带队教师、研学旅行指导教师、导游协助检查。

③ 问答检查法就是由参与研学旅行课程教学的检查人员提出若干问题，要求被检查年级、班级或教师、学生个人直截了当地一一进行回答。问答检查法的最大好处是直来直去，具体明确，一目了然，节省时间。

④ 报表检查法就是研学旅行即将开始时，研学旅行项目负责人将要检查的研学前准备任务内容和项目列成各种表格，要求被检查的年级、班级或学生，严格按表格要求填写上报，便于查看和落实情况。

⑤ 自我检查法就是由被检查的年级、班级或学生，按照原来布置的任务和实际完成的情况进行自我检查，主动向有关部门或指导老师报送完成任务的情况。

⑥ 抽样检查法就是对被检查的年级、班级或学生只抽取部分进行检查。抽样检查有两种方式：一是有意识地选择有代表性的被检查的年级、班级或学生，如先进、中游、后进三种类型进行典型检查。二是无意识地随意抽取一批被检查对象进行检查。抽样检查法也叫以点看面检查法，就是通过对几个点的检查，代替对所有被检查的年级、班级或学生的检查，用点上的情况说明整个面上的情况。

⑦ 交叉检查法就是把被检查的年级、班级或学生组织起来，按统一的检查内容和标准，让大家互相检查。这种检查既是代替检查人员检查，又是互相学习，既是对别人的检查，也是对自己的检查，所以交叉检查往往能够

收到一举两得的效果。

⑧ 重点检查法就是对研学前准备的任务不逐项进行检查，而只摘取其中一两项进行检查。

3. 分组讨论

这里的分组讨论是以小组为单位对研学前的准备工作进行讨论，从而导入研学旅行课程。

（1）讨论的作用

① 激发学生的活动兴趣。分组讨论，活动范围小，主体目标大。分组讨论能激发学生的进取态度，使学生产生对知识的探求欲望，变被动学习为主动学习，变枯燥学习为有兴趣学习。

② 培养学生的自学能力。分组讨论不再以指导教师为中心进行组织。所有研学旅行活动的学习都交由学生自己完成，这就对学生的自学能力提出了较高的要求。如何在较短的时间内掌握较多的知识，并且初步建立一个知识体系以及如何运用可能的途径扩充自己的认知面是值得每个同学思考的问题。经过一定的适应性锻炼后，学生的自学能力会有一个质的飞跃。

③ 提高学生解决问题的能力。怎样把所学的知识、技能和过程运用到实际的问题中去，从而解决某一个特定的问题，这是对学生的一个更高的要求。在对问题的思考和在与小组成员的讨论中潜移默化地将学到的理论知识与实际问题的需要联系起来，并从中找到合适的解决办法，既锻炼了学生解决问题的能力，又使学生形成了解决问题的思维方式。

④ 锻炼学生的发散思维能力。对同一个问题的解决，每个人都有不同的想法，因而在小组讨论及师生的共同讨论中也就存在与他人的思维交流，并从中取长补短，完成对思维的开拓和发散性训练。而指导教师在这个环节中只是起到一个引导和解惑的作用，指导教师本身并不参与学生的思考过程，学生有了广阔的思维空间才不会被一些条条框框所束缚。

⑤ 培养团队合作能力。现代社会分工逐步细化，基本没有一项工作可以单凭某一个人的力量来完成。大多数工作要求的都是团队合作，只有相互协作才能成功。在小组协作中逐步增强自己的团队意识和协作能力，对学生个人的实际工作能力的培养是具有积极意义的。

⑥ 营造互助合作的氛围。由于个体差异，一个学习小组中学生的总体基础水平一定是高低不同的，有基础好的，有基础差一点的，有思维发散的，也有思维缜密的。在分组讨论中，大家可以取长补短，体会别人不一样的想

法，并与自己的想法比较，从中发现有价值的信息。另外，分组讨论对于学生检查自己的准备任务、反思前期学习任务落实情况、交流分享前期准备成果、弥补个人准备任务遗漏都发挥着积极的作用。

（2）讨论的内容

学生分组讨论的内容包括以下几个方面：

① 组建研学小组情况。学生是否组建或者参与研学旅行学习管理小组，并且有岗位，有分工，没有参与的要参与进去，并确立相应的岗位职责。

② 课程目标掌握情况。学生是否知道本次研学旅行活动的目标，如果不知道，应尽快向指导老师和其他同学请教。

③ 研学工具准备情况。学生是否按要求准备了研学工具，准备得是否齐全、合格，如果不达标，要及时补充准备，或者找到相应的补充办法。

④ 布置问题准备情况。学生是否准备了指导教师提前布置的问题，如果问题没有逐一解决，及时向指导教师或者同学询问，或者自己查找、补充。

⑤ 研学资料查找情况。学生是否按要求准备了有关研学的资料，资料是否正确、符合要求，如果不符合要求，及时补充更正。

（3）讨论的流程

① 班（团）长主持讨论。指导教师引导学生进行自我管理，班长或者研学旅行团长主持本环节的讨论，其他班干部协助负责。

② 成员交流发言。以小组为单位进行组内交流，要求人人都发言，个个都交流，无论谈得如何、做得如何，只要参加活动，务必引导全员参与发言。

③ 组长归纳总结。组长负责组织本组讨论发言，记录整理成员发言内容，然后归纳总结，选派 1～2 名代表，向全班汇报，并把总结提交给班长或者指导老师。

④ 小组代表汇报。选派的小组代表要代表本组在全体同学面前汇报自己小组的研学准备情况。要求言简意赅，不拖泥带水，借此机会也能锻炼自己的口头表达能力。

⑤ 评价激励。评价激励是讨论的最后一步。评价人可以是指导教师、班（团）长、组长和任意同学，不限职务，评价也不拘形式。基本原则就是调动全体学生的积极性，为下一步的研学旅行活动做好铺垫。

（三）研学新课，解决问题

1. 含义

"研学新课，解决问题"通俗地讲就是研究学习新的研学旅行课程，解决研学旅行教学目标所涉及的研学内容和问题。这是专题课程教学的主要部分，也是整个研学旅行课程教学的中心环节。这一环节的主要内容有：传授知识和技能、演练知识和技能、提高学生综合素质。

2. 基本要求

研学旅行课程内容博大精深，研学模式百花齐放，研学方法多姿多彩。因此，指导教师向学生呈现研学旅行课程新内容并引导学生学习的方法、手段也是多种多样的。选择和运用何种方式方法，主要应视新课程的内容、任务和学生的特点而定。在引导学生学习新内容时，指导教师的关键作用在于组织合理的学习活动，调动学生的学习积极性，引导学生的思路并启发他们的思维，使学生处于积极的智力活动状态之中。无论哪种研学模式，无论哪种主题活动，都要满足以下基本要求。

（1）始终围绕目标教学

研学旅行教学活动全程都要遵循"价值体认、责任担当、问题解决、创意物化"四个综合素质目标，注重立德树人的根本任务，突出核心素质教育导向。

（2）始终分组开展活动

全程始终分组开展活动，引导学生在各自的小组内尽职尽责，分工合作，培养团结合作意识和责任担当意识。

（3）确保全员参加，亲自体验

无论哪种模式的课程，务必做到人人动手、个个参加、亲自体验、考察探究，确保每个学生都能成功，享受成功的喜悦，享受研学旅行带来的快乐。

（4）发挥先模学生的带头作用

在整个研学旅行过程中，要始终发挥班干部、共青团员、少先队员等先模人物的模范带头作用，依靠先模学生，引领全体学生全身心地投入研学旅行中。

（5）运用恰当的方式方法

无论是考察探究式、实验操作式、职业体验式、设计制作式、劳动教育式，还是博物馆参观式、团队活动式，研学旅行课程都有研学前、研学中、研学后三个基本步骤和五个基本环节，无论指导教师运用哪个模式开展教学活动都要结合五个基本环节设计课程方案，多法并举，统筹使用，完成研学旅行全部目标，提高研学旅行课程的教学效果。

（6）研学评价贯穿全程

广义上的研学旅行评价对象应是多种多样的。既包括对研学旅行基（营）地的评价、研学过程的评价、指导老师的评价、教学方法的评价、研学资源的评价，也包括对学生的研学态度、研学能力和方法、研学结果等方面进行的综合性评价。因此，研学旅行评价要贯穿整个研学旅行过程。

（7）指导教师角色定位准确

在研学旅行过程中，指导教师是熟悉研学旅行行业特点和规律的专业技术人员。指导教师在研学旅行教学过程中，指导教师要成为学生研学旅行活动的组织者、参与者和促进者，引导学生主动探究、体验。

（四）研学总结，拓展问题

"研学总结，拓展问题"是三步五环研学法的第四环，这一环节的主要内容有：回顾总结本次课程的知识和技能、运用所学的知识和技能拓展和解决新的问题，全面提升学生的综合素质和核心素养。

1. 回顾总结

（1）回顾总结的含义

所谓回顾总结，就是在完成研学旅行教学任务的终了阶段，指导教师富有艺术性地对研学旅行课程所学知识和技能、所用方式和方法以及探究、体验、制作、参观的过程和价值情感的提升进行归纳总结和转化升华的行为方式。通过回顾总结，使整个研学旅行教学过程完整无缺，最终让学生对知识、技能和价值观融会贯通。

回顾总结一般放在教学过程最后，用 3～5 分钟的时间对研学旅行专题课程作一个简短的，具有系统性、概括性、延伸（扩展）性的总结。

（2）回顾总结的作用

优质的课程回顾总结既能强调重点、引入遐想、培养能力、发现不足，还能承前启后、引人入胜，自然流畅地导入下一个研学旅行专题课程。

① 再现过程。回顾总结虽然简短，却能将整节课程的知识线索和脉络清晰地再现给学生，使学生对本专题深的教学内容有全面系统的了解。又能使主要知识在学生头脑中留下清晰完整的印象。

② 强调重点。指导教师提纲挈领、画龙点睛式地将本专题课所学的内

容加以简明扼要的概括，便于学生抓住研学旅行教学内容的重点，理清脉络，加深记忆，将所学的知识系统化吸收，并能在头脑中构建出一定的知识结构。

③ 弥补不足。回顾总结既有利于将本专题课程内容系统化，又能检验指导教师是否实现了教学目标，同时还能将学生理解的欠缺之处充分暴露，并及时补充完善，使研学旅行中的知识转化成学生的知识，并在升华过程中帮助学生真正理解和掌握基础知识、基本技能，提高核心素养。

④ 服务新课。回顾总结将提出与本节专题课程和后续新课程内容相关的问题，既能让学生带着问题的结果离开，活跃学生的思维，引导学生深入探究、分析直至最终解决问题，享受到学习的乐趣，产生求知欲，又能从精神上和知识上为进一步参加研学旅行新课活动做好准备。

（3）回顾总结的基本要求

研学旅行专题课程教学回顾总结设计的基本要求如下：

① 回顾研学全程，再现课程全貌。在课程的最后，指导老师要引导学生回顾整个研学旅行过程，总结研学要点，梳理课程内容的逻辑框架，再现研学课程全貌，留下美好回忆。

② 效果测试评估，检查课程目标。研学旅行教学目标是否实现，需要在回顾总结阶段加以检查测试。课程设计者在课程回顾总结阶段要设计出效果测试评估方案，检查课程目标是否达标的方案。

③ 提升课程价值，激发应用动机。研学旅行课程最重要的价值就是帮助学生解决学校课堂学习和生活中的实际问题。在回顾总结阶段，指导教师要再次强调课程中的方法技巧和应用范围，提醒学生运用所学知识和技能解决学习和生活中遇到的相关问题提高自己的综合素质。

④ 布置课后任务，设计课后作业。课程的结束意味着学生自主运用研学旅行课程知识与技能处理实践问题、提高个人思想品德的开始。布置具体的课后任务，要求要具体明细，便于学生回校后进行实操练习或者思想觉悟再次提升。

（4）回顾总结的常用方式

教学过程的回顾总结方法多种多样，实践中常用的有抢答式、卡片式、考察式、日记式、点睛式、悬念式、激励式、呼应式、游戏式、故事式等。

① 抢答式。在抢答前，让学生回顾所学知识点，然后由指导教师提出问题，学生以个体或小组为单位进行抢答。答对的加分，答错的扣分，让学

生想好了再回答。

② 卡片式。给每位学生或每组学生一些空白卡片，请学生及时复习所学知识点，并把关键问题写在卡片正面，把答案写在卡片背面；指导教师收集所有卡片，念卡片上的题目请学生抢答，答题正确加分，答题错误扣分，直到所有学生都抢答过题目为止。

③ 考察式。请每个小组在白板纸上写下所学到的知识点，并用序号标明顺序，写得越多越好，写完后张贴起来；每个小组轮流到其他小组的白板纸前去考察，把对方没有写全的知识点在其白板纸上标注出来并补齐，把对方想到而自己没有想到的知识点记录下来；回来后在本小组白板纸前查看对方补齐的相关知识点，并分享考察心得。

④ 日记式。研学日记是一种由指导老师安排的学生记录的研学旅行活动的总结性书面记录，它是对之前所有研学内容的复习、梳理，能提高学生的认知水平和感知水平。日记记录主体有指导教师总结、研学小组研讨和个人总结三种。格式上有文字书写、流程图和概念图等格式。指导教师应提前将研学日记的使用说明印在卡片上、白纸上、幻灯片上，现场发放给学生，要求学生创造性地填图并现场展示。教学过程的回顾总结方法多种多样，可以统筹使用。

2. 拓展问题

研学旅行指导教师要引导学生进一步巩固所学的知识和技能，培养学生运用所学知识、技能独立分析问题和解决问题的能力，并使达到熟练运用的程度，可以拓展解决新的问题，做到举一反三、触类旁通，提高自己的思想觉悟和实践技能。

（五）研学评价，反思问题

"研学评价，反思问题"这一环节的主要内容有研学后的评价、研学后的服务、研学后的反思三部分，在专题课程设计时都要一一做出详细预案。

1. 研学后的评价

评价最重要的目的和意义就是促进学生发展，让每个学生都能更好地了解自己的学习状况，反思自己的优势与不足，明确努力的方向，不断获得新的发展。

（1）评价的原则

① 尊重学生主体原则。指导教师与学生共同研讨制定评价的标准。当

学生的表现与评价标准有出入时，要允许学生为自己的表现、设计和作品加以解释。

② 评价主体多元化原则。研学旅行的开放性、实践性决定了评价主体的多元化。评价时要调动学生主动参与评价的积极性，改变评价主体的单一性，实现评价主体的多元化。建立由学生、家长、基（营）地、旅行社、学校和指导教师等共同参与的评价机制，从多个主体获得更全面丰富的评价信息，从而对学生做出准确、公正、客观、整体的评价。

③ 评价方法多样化原则。由终结性评价发展为形成性评价，实行多次评价和随时性评价、"档案袋"式评价等方式，突出过程性。由定量评价发展到定量和定性相结合的评价，不仅关注学生的分数，更要看学生学习的动机、行为习惯、意志品质。由绝对性评价发展到差异性评价。这里提倡对不同的学生采用不同的评价标准和方法，以促进所有学生都在"最近发展区"上获得充分的发展。

④ 尊重学生的个体差异原则。引导学生认识到彼此之间存在差异的客观性，让学生更多地关注自己相对于过去而言所取得的进步，淡化自己与别人的比较和竞争，更积极地看待自己的评价结果，从中看到成绩，也看到努力改进的方向。

（2）评价的内容设计

学生评价的内容主要包括几个维度：① 学习态度、② 合作精神、③ 探究能力、④ 社会实践能力、⑤ 人际交往能力、⑥ 收集信息能力、⑦ 创新创造能力、⑧ 设计与操作能力、⑨ 反思能力。

（3）评价的方法设计

① 自我评价法。学生可以根据指导教师提供的评价表对自己在活动中的表现和收获进行自我评价，给自己划定等级；也可以给自己写描述性的评语，或者以日记、感悟等形式记录的个人感受、体验等。从这些评价形式和内容中，指导教师可以了解到学生在活动中的状态、表现和收获，学生在有意识地自我反思中能看到自己的收获，从而加深了对研究课题、与人合作、动手实践等问题的认识和理解。

② 同学互评法。同学互评法有两种情况，一种是一个小组内的成员相互之间一对一地或者多对一地进行评价；另一种是对小组进行评价，可以是本组成员对组内整体的活动情况或者个别同学的表现进行评价，也可以对其他小组和小组成员进行评价。

同学互评法要注意发挥评价的促进发展功能。首先，要让学生在活动过程中注意自我反省，注意积累个人活动情况记录，学会纠正自己的不足。其次，要对学生进行思想认识上的引导，让学生在评价活动中学会接纳自我，也学会欣赏别人，对他人的评价要客观、具体，既善于发现他人的优点，又能坦诚地提出改进建议，真正地学会帮助他人取得进步。最后，同学互评时要处理好小组与个人的关系，要通过小组成就的总结和评价，进一步树立、培养学生的团队合作精神。

③ 指导教师评价法。指导教师是评价主体多元化的理念下相对权威的评价主体之一，但这时指导教师的评价观念需要转变，注意以下几个方面问题：要看到学生评价的重要价值，将学生纳入评价者的行列，引导学生明确学习方向，促进学生之间的交流和理解，分享成功的经验和失败的教训；重视过程，在活动中对活动过程进行评价，兼活动结果评价；重视学生多元的个性化的表现，要允许学生根据个人的兴趣、特点选择自己喜欢和擅长的活动方式及表达方式；尊重评价对象，与学生建立平等对话协商的关系，与学生协商、研讨活动评价方案，帮助学生形成自我评价、同学互评和小组评价的项目与指标；要寻找更多的评价资源，把家长、社会机构和社会人士也纳入评价队伍中来，以获得更丰富的评价信息。

④ 家长评价法。在研学旅行活动中家长往往是最重要的社会教育资源。当家长直接参与学生活动时。家长可以作为一个局外人对学生活动进行参与式观察。根据指导教师提供的评价指标和对活动过程的了解。家长能够获得丰富的评价信息，从而对学生在活动中的真实表现作出评价。

⑤ 基（营）地评价法。研学旅行是在校外的研学旅行基（营）地进行的教育实践活动，学生进入研学旅行基（营）地，需要与基（营）地工作人员进行交流、交往，在研学旅行过程中发展自己的实践能力。这方面的评价可以从学生接触过的研学旅行基（营）地工作人员那里获得信息。指导教师可以在开展活动之前就把有关的评价任务向有关人员说明，请他们填写相关表格，在活动结束后收回；也可以在事后通过回访，在与有关社会人员交流中了解学生在活动中的整体表现以及他们的成功与不足之处。

⑥ 旅行社评价法。旅行社作为研学旅行活动的承办方在研学旅行活动中担负着重要的服务功能，旅行社的有关人员始终和学生相处在一起，随时为师生提供研学旅行中的旅游服务，旅行社人员时刻关注着学生在研学旅行活动中的表现和成长，因此，旅行社也是研学旅行活动的评价主体，也要参

与学生评价体系中。

（4）评价结果呈现方式

不同的研学旅行指导教师有着不同的评价结果呈现方式，但是无论哪种呈现方式，都要注意以下原则。

① 评价结果不能简单地以等级和分数呈现。

② 评价结果的呈现需要更多地采用语言描述的方式，或者将分数、等级与语言描述相结合。

③ 评价结果要客观、全面地记录、描述学生在每个活动环节中各项发展指标的表现情况。

④ 研学旅行过程中要及时评价和说明学生做得比较好的地方和做得不完善之处，以便学生明确自己的不足和今后努力的方向。

⑤ 呈现方式要以鼓励和调动学生的积极性为前提，不能伤害和打击学生的创造性和自尊心。

2. 研学后的服务

研学旅行课程结束后，指导教师的教育服务并未停止，只是改变了教育服务的方式，学生转入了以自学为主的独立学习活动阶段，指导教师要配合学生完成自学为主的独立学习活动，并做好研学旅行后的延伸服务。

研学旅行后的教育服务主要有送行服务、善后服务、回头生的宣传三个方面。

（1）送行服务

① 回顾行程。在去机场（车站、码头）的途中，研学旅行指导教师应对研学旅行团在本地的行程，包括食、住、行、游、购、娱等各方面做一个概要性的回顾，目的是加深学生对这次研学旅行经历的体验，讲解内容则可视旅途长短而定。

② 致欢送词。在旅游车快到机场（车站、码头）时，研学旅行指导教师要致欢送词，以加深与学生的感情，致欢送词的语气应真挚，富有感染力。欢送词的内容如下：a. 对学生及学校、基地、教师、导游、司机的合作表示感谢。b. 惜别语：表达友谊和惜别之情。c. 征求意见语：诚恳地征询意见和建议。d. 致歉语：若研学旅行活动中有不尽如人意之处，可借此机会表示真诚的歉意。e. 祝愿语：表达美好的祝愿，期待再次相逢。

（2）答后服务

送走研学旅行团后，研学旅行指导教师还需要做好学生的善后服务以及所在单位要求的研学旅行结束后的有关工作，这关系到研学旅行指导教师的接待工作是否有始有终，也涉及研学旅行指导教师对所在单位交付的工作完成得是否完满。

① 处理遗留问题。研学旅行指导教师下课后，应认真、妥善地处理好研学旅行团的遗留问题，按有关规定办理学校、教师和学生托办的事宜，必要时请示领导后再办理。

② 结清账目。研学旅行指导教师要按单位的具体要求在规定的时间内，填写清楚有关接待和财务结算表格，连同保留的单据、活动日程表等按规定上交有关人员，并到财务部门结清账目。

③ 提交物品。研学旅行指导教师应提交研学旅行指导教师日志及研学旅行服务质量评价表，并及时归还单位所借物品。

④ 撰写教学日志。研学旅行指导教师应养成每次下课后总结本次研学旅行活动的良好习惯，认真填写研学旅行指导教师日志，实事求是地汇报接团情况，尤其是突发事件的情况。这样既有利于研学旅行指导教师业务水平的提高，又有利于单位及时掌握情况，发现不足，以便不断提高研学旅行服务质量。

由自身原因导致研学旅行中出现问题的，要认真思考，积极调整，总结提高。涉及相关接待单位，如餐厅、饭店、车队等方面的意见，研学旅行指导教师应主动说明真实情况，由所在单位有关部门向这些单位转达师生的意见或谢意。涉及一些重要、意见较大的问题时，研学旅行指导教师要整理成书面材料，内容要翔实，尽量引用原话。并注明师生的身份，以便旅行社有关部门和相关单位进行交涉。若发生重大事故，应实事求是地写出事故报告，及时向主办单位、承办单位及协办单位汇报。

（3）做好回头生的宣传

① 与学校沟通。汇报研学旅行情况，共同制订孩子的素质能力培养计划。

② 与家长沟通。汇报学生在研学旅行活动中的表现，协助家长共同做好学生的成长工作。

③ 与学生沟通。保持联系，鼓励和帮助学生健康成长。

3. 研学后的反思

（1）研学后的反思的金义

研学后的反思就是研学反思，是指研学旅行指导教师通过对其研学活动进行的理性观察与矫正，从而提高其研学能力的活动，是一种分析研学技能的技术，也是促使指导教师的研学参与更为主动、专业，发展更为积极的一种手段和工具。研学反思是指导教师专业发展和自我成长的核心因素，是提高指导教师研学能力和水平的基础，也是提高研学有效性的有力保障。指导教师深入分析、探讨研学后的教学反思问题，对转变指导教师的研学观念，促进指导教师的专业发展无疑是很有必要的。

（2）研学后的反思的形式

研学反思的撰写没有固定的格式和内容，每个指导教师都可以按照自己喜欢的形式和感兴趣的内容完成，自由展示自己的撰写风格和特点。

① 点评式：意赅地加以批注。

② 提纲式：挈领地一一列出。

③ 专项式：实事求是进行分析与总结。

④ 随笔式：把研学活动中最典型、最需要探索的研学现象集中起来，对它们进行深入研究、剖析和提炼，指导教师要反思这一点，写出自己的认识、感想和体会。

（3）研学后的反思的内容

指导教师要从根本上反思自己的研学过程和方法。

① 对课程目标的反思。是否体现了立德树人的理念，是否体现了课程目标的要求，是否致力于学生的全面发展和核心素养的提高，是否达到预期的研学效果，都要对照研学旅行目标逐一检查、反思、弥补。

研学旅行课程内容是否符合教育教学规律，是否符合学生身心发展的规律，是否达到了预定目标，学生的主动性是否被较好地调动起来，学生是否有较大的收获，学生的身体状况、情绪状况如何等都要进行反思。

② 对研学方法的反思。与课堂教学不同，研学旅行活动时间长，内容多样，这就要求指导教师要综合运用各种教学方法，提高学生学习的兴趣，要将探究法、实验法、讲授法、问答法、讨论法、练习法等方法穿插使用，激发学生的学习兴趣，只有这样学生才能真正学到知识，提高思想觉悟。

③ 对研学资源的反思。研学旅行资源选择是否恰当，资源和教材能否有效链接，资源是否具有教育功能，是否具有实践性和可操作性，研学旅行资源目的地承载量是否合格，安全、卫生、交通、饮食、住宿服务是否达标，师生能否顺利开展研学旅行活动等都要进行反思。

④ 对研学过程的反思。教学过程中的步骤和环节是否正确、是否有遗

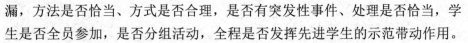

漏，方法是否恰当、方式是否合理，是否有突发性事件、处理是否恰当，学生是否全员参加，是否分组活动，全程是否发挥先进学生的示范带动作用。

⑤ 对方案执行的反思。改变研学旅行计划的原因是否合理，方法是否有效，采用其他的活动内容和方法是否更有效，学生是否乐意参与研学活动，学生的知识、技能、情感态度是否得到了升华。

⑥ 对综合服务的反思。研学旅行综合服务包括研学前的准备服务、研学中的事务服务、研学后的事务服务，都要一一对照方案检查反思。

特别说明的是指导教师在写研学反思时，一方面，要及时总结研学活动中的有益经验，尽量使其系统化、理论化，以便更好地指导以后的研学工作；另一方面，针对研学活动中存在的问题，应进行深入的分析，找到恰当的方法，以不断改进自身的研学活动，形成自己独特的研学旅行教育风格。

第七章　研学旅行导师内涵、培养路径与安全管理

第一节　研学导师内涵与培养路径

一、研学导师内涵

（一）研学导师职业岗位

应至少为每个团队设置一名研学导师，研学导师负责制定研学旅行教育工作计划，在带队教师、辅导员等工作人员的配合下提供研学旅行教育服务。

可以说，这一文件的发布对于研学旅行的市场发展具有重要的指导意义，而研学导师恰恰是当前市场需求量最大的一个职业之一。

其中最重要的，无疑是研学辅导员，也就是通常所说的研学导师。这个岗位的导师为学生提供研学旅行中的课程教学与指导，辅助学生完成实践活动的操作，并在学生的生活、安全以及其他服务上提供一定的保障，并且在最后对学生的实践效果进行综合评价。此外，作为研学基地或是营地的专业人员，他们还需要组织各项活动、进行课程相应的准备，包括物资、食宿、卫生，总之，在后勤保障问题提供帮助。此外，在研学旅行中，通常有学校的教师随行，协助研学导师完成工作。

研学导师是决定一次研学旅行质量的非常重要的因素，所以能承担研学导师责任的人员一定是受过专业训练的。就这个岗位来说，研学导师必须熟悉研学课程，并且能充分利用基地或是营地的相应资源，引导学生完成课程。作为课程来讲，研学旅行应该像设计学科课程那样精心设计、要有组织、有计划地进行，行前要有充分的准备。研学导师必须熟悉其中所有的环节与流程，切切实实实现研学旅行活动的教育性目标。

（二）研学导师工作职责

1. 研学导师的作用

通过研究分析，研学导师实质上是教师的形象，本质在于尊重学生学习的主体地位，引导学生在真实的旅游体验活动和探究中，开展主题明确的研究性和综合性学习活动。专业导游和讲解词的价值在于为研学旅行提供了丰富的课程资源，一个导游要转型为研学导师，则必须经过专业的教育教学培训和研学课程开发授课的实习。

（1）设计开发研学课程

研学旅行将学生带入一个现实的场景开展学习活动，很好地完成了感性认识和理性认识之间的转换。作为课程的开发者，教师事实上仍然是研学旅行课程的主导者，而不仅仅是以讲解内容为主要任务的课程执行者。

（2）组织开展研学活动

研学导师除了要传授知识和学习知识的能力，还要负责研学活动的顺利进行，此时，教师需要做出角色转变，做好组织准备，以适应在旅行过程中的特殊课堂。教师需要熟练掌握使用"学生中心策略"组织研学活动，研学导师应该促进学生掌握学习的主动权。研学活动要在目标确定后，由研学导师进行分析整合，进一步确定研学所需的资源要素，从而组织计划学习过程和步骤。还要认真地研究如何利用这些资源，引导学生在研学旅行过程中和自身的实际体验中掌握学习方法。

（3）启迪学生研学智慧

研学导师不但要对学习效果进行评价，更要启迪研学者的思维智慧。本质上，研学旅行是课程教学行为，在研学旅行中，研学团可以邀请各展馆专业讲解员进行讲解。此时，讲解是研学旅行实践的重要资源，教师可以更多地关心学生的学习状态和认知发展，在研学课堂的生成中，教师往往可以不预设正确答案，更多地关心学生的独立思考和合作学习，支持学生思考问题的各种角度，让学生在彼此合作与师生间探讨中获得真实的智慧。在整个过程中，研学导师的引导作用必须最大限度地发挥，通过感性和实践过程培养学生认知、探索的能力。

2. 研学导师的基本职责与工作实施

（1）研学教育应当遵循的基本原则

研学教育具有一般教育的特点。同时也具有其特殊性，在研学教育的过程中需要遵循一定的原则。首先，要坚持"有备无患"，研学旅行前一定要结合学校实际、学生实际和导师实际，切实做好"研、学、行"三合一实效评估，做好活动的实施方案，做好做细各项工作。其次要坚持"有的放矢"，研学旅行是校内教育的有益补充，具有很强的教育功能，组织者和承办方要加强交流，高质量完成研学任务，有针对性地对不同学生进行各有侧重的教育，因材施教。最后，要坚持"有感而发"，研学旅行要注重归来后的评估和学习巩固，需要学校按层级逐次做好研学工作综述、班级研学活动总结、教师个人反思及学生感想，进行专题讨论和分享推广，形成独特稳固高效的研学旅行文化。

（2）拟定研学教育服务计划

研学导师是把握好"游"与"学"两者关系的天平，研学服务计划必须根据不同的研学情境和主题进行设计。

① 合理安排研学旅行详细行程

研学导师在研学旅行开始之前要做好充足的判断预测，分析有可能出现的任何状况，做好尽可能详细的方案规划，向学生及其家长介绍研学旅行基本情况，总体部署，制定对相关问题的处理与解决办法，明确和细化各方责任，为研学旅行顺利实施提供基本保证。将详细的研学旅行行程制作成手册，为学生提供一定的基础资料和基本指导，合理的行程设计和良好使用的旅行手册往往是决定研学旅行成效的关键之一。

② 详细制定研学旅行课程内容

在青少年研学旅行中，要合理划分研学小组，合理分配组内成员，根据学生的性别、认知水平、学习能力、个人兴趣等因素平衡分配各小组学生，每组设立小组长1名，协助研学导师管理小组开展活动。充分发挥小组内成员作用，增强团队的合作精神，开发一定的探讨、交流活动内容，增加其在研学实践中的独立性、积极性和探索性。

③ 引导学生在研学之前发现问题

研学旅行是一种探究式学习方法，"问题"是研学活动不断向前推进的关键因素。研学导师在实践之前引导学生发现问题是最关键的第一步，研学导师必须考虑研学者需要、树立目标、培养情怀，营造良好的探究式学习的氛围，其次要根据自身所擅长的专业和确定有价值的课题方向指导学生选择课题，还要根据学生的兴趣爱好为学生制定学习课题和研究主题，激发学生主动发现问题的能力，确定研究对象，提供研究思路，充分调动学生的积极性发现问题。最后，确定研究方向后要提供研究的基本方法，通过文献资料的查询，开发学生发散性思维，生成新问题也是实现研学作用的关键环节。

（3）研学教育服务工作的实施

① 研学导师要进行及时的研学修正

研学旅行必须突出其体验性这一特征，以前书本上生冷的知识在学生研学旅行真正的接触中加深了他们的理解，使得他们的学习更有深度，记忆更加牢固。

② 旅行结束后的分享评价总结工作

课程评价就是课程和教学实现教育目标的程度。研学旅行结束后，研学导师应该从学生的行为变化以及变化程度两方面考虑评价研学旅行活动。首先要进行主体多元化的评价，研学旅行的参与者包括学生、教师、校领导、家长、导游、医护等不同群体，通过这些不同主体来评价研学旅行活动及其课程具有全面性和客观性。其次，应该从知识、能力与方法、情感与价值观三个方面考查学生。知识方面，重在考查学生行为规范和文明礼仪的掌握情况，理解纪律、规则的程度以及相关知识对个人生存、社会发展的意义；考查学生对生产加工知识、经营消费知识的理解掌握程度，重点考查学生对科技知识在人们生活中运用的体会；考查学生对蕴含在实践活动中的跨学科知识的掌握程度，重点考查学生对学科知识的运用；对学生知识的考察还应包括策划、实施、总结等方面。能力与方法方面，考查学生健康、环保的生活和旅行习惯的养成情况；学生能否清晰地表达自我，倾听他人的见解，体会他人的感受；学生在与他人交往时，能否做到和平相处、交流；学生在集体中，形成自我认知、团结协作、团队管理、人际交往等能力的情况；学生是否形成"发现并提出问题，选择创造性的方法解决问题"的能力，重点考查学生这种能力有了多大程度的发展；学生审时度势，随机应变调整计划的能力是否有所提升，在收集和处理信息的能力和方法方面有无改善。情感与价值观方面，考查学生是否乐于动手动脑，能够自理生活，是否学会乐观做人做事；学生身心健康状况，是否养成了热爱集体、团结协作、意志坚强的品质；学生是否养成了解决问题的高效率和高质量意识；学生对祖国大好山河的热爱程度，对中华民族传统美德的发扬精神等，是否成为一名自觉文明的旅行者。最后，在评价方法的选择上，应该根据研学活动的主体、组织形式、课程内容等选择恰当的方法。

③ 深化巩固研学旅行成果研学

旅行结束以后，无论是学校、导师还是参与研学的青少年，除了要进行分享评价工作外，还要进一步深化巩固研学旅行成果。从学生方面来说，举办各种研学后续活动，激发学生研学旅行的热情和创造力，促进研学成果的深化和拓展，让学生全面了解研学的前中后整个过程，扩大受益面。在研学导师方面，加强教师成为研学导师的专业化培养，在教师专业教育技能的基础上，增加研学旅行基地和研学能力的学习，不断推进研学课程改进，开发出真正切合学校、学生实际的特色课程，促进研学旅行的常态化。

（三）研学导师基本素养

研学导师是在研学旅行过程中，具体制定或实施研学旅行教育方案，指导学生开展各类体验活动的专业人员。

研学导师是全能型职业人员，要有导游人员的带团与控团能力以及教师的教育素养和教育技能。研学导师要正确识别学生的认知规律和身心特点，适时引导和鼓励，帮助学生提高探究能力和思维品质。可见，研学导师是既有导游服务能力又有教育教学水平的新兴职业人员，是研学实践中的灯塔和旗帜。

1. 研学导师的角色及特点

（1）研学导师的角色

在研学旅行过程中，研学导师要能够根据研学旅行的目标制定研学计划，有效地组织学生在研中学、在学中研。研学导师既不同于学校的带队教师，又区别于导游，是一个专业型、综合型角色，需要经过专门训练，具备专业素养。

（2）研学导师的特征

① 专业性

研学导师需要受过专门的教育和训练，具有从事研学旅行的专门知识、技能。研学导师与学校教师不同：学校教师注重的是书本知识的传授，让学生在短时间内高效、系统地掌握"是什么"，教学内容主要以间接经验为主；而研学导师更加注重培养学生自主探索的方法和态度，引导学生自主探究"为什么""怎么办"，并引导学生将直接经验和间接经验结合起来体验生活、探索世界。

② 教育性

研学旅行是一种实践导向型的教育活动，目的是全面提升学生综合素养。学校教育主要在教室中进行，以班级授课制为基本的教学组织形式；而研学旅行的场所多在室外，研学教师应耐心，指导、引领、以达到研学的效果。

③ 服务性

研学导师负责整个研学旅行过程的实施管理，除了设计、组织、引导学生进行研学活动之外，还要设计研学旅行的活动路线，协调研学旅行的实践基地，负责研学旅行中学生的生活保障和安全保障……因此，研学导师还是服务型的专业人员。研学旅行往往以集体的形式进行，人数比较多，规模比较大，研学导师需要根据研学项目、研学成员等的特点，制定研学前、研学中、研学后的个性化服务方案，以确保研学旅行的效果。

④ 综合性

研学导师是集教师、导游、辅导员、安全员、后勤管理员于一身的综合性角色。研学过程中，研学导师既要根据学生身心发展的规律和特点，运用教育学、心理学知识解决研学旅行中的教育问题，既落实研学目标，又要密切关注学生的动态，掌握学生的身心状况，及时解决学生的生活、心理、情绪等问题，保证学生的身心健康。研学旅行结束后，研学导师还要负责后续相关事项的处理。

2. 研学导师的专业素养

作为专业型、综合型角色，研学导师需要具备良好的专业素养。研学导师应具备以下几大专业素养。

（1）知识能力素养

要组织好研学旅行这一特殊的课程活动，研学导师需要具备一定的知识能力素养。一方面，研学导师要具备完备的研学旅行知识体系，主要涉及研学课程知识、安全知识、室外活动知识等；另一方面，研学导师要具备带领学生研学的能力，灵活运用所学知识解决实际问题，将知识技能与研学情境结合起来，引导学生在研中学、在学中研。创造性有一个重要特点，即要创造就必须具备获取基本背景知识的能力。知识能力素养是研学导师必须具备的最基础的素养，只有掌握丰富的研学知识、具有较强的研学能力，研学导师才有可能创造性地开展工作。

（2）信息素养

在学科教学中，学生接触的信息大多是给定的、受控的；但研学旅行不同，学生在相对开放的研学场所接收到的信息更为丰富、更加繁杂。这就要求研学导师具有较好的信息素养。教师信息素养主要包括信息态度、信息意识与信息能力，其核心是信息能力。从综合应用信息的视角来看，教师信息能力中最主要的部分是应用信息来解决教学实践工作中遇到的问题的能力。

在这个信息化的社会中，研学导师一方面要注重提高自己收集处理信息的能力，全面收集整合关于研学主体、研学主题、研学目标、研学内容、研学场所等方面的信息，以更好地设计、组织、指导研学旅行活动，解决研学旅行活动中遇到的实际问题；另一方面，还要引导学生学会收集和管理信息、解码和释读信息、筛选和应用信息，透过信息表层挖掘其更深的意义，从而在繁杂的信息中发现并利用重要的信息。

（3）实践素养

研究性学习作为一种跨学科的综合实践活动，是一种注重问题解决和探究过程的开放式学习，说到底是一门实践的艺术。作为一种实践性学习，研学旅行在要求学生具有较强的实践能力的同时，也对研学导师的实践素养提出了较高的要求。相对于学校学习，研学旅行的实践场景是不断变化的，实践方式是丰富多样的，实践过程中也有更多的变数，这要求研学导师不仅要具有实践能力、实践经验，而且必须富有实践智慧，在研学旅行过程中表现出足够的教学机制。教学机制是能使教师在不断变化的教育情境中随机应变的细心的技能。在研学旅行过程中，研学导师要能根据具体的教育情境随机应变，对非预期的生成性问题、突发性情况及时作出反应，从而促进研学旅行活动的顺利开展。

（4）研究素养

教师成为研究者是学生开展研究性学习的前提。对于研学旅行来说，教师成为研究者具有特别重要的意义，研学导师的研究素养在很大程度上决定了研学旅行的质态。

（5）生态素养

生态素养是人们在学习和生活中逐渐学习积累而形成的关于生态知识、生态意识和生态行为能力的综合素养。当下，很多研学旅行活动都是在自然中开展的，这对于培养学生生态素养具有天然的优势，能够引导学生在研学活动中增强生态意识，内化生态知识，实施生态行为，生态素养最终表现为生态行为，因此，在研学旅行中，教师不仅要展现良好的生态意识和丰富的生态知识，更要实施生态行为，言传身教，为学生做好榜样。同时，研学导师要善于把自身的生态素养转化为生态教育的资源和手段，引导和鼓励学生走进自然、了解自然、融入自然，反思现代社会的生态环境问题，思考与自然和谐相处之道，进而在研学活动中形成绿色、健康的学习和生活方式。

（6）安全素养

安全虽然不是研学旅行的内容要素，但在研学旅行组织管理中无疑处于重中之重的位置。研学导师作为研学旅行活动的主要设计者、组织者、管理者，无疑要具有良好的安全素养。研究表明：从学生角度来看，对参与研学旅行的影响由大到小依次是效果程度、外界影响、学习程度、安全因素、时间因素、心理状态、目的地等；从家长角度来看，对是否赞同孩子参与研学旅行的影响由大到小依次为安全因素、外界影响、时间因素、学习程度、心理状态等。由此可见，无论是家长还是学生，都非常重视研学旅行的安全。这就要求研学导师具有良好的安全素养，在设计研学旅行方案时充分考虑可能遇到的安全问题，并制定相应的预案；在研学旅行过程中时刻关注学生的安全，对可能发生的危险事件做出及时、冷静、有效地加以处置，最大限度地保护学生的安全。

3. 研学导师应具备的能力

（1）讲解能力

研学导师要综合运用置疑法、叙述法、突出重点法、触景生情法、制造悬念法、类比法、画龙点睛法帮助学生理解研学对象。描述性语言的藻丽美、叙述性语言的流畅美、置疑方式的得体美、缩距技巧的熨帖美、点化技巧的升华美应该在其语言中得到体现。

（2）知识链接能力

研学导师既要对目的地的风土人情、地理文脉有深入地了解，又要对研学基地和研学对象有精准的把握。当学生在探究过程中前来咨询或提出困惑时，研学导师要对知识进行大百科全书式的链接，帮助学生答疑解惑。

（3）管理能力

研学导师要参与学生管理计划的制订；对学生在研学旅行目的地居停活动进行组织；遇到突发事件，尤其是安全事件时要对学生加以从容指挥；还要对研学旅行的快慢节奏进行控制。研学导师要具备管理者的权威，以身作则，以良好的修养、严谨的态度和健康的审美情趣投入对学生和行程的管理中。

（4）沟通能力

研学旅行的过程中，研学导师需要与校方带队教师、安全员、学生、旅行社、酒店、车队、研学基地等主体进行多方沟通。研学导师在落实研学旅行活动流程的过程中要与各种角色打交道，应对各种突发状况，化解各种矛盾冲突，进行各种情况说明，以确保活动顺利、有序、有效的开展。

（5）观察能力

研学导师要具有敏锐的观察能力，既能观察学生的群体行为，又能够识别学生的个性特征，才能对学生的集体行为和个体行为做有效的引导和帮助。尤其是对安全问题的防控，更需要研学导师有鹰一样锐利的双眼，能够预判各种不良后果，及时制止学生的不当行为，排除隐患。

4. 研学旅行实施前研学导师的工作要点

（1）研读并理解活动课程目标

研学导师拿到课程方案后，先要阅读目标。不同于学科课程以知识掌握和技能养成为目标。研学旅行课程方案中的目标多从学生核心素养的提升、核心能力养成方面进行表述。如提升信息的采集、加工、处理能力；增强统筹规划意识和能力；提升审美能力；提升克服困难的勇气，增强自信心，养成学生互助互爱的优良品德；感知团队合作的重要性，提升团队意识；提高口语表达、认真倾听、日常交际的能力等。也就是说，明确了目标才能对学生进行有效的引导。

（2）熟记研学旅行的活动行程

研学导师在带队前一定要将实施的流程熟记于心。包括活动时间、地点，每个节点的活动时长、每个研学基地的名称、要组织学生体验和探究的内容、学生要完成的任务，活动方式、各种安全预案等。

（3）深入理解过程及结果评价量表

研学旅行的评价是对研学旅行活动目标完成度的检验。研学导师要对学生的活动过程和活动结果进行评价，这是课程方案中必须具备的环节。研学旅行的过程评价侧重于学生探究过程中知识、技能的运用，探究态度，合作中的参与程度等方面的评价。对学生研究结果的评价要在活动结束后进行。研学导师要在带团队前准备好评价量表，并对量表中的各项量规仔细研读领会，以便在现场活动中客观、有效地完成对学生的评价。

5. 课程实施中研学导师应掌握的几种引导方法

（1）创设情景法

研学导师应该认识到情境对学生的学习十分重要，悬念迭起、疑问丛生的场面能使学生积极主动，不知疲倦地探讨疑难。学生本身有强烈的情感，挖掘情感因素，把学生带入情境，将学生的情感变成研学导师与学生的共同感情，就会形成良好的学习情境，在这样的情境中两者的情感趋于一致，思想产生共鸣。

（2）设置悬念法

设置悬念法是指研学导师在讲解时不直接告诉学生答案，而是采用问题引领的方式让学生自己探究答案，最后再告知其正确答案。

（3）类比法

类比法就是以熟喻生，达到类比旁通的讲解方法。研学导师在讲解过程中用旅游者熟悉的事物和眼前的景物相比较，定会使学生感到亲切，便于他们理解，从而达到事半功倍的导游效果。

（4）虚实结合法

虚实结合法是指在讲解中将典故、传说与景物介绍有机结合的讲授方法，这样的导游讲解能够产生艺术感染力，使现场气氛轻松愉快"实"就是实景、实物、史实、艺术价值等"虚"就是与实景、实物有关的民间传说、轶闻趣事等。在讲解时，必须将"虚"与"实"有机结合，以"实"为主，以"虚"为辅，"虚"为"实"服务，而且"虚"的内容要"精"、要"活"。

（5）任务导向法

任务导向法就是研学导师为学生设置任务，让学生自己身体力行地探究答案的方法。

（6）多种讲解方法综合运用

上述每种讲解都有自己的优势和局限性，因此，在研学导师进行课程实施时，最好能够综合运用不同的方法，帮助学生全方位地理解研学对象。

在学生研学旅行蓬勃发展的当下，对研学导师的需求量持续增长，研学导师只有不断提升自身的素养和能力、探寻科学的引导方法，才能在研学旅行的大潮中稳步前行并助推行业发展。

二、研学导师的培养路径

（一）研学导师的岗位内涵及能力要求

1. 研学导师与导游的岗位内涵比较

作为跨界旅游产品和新兴业态，研学旅行与传统旅游有着本质的区别。传统旅游是为了满足来自不同社会阶层的广大旅游者求奇好新的需求而开展的一种以审美和愉悦为目的的旅游活动，而研学旅行则是专门以学生为主体对象，由教育部门和学校共同组织安排，以集体旅行生活为载体，以提升学生素质为教学目的，依托旅游吸引物等社会资源进行体验式教育和研究性学习的一种教育活动。尽管两者都是委托旅行社提供服务，但由于本质属性不一样，前者是纯粹的旅游活动，后者是与旅行体验结合的教育活动，且服务对象、服务方式和服务内容都存在着较大的差异，那么为传统旅游提供服务的导游和为研学旅行提供服务的研学导师，其岗位内涵必然存在着较大的差异。

相对导游的常规服务项目，研学导师增加了制定研学旅行教育方案和实施教育服务项目。从讲解内容上看，研学导师是围绕研学课程目标对相关知识点和技能进行教授以及对研学基地专项知识进行讲解，并引导和指导学生通过学习和探究完成课程内容；而导游则是通过对沿途风光的介绍和景区景点的讲解满足游客的体验需求和精神享受。在研学旅行活动中，研学导师的职责重点在于"师"，即如何让学生"学得高效"；而在传统旅游活中，导游的职责重点则在于"游"，即如何引导游客"玩得尽兴"。从执业资格来看，研学导师不仅要获得导游资格证，还需要获得教师资格证。综上所述，研学导师的工作岗位内涵较导游而言，更广更深，其所对应的职业能力不仅要具备传统的导游能力，还需要具备教育教学能力。

2. 研学导师的能力要求

（1）职业品质

作为社会职业人士，热爱祖国、遵纪守法是最基本的职业品性。研学导师本身兼具"师"的责任，其服务对象是"未成年人"这一特殊人群，他们并不像成人游客具有较强的行为能力和自控能力，这就要求研学导师还要具备对未成年人的爱心、耐心和强烈的责任心。

（2）导游能力

研学旅行和传统旅游都属于参与者离开日常熟悉的生活环境前往异地的活动，二者都具备异地活动的特点，进而产生食、宿、行、游等物质需求和求新求异的心理需求。所以，研学导师需要具备传统导游能力。一般而言，导游能力可分为三个方面：① 组织管理能力，即在研学活动中管理好团队中的大小事务，能与景区、研学基地、学校密切合作，并协调好各方人际关系；② 导游讲解能力，即掌握导游基础知识，知晓旅游景点的相关知识，并能用清晰流利的语言进行讲解的能力；③ 导游服务能力，即在交通、住宿、餐饮、安全等方面对参加者提供服务，并能处理突发情况和意外事故的应变能力。

（3）教育教学能力

此模块是研学导师的核心职业能力，也是区别于传统导游人员的重要能力。按照教育教学规律和程序，可将其分为四个方面：① 课程设计能力，即能针对6～18岁青少年进行研学产品的线路开发与设计，形成研学课程，并撰写教学大纲和教案；② 课程实施能力，即具备亲和力和青少年心理学知识，能清晰流畅地讲解研学课程的学习目的、学习内容、学习方法和要求，并能组织和引导学员参与研学教育主题活动；③ 课程监控能力，即能及时关注学生反应和反馈，对课程实施中出现的细节问题能及时调整教学方法，因材施教；④ 课程评价能力，即能有效运用教育学的基本理论和规律，对学生行中表现和行后研学作业进行科学评价，并及时获取学生、教师和家长对研学教育的反馈。

（4）特殊专项能力

此能力模块主要包括两个方面：引导观察与合作、安全知识与急救，由于研学旅行是以旅游资源为载体的动态教育教学过程，既包括研学课程中相关知识点和技能的讲授，也包括旅途中对自然和人文景观的感知。所以，一方面，不仅需要研学导师具有课堂教学的能力，还需要在整个旅程中引导学生对外界观察，并进行门主、合作、探究式的主动学习。另一方面，研学旅行相对于普通课外活动，其复杂度和风险度较高，研学导师需要具备安全知识与急救能力，即具备意外事故应对的安全知识，并能对中暑、骨折、呼吸急促等部分意外事故实施急救。

（二）研学导师专业素养的培养路径

1. 研制研学导师专业标准

在我国，研学导师往往由非专业教师、高等院校学生、研学旅行机构普通工作人员担任，并没有关于研学导师专业标准和任教资格的规定，这必将影响研学旅行的实际效果。因此，我国应加紧研制研学导师专业标准，对研学导师的专业理念、专业知识、专业能力做出明确规定；完善配套制度，就研学导师的培养培训、入职条件、资格认证等做出明确规定。

2. 开展研学导师培养培训

研学导师的培养培训包括以下几点：

① 传授理论知识，如研学旅行的基本理论、价值意义、主要内容、基本方式等；

② 培养基本技能，如研学旅行的方案设计、组织管理、评价反馈、应急处置等；

③ 组织研学实习，学员部分或全程实习研学旅行项目的组织与实施，提高研学指导实践能力。

3. 构建研学导师评价机制

评价具有改进功能。构建研学导师评价机制，对于研学导师的成长具有积极的促进作用。研学导师的专业素养不仅是静态的存在，更体现在研学旅行的整个过程之中，因此，应在研学旅行实践中对研学导师进行评价。评价主要可从以下几方面进行：从研学目标设计的角度，看研学导师对目标、内容与结构的设计是否合理，能否引导学生理解并实现研学目标，能否根据实际情况适时调整研学目标，等等；从研学内容选择的角度，看研学导师能否选择能够支撑目标实现的研学内容，能否有效应对研学旅行实践中的生成性内容，等等；从研学活动实施的角度，看研学导师是否准备充分，能否遵循教育教学规律开展活动，等等；从研学活动管理的角度，看研学导师能否有效掌控研学活动过程，遇到突发情况能否予以恰当应对，等等；从研学活动评价的角度，看研学导师能否对研学活动进行及时评价，能否根据评价结果及时调整活动方案，研学活动后能否进行后续的观察和跟踪，等等。研学导师评价的主体既包括学生、带队教师等研学旅行活动的直接参与者，也包括家长、研学基地负责人等研学旅行活动的相关人员。要注重研学导师评价结果的收集、整理、归档，将其作为对研学导师进行考核和培训的依据。

4. 优化研学导师成长环境

研学导师专业素养的提升需要良好环境的支撑。研学导师的培养不仅是政府相关部门和高校的职责，与研学旅行机构、高职学校等相关主体也密切相关。因此，各方应协同合作，全方位营造有利于研学导师成长的环境。政府相关部门应出台研学导师专业标准，明确研学导师的学历要求、专业素养、实习经历、资格认证方式等；高等院校应开设相关专业或课程，培养专业的研学导师，开展研学导师职后培训；研学旅行机构应建立专职研学导师队伍，接纳高校相关专业学生开展专业实习，为研学导师的培养培训提供资源支持和实践机会；学校可设置专兼职研学导师岗位，鼓励教师参与研学导师专业培训。

第二节　研学旅行的安全管理

一、研学旅行安全事故

（一）我国研学旅行现行安全管理

研学旅行的突发事件发生在"行"的过程中，与旅游活动有相似性，结合我国对旅游行业突发事件的分类，研学旅行突发事件主要有自然灾害、事故灾难、公共卫生事件、社会安全事件、活动管理事件以及研学旅行重大危机事件等类型但并不只限于这些。研学旅行的安全责任主体为学校，学校应对学生进行安全教育，应保证提供的设施安全；学校有义务进行研学旅行突发事件的救援及信息提供工作。

研学旅行培训主要面对学生以及带队教师。对学生进行安全培训是学校的职责，目前的行前培训以行前说明会的形式进行，向学生及学生家长介绍团队集合当日具体出发时间及集合地点、随团带队教师及工作人员、校外课程的行程安排、食宿标准、目的地天气及风俗习惯、安全保障、应急预案及目的地医疗设施、校外活动纪律，并要求在安全培训结束后，提交填写好的《学生基础情况表》。行前说明会是应急管理工作的一部分，将行程信息以通知的形式传达给学生和家长，学生和家长根据自身对信息的理解，对行程风险进行判断。在国家没有统一的研学导师培训内容之前，各部门的研学培训在各自领域上有一定的帮助。但同时也应该重视培训的科学性，我国对于教师有评课等教学水平要求，对于导游有年审等职业考核要求，应建立对于研学导师的履历记录，真正保障工作时的研学导师具备相应能力。

应急管理机制既可以将现行的安全管理办法纳入综合管理范畴，又可以促进各种安全管理办法的自身完善。研学旅行应急管理应符合我国应急管理发展现状，建立以数据为基础，以部门协同为机制，以风险预警、应急处置和恢复管理为核心的应急管理办法。

（二）对研学旅行安全事故的界定

研学旅行安全事故是指学校在进行研学旅行过程中，学生在参加学校的研学旅行课程中，因为各种原因导致其身体遭受伤害或者引发突发疾病的安全事故。按事故发生的性质来说，可以分为责任事故与非责任事故两种类型。责任事故的发生是可以预防和避免的，但却因为没有及时预防而造成的伤害事故。非责任事故主要包括自然灾害事故和技术事故。如果按照特点划分有突发性和非突发性的事故，如果按照伤害发生的程度划分可以分为轻伤事故类型、重伤事故类型、死亡事故类型与特别重大事故类型。完善和健全研学旅行安全保障体系，能够保障研学旅行的安全进行。从程度上来说，研学旅行安全事故可分为一般、重大、特大和特别重大事故四个等级。

① 一般事故是指造成 3 名游客以下死亡，或者 10 人以下重伤或食物中毒，或者涉旅企业 1 000 万元以下直接经济损失的故事。

② 重大事故是指造成 3 名游客以上 10 名游客以下死亡，或者 10 人以上 50 人以下重伤或食物中毒，或者涉旅企业 1 000 万元以上 5 000 万元以下直接经济损失的事故。

③ 特大事故是指造成 10 名游客以上 30 名游客以下死亡，或者 50 人以上 100 人以下重伤或食物中毒，或者涉旅企业 5 000 万元以上 1 亿元以下直接经济损失的事故。

④ 特别重大事故是指造成 30 人以上死亡，或者 100 人以上重伤或食物中毒，或者涉旅企业 1 亿元以上直接经济损失的事故。

（三）研学旅行安全事故频发的成因分析

1. 学生方面

研学旅行作为学校教育和校外教育衔接的创新形式，是综合育人的有效途径。学生作为研学旅行的主体，有着自身的特点。

2. 学校方面

学校是教育的核心单元，学校管理是学校开展各项工作并得以高效运行的重要保障。研学旅行是集体活动，学生数量较多，管理难度较大，所以，必须借助教师和学生等力量，构建班级管理体制，确保研学旅行的高效进行。

二、研学旅行的安全保障体系

（一）研学旅行安全保障体系的构建措施

学校安全工作作为一项社会性的系统工作，与学生的安危、家庭的幸福和社会的稳定等息息相关。因此，做好学生研学旅行的安全工作，给学生创造安全、温馨的学习环境是非常重要的。研学旅行是教育教学的一门必修课程，但是其各方面的构建还不够成熟，所以，亟须探索科学的安全保障体系保障研学旅行的顺利进行，确保研学旅行朝着安全化方向发展。

1. 加强对学生的安全教育，增强学生自我保护意识

研学旅行的安全教育工作是构建研学旅行安全保障体系的重要内容。因此，必须落实研学旅行的安全教育，树立"安全第一"的意识。加强研学旅行安全教育方面的工作，主要体现在如下方面：其一，要进一步完善研学旅行课程体系，加强研学旅行教师朝专业化的方向发展。其二，要注重学生的主体地位，加强学生的自我安全防范意识和应急处理能力的培养，提高研学

旅行学生的自我管理、自我服务和自我保护的能力。可以利用"全国高等教师网络培训中心"及"教师发展在线"对研学教师进行研学旅行培训，并指派专业教师对研学教师进行不定期的实践技能培训，同时颁发资格证书。其三，努力做好研学旅行的宣传工作，提高学生对研学旅行的认识，并树立自我保护意识。其四，正确认识自我，并学会自我调节，努力营造良好的人际关系，强化自我管理和自我服务的能力。

对学生进行安全教育，可以通过播放安全教育课程、主题班会、公益片等方式，增强学生的自我保护意识和能力。一方面，学校可以设立"学生权益委员会"。通过学生权益委员会广泛收集学生和教师在研学旅行中对安全问题的意见和看法。同时有必要增加学生研学旅行安全保障监督方面的问题和看法，并且及时将相关问题准确地反馈给管理部门，这样的做法能够更好地维护学生的权益，同时也能完善研学旅行安全保障体系。另一方面，学校可以聘请外校的专家学者向学生讲授自我保护相关课程。与此同时，也可以采取知识竞赛、相应的激励方法提高学生对安全问题的积极性，增强学生的自我保护意识。此外，教师可以在研学旅行中安排一些有趣的活动，通过与学生的充分交流增强自己的管理意识。

2. 加强安全监督管理，建立责任追究机制

研学旅行安全监督管理是学校执行安全管理方案，能够合理控制研学旅行课程，避免在研学过程中发生安全意外，是一种"防患于未然"的科学管理方法。研学旅行安全问题发生的时间不可预测，有可能是研学旅行前、研学旅行中、研学旅行后。作为一名研学旅行的参与者，应该对研学旅行中存在的安全问题有一个全面的认识，在预测安全问题发生的时候，能够综合运用各种方法和手段，对研学旅行的安全问题进行妥善的处理，防止研学旅行安全事故的发生。

在研学旅行过程中建立和完善的在学校研学旅行安全保障体系，也不一定能够做到"防患于未然"。在研学旅行活动中，对可能出现的安全事故采取相应的策略，针对研学旅行中容易发生的问题必须制定一套规范的安全事故管理措施，控制活动中可能发生的事故。学生是研学旅行过程中安全事故的受保护者和安全事故防范的主体，在教学过程中增强学生的自律防范意识和能力显得格外重要。为了减少安全事故发生的概率，研学旅行的学校要发挥安全管理工作的作用，第一，发挥研学旅行安全制度的制约作用，让学生知道哪些研学活动是安全的，哪些研学活动不安全。第二，在研学旅行的活

动场所应该布置好相关的安全宣传牌和日常安全常识标语。第三，通过研学旅行前的安全知识教育，引导学生养成良好的安全意识，营造温馨、安全的情感氛围，使学生在熏陶中提升自己的人格。

学校在研学旅行中起着管理和监督的作用，假如学校要加强和防范学生研学旅行安全事故的发生，就必须加大对学生研学旅行的监督和管理的力度，建立严格研学旅行的责任追究机制。其一，学生研学旅行管理制度的建立健全，加强研学旅行的安全培训，而且采取多层次和多方面的监督管理。其二，加强对研学旅行组织者的管理，建立研学旅行教育、培训、考核和评价体系，提升研学学校的专业化的水平和能力。其三，细化研学旅行的安全责任，构建研学旅行的责任追究机制。其四，要加强研学旅行的基地、器材和设备等的监督和管理，尽最大可能地降低安全隐患发生的概率。

3. 强化应急防范措施，推进法律法规保障建设

针对学校在研学旅行实施过程中可能会出现的危险情况，各学校应该构建研学旅行安全事故应急预案，增强对研学旅行安全事故的应对能力。构建研学旅行安全保障体系对安全事故的应对、降低研学旅行安全事故的损失有重要意义。

在开展研学旅行过程中，学校和各部门要对研学旅行进行科学规划和细致的安排，认真准备好各项工作。其一，对研学旅行基地环境情况进行分析，了解研学旅行的注意事项，综合考虑各大安全隐患，并减少安全问题的发生。其二，制定详细的研学旅行计划，明确组织安排，明确安全责任，确保安全措施的落实。其三，在研学旅行前，对研学旅行场地进行仔细的勘查，解决实际问题，排除安全问题的发生。其四，研学旅行法规制度建设非常重要，制定相应的安全法规制度体系，能提高人们对研学旅行安全问题的关注度。能够规范指导研学旅行中的安全行为，促进研学旅行工作的顺利开展。

（二）研学旅行应急管理平台架构

研学旅行应急管理平台架构本质上是用来解决研学旅行突发事件的一种方法论。构建依据我国应急管理平台的经验，在发挥应急管理平台优势的同时，对现存的应急管理平台建设难点提出了对应解决方法。平台通过连接政府相关部门、智慧城市管理平台、智慧旅游管理平台、研学旅行保险平台，一旦研学旅行突发事件发生，各单位部门能够直接跳过各级平台，优先在研

学旅行平台中响应，再根据事故等级进行救援活动，救援活动信号分别发往对应的应急救援实施方平台。

1. 大数据处理系统

大数据处理系统负责进行数据采集、数据处理以及数据发布。

（1）数据采集层

① 数据类型。研学旅行大数据来源既包括产生于研学旅行活动中的交通、住宿、餐饮、目的地、城市环境等城市基础信息，也包括参与活动的学生、教师、工作人员的个人信息及行程信息等个体数据。采集体系中既包括通过人编辑输入的人为信息，也包括物联产生的动态数据，不同类型的数据使用不同的采集方式。既属于城市基础数据又属于人为数据的部分，可通过与研学目的地城市的基础信息进行对接获得。属于城市基础数据但属于动态数据的部分，需要通过与物联设备如酒店登记设备、景区场馆监控、城市监控，如果城市已建立应急管理平台，可直接与应急管理平台对接。

② 动态数据采集渠道。保证平台的有效性，要坚持大数据思维的全面与大屋原则，通过物联网、新媒体等先进手段，利用分布在城市中的信息感知和采集终端采集海量的数据。研学旅行主要借助于物联网传感器以及社会大众信息服务平台来搜集信息。而上述两种信息搜集方式主要依托下述四种信息传递渠道：一是智慧城市当前所具有的信息服务系统。二是智慧旅游现有的信息系统。三是第三方社会组织机构和社会大众自发提供的应急管理信息。四是通过活动主体的穿戴设备、移动设备提供的团队情况信息。要完善数据结构，需要充分地收集各方面汇集的预警信息，四种渠道的信息目前都有收集方法但也同时都存在难点。

③ 动态数据采集方法。中国开始逐步推进智慧城市的工作。打造智慧城市需要以当前发达的信息技术手段为依托，借助监测、搜集、分析以及及时响应的信息处理体系，实现相关部门功能的整合，对所具有的资源进行科学配置，由此为民众提供更加全面的服务、更加环保的生活环境，为创建和谐社会贡献一份力量，使得城市运行步入可持续发展的正轨，为企业以及民众打造一个方便、快捷、舒适以及自由的生活环境，它包括城市智能交通系统、城市指挥中心、能源管理系统等。基于强大的无线通信网络和宽带城域网络以及现代通信、3S技术、计算机网络和传感技术，依托在城市街口所配置的摄像头、社交聊天监测装置，自动化、全面化以及智能化地实现对数据的采集，彻底解放信息搜集人员的双手，社会中产生了海量的、实时的、连

续的、多元化的关于人、物体、事件的特征数据及状态数据，"智慧医疗""智慧教育""智慧旅游""智慧交通""智慧社区""智慧公安"等多项具体应用纷纷落地。我国的智慧城市呈区域差异化发展，受经济发展水平、城市信息化水平等影响，东部、南部地区在智慧城市发展方面存在明显优势，同一区域内省会城市发展情况更好。智慧城市的规划为研学旅行提供了基础数据。在原国家旅游局的推动下，开始建设智慧旅游服务体系，智慧旅游真正实现了传统旅游行业监管模式向现代化旅游服务模式的转变。智慧旅游借助于与当地的工商管理、医疗服务、食品卫生、安全质量部门展开通力合作，结合旅游信息搜集体系创建应急预案，提升对突发事件的处理能力，实现对游客人身财产安全的全方位保护。

第三方社会组织机构和社会大众自发提供的应急管理信息在前两种数据采集渠道建设初期具有重要的数据补充作用，这些信息来自应管理相关的社会组织机构如保险行业、民间救援组织。

随着我国智能通信设备和人工智能设备的发展，在研学旅行活动中可以通过佩戴具有人体指标监测功能、定位功能、通信功能的设备，为行中监测、紧急救援提供便利。

④ 数据标准化。在采集数据时需要突破标准不一这一数据处理最大的瓶颈，人为数据可以按照标准统一录入，实时掌握动态数据需要创建完善的信息化系统，包含应用标准的技术体系、技术标准、管理服务体系以及应急标准等共同推进建设应急平台体系，归纳得出一系列对于应急平台建设而言最为关键的信息，对辖区内的应急人才队伍、应急物资、人口分布情况、交通道路状况、气候气象条件状况等信息进行规范，而且使用统一的标识、符号以及规范化的语言进行标准管理。

（2）数据分析层

① 数据分析目标。数据来源于不同渠道、不同平台，对于指导决策来说，数据中有效信息与无效信息在同一时间是共同存在的，因为对旅行突发事件进行研究所涉及的不可控因素非常多，一方面要保证数据的全面大量，另一方面需要对纷繁复杂的信息进行处理，怎样从海量复杂的信息库中挖掘到相关信息就是信息层需要着重处理的问题。在应急管理体系建设中大数据技术的主要作用就是对多个源头所采集到的异质数据进行分析与处理，以便为信息使用者提供精准的数据，数据分析的目标运用于行前、行中、行后全流程。大数据分析常使用模式识别、关联分析、聚类准则、建模预测等方式

对采集到的数据进行全面解构与分析，而且将其中有价值的信息抽取出来方便的话进行可视化处理，真正实现为信息使用者进行决策提供依据。行前预测阶段，最为核心的环节在于对信息进行搜集，创建一种能够实现实时搜集应急管理信息的服务平台，其应该是具有包容性的、依照标准协议进行传输的、能够实现不同类型信息转换的、能够对重要信息进行自动存储与备份的大规模大数据采集与分析平台。

②　数据分类。数据分类是数据分析的基础，从信息的类别来分，可以区分为不同的突发事件分类信息、涉及各种基础设施信息、地理区域网格单元信息、预警机制所产生的信息、预警地理范围内的人工数量信息等。在每一类信息类别中，要充分考虑研学旅行的特殊性，不可照搬其他数据分类方法。

根据校园安全事故等级标准，分为交通安全事故、校园消防安全事故、校园建筑安全事故、校园集体活动安全事故、校园食品及疾病预防工作事故、治安安全事故、意外伤害事故。

由于群体年龄、活动目标、发生环境的不同，校园安全事故的等级划分与旅游事故的等级划分存在很大的区别。研学旅行既满足了校园安全事故中的群体年龄指标，又满足了旅游伤害事故中的旅游行为特点指标，如套用其中一种会造成对事故等级判定得过于苛刻或过于宽松，会造成救援决策效果偏差。所以应结合各领域专家，优先对研学旅行数据进行合理分类。

③　数据模型。科学的数据模型是平台决策的关键要素。

（3）平台发布层

平台发布层通过收集数据分析层结果，通过使用场景推演算法来将数据结果与实际事故发生的场景进行对比，如通过案例数据库与行程的对比分析出目的地的高风险因素，发布层按照场景分类将风险预警发布到决策系统中的预警平台。平台发布层的目标是将数据结果智能化地推送给合适的信息需求者，再由决策层进行判定。

通过数据的变化来预测突发事件发生的概率，所以突发事件在真正发生之前，系统能依照大数据系统所传递出来的信号，对可能出现的突发事件进行预测，对其所带来的负面影响进行预测并且发出相应的警报。除此之外，还需要将相关预警信息传递到旅游部门、教育部门、学校等。行前决策的目的是预测风险，使得相关主体能够意识到突发事件发生的概率，提高警惕性。在突发事件发生后，应该提升对突发事件的监测与管理，这是核心环节。采用全面科学的应急预案能够很大程度上遏制突发事件所造成的负面影响，而且能够在消耗最少人力、物力以及资源成本的基础上，对应急处理方案的成本进行缩减；在真正着手对突发事件进行处理与控制的时候，首先获取事态进展的相关数据然后进行合理规划，之后在应急预案真正实行之后也要进一步获取反馈数据，由此对预案的有效性进行评测，能够帮助决策主体依照现实状况进行调整，使得整套处理机制向科学方向发展。

大数据的决策支持系统能够实现与大数据分析系统的对接，能够进行实时决策，并且可操作性强，能够对多种关键指标进行采集全面支持决策系统。在其保障下，市政、气象、交通以及消防等部门应该进行及时沟通，为处理突发事件准备好充足的人力、物力、财力资源以及必要的时候准备好地形图纸。从不同部门获取的实时以及反馈信息都应该纳入大数据决策系统。譬如公安系统在接收到报警信息之后，随即将信息发布到决策系统里面，之后经过系统分析得出案件发生的地点以及类型，而且在电子地图上面展示相关的信息，依照事态的进展获得物料需求表单，之后通报危机并且做出响应。除此之外，交通运输部把实时的路况信息以及所具有的资源种类、数量等情况输入到决策系统中，系统随后进行可视化处理，对出行路段以及绕开的路段进行处理，确定最佳的路线。医护部门根据决策系统展示的信息进行及时追踪与响应，能够实现对各种可用资源的合理输出与配置，减少响应时间，在成功与地理地图以及地理信息系统形成对接之后，响应的也会提升救护效率。

2. 决策系统

决策系统包含预警平台、处置平台和恢复平台。在决策系统中加入了保险分系统。通过对于等级事故的判定，在可控范围内启动保险应急管理办法，在重大突发事件发生时启动城市应急管理办法。通过引入保险决策和城市决策两种管理办法，达到人力、物力的最佳调配状态。

（1）预警平台

预警平台用于行前突发事件预警，接收由大数据处理系统发布的预警信息，对预警信息进行等级判定，将可控的常规突发事件预警发布到保险预警终端，由保险公司负责发送预警信息。将风险较大的非常规突发事件发布到政府预警终端，最终将预警决策传达到相关的主体，起到预防突发事件的作用。准确的等级判定规则是发挥预警平台作用的关键。

（2）处置平台

处置平台用于行中对已发生的突发事件进行救援决策，科学有效的救援决策可以及时遏制事态的进一步发展，同时将救援的人力、物力调配到最佳效率。处置平台的救援资源调配需要在实施中不断优化，通过建立应急指标评价体系，对应急管理做出准确的评价。属于保险公司的救援范围，保险公司提供救援保障及救援信息发布。属于城市应急救援范围，由省级、市级应急管理部门发动应急救援，救援信息及时向中华人民共和国应急管理部、学校家长及社会发布。

（3）恢复平台

恢复平台用于运行后，对于事故造成的伤害进行评估，完成责任划分，对于事故数据应及时计入案例库。

3. 安全保障

大数据本身的原始数据以及经过平台处理的决策数据，具有很高的价值，一旦泄露将面临巨大风险。大数据的安全性需要从以下两个方面入手做好相关工作：首先需要设定好权限，从应急决策到准备工作，平台应建立严格的权限制度，只有用户拥有权限才能够调用应急管理服务资源。信息安全的第一套防范措施就是对信息调用权限的设置，如果具有对信息进行调用的权限，那么相关服务以及信息都能获得，所以需要对权限进行严加把控，其次是网络信息交互的安全。

（三）研学旅行应急管理平台实施保障

为保障研学旅行应急管理平台的建设和实施，完成软硬件与各个环节的对接，确保平台能发挥最大功能，应注重跨部门协调的工作方法，充分发挥政府主导的全局优势。落实社会力量参与机制，一方面缓解政府财力、物力的支出与调用压力，另一方面结合社会力量进行平台使用推广。尽快完善相关法律法规，明确平台中各方权责。注重储备专业人才，为平台的可持续发展做好准备。

第八章　研学旅行课程实施与课程评价

第一节　研学旅行课程实施

一、行前课程

（一）承办方（旅行社）的行前课程准备

承办方在确定承办课程后，需要对研学旅行线路的课程资源进行全面的实地勘查，并在此基础上进行课程设计。同时，要为学校准备相关的行前课程，包括线路资源介绍、相关内容的专题讲座等。还要与各供应方、保障方进行合作谈判，签署相关协议。为了应对突发性事件，承办方还必须要结合勘查情况、工作规范和从业经验制订切实可行的安全防范措施和应急预案。

1. 线路资源勘察与设计

细致的线路资源勘察是科学制订研学旅行课程的前提，也是安全顺利实施课程的重要保证，线路资源勘察的主要内容分为以下几个方面。

① 景区或研学实践教育基地的资源属性。准确界定景区或研学实践教育基地的资源属性是科学制订课程具体目标的主要依据，也是确定课程实施方式的主要参考标准。在资源勘察时要尽可能发掘资源的多重属性，尽可能为学生从多角度认识和理解学习资源提供条件。

② 课程资源的安全性。要对景区或研学实践教育基地以及交通线路、交通工具安全性进行认真细致地考察，向供应方提出发现的问题的整改要求，对于无法避免的安全性问题，要在课程设计与实施时采取规避措施，对于有重大安全隐患的供应方要坚决予以更换并及时与主办方沟通交流。在安全性勘查的基础上，制定有效的安全注意事项和安全防范措施。

③ 课程实施的时间长度。了解每个单元的课程学习需要的时间长度，合理分配各课程单元之间的课程时间，做好时间衔接设计。

④ 课程实施的物质条件。了解课程资源的气候特征、地理特征，确定课程实施必备的物质条件，还要了解课程资源的特殊要求，特别是必须携带的证件以及禁止携带或禁止使用的物品。

⑤ 各学习单元之间的交通保障。实地勘测各学习单元之间的交通路况，结合各学习单元课程地点之间的距离及时间安排，合理选择出行方式，确保交通安全。

⑥ 课程实施的最佳路线。对多种可能的线路进行实地勘测、分析比较，根据安全第一、效率第二、舒适第三的原则，规划出最适合的课程线路。

⑦ 课程实施的方式。了解课程资源的特点，确定最佳的课程实施组织方式。或全程集中学习，或集中与分散相结合，或以参观为主，或以动手体验为主，或小组合作，或独立探究，要在实地勘测的基础上做出恰当的选择。

⑧ 对拟入住酒店的勘察。对酒店房间设施以及安全疏散设施进行细致勘察，对酒店设施的安全性和舒适性进行全面了解。

⑨ 旅行饮食规划。对各课程资源所在地的饮食文化进行考察，对学生行程中的饮食做出科学合理的安排。既要保证饮食的安全性和营养合理搭配，也要尽可能让学生体验各地的特色美食，了解各地的饮食文化。

⑩ 地接导游及景点讲解员的课程实施交流。地接导游和景点的讲解员是课程实施有效性能否达成的重要因素。在进行实地勘察时，应与地接导游和景点讲解员进行充分沟通，就有关课程要求进行充分交流，使之对课程资源的教育性有充分的认知。后期课程设计完成之后，要让地接导游和景点讲解员对课程目标、过程性学习任务以及课后作业做充分了解，以便在课程实施过程中进行有效教学。

⑪ 收集各种资源的图文信息。进行各种资源的图文信息的收集，为课程设计和研学手册的研制准备材料。

2. 课程设计与研学手册的研制

在综合整理所获得的信息基础上，按照课程目标、课程内容、课程实施和课程评价四个方面进行课程设计。在课程设计的基础上，加上安全知识、安全应急预案、研学课程资源简介、目的地法律法规和社会风俗等行前应知的知识及物品备忘检查表，包括学生电话、家长电话、研学导师与带队教师电话等信息的通信录，课程实施地点最近派出所的相关信息，课程实施地点

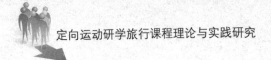

最近医院的相关信息等内容，制作规范的研学旅行手册。

3. 与供应方、保障方的协议

经过实地勘察，课程资源和线路确定之后，承办方要与各类供应方签订合作协议。这些供应方包括被确定的研学实践教育基地、户外教育营地、入住酒店、提供旅行车辆的交通保障单位、承担地接任务的当地旅行社等。在协议中应重点约定相关的教学和服务质量标准、课程实施时间、双方的权利与责任、意外状况下的约定项目调整办法、付款方式、违约责任等。

课程确定后承办方还要与保障方签订保障协议。研学旅行课程实施的保障方包括保险公司、驻地公安机关、驻地医疗机构等。其中公安机关和驻地医疗机构在突发事件发生后依据所承担的社会公共责任履行职责，需要签订保障协议的主要是保险公司。承办方必须依法为参与课程实施的所有人员投保，并按时签订保险合同，确保研学旅行活动的全程在保险合同的有效期内。

4. 为学校提供的行前课程

承办方必须为学校提供必要的行前课程，供学校在安排行前课程时选择使用。

其具体内容包括以下几个方面：

① 课程资源详述。承办方要把确定的课程资源详述提供给学校，供学校进行行前动员时使用，也可以作为学生选课的参考依据。

② 相关专题报告。为了更好地实施课程，让学生充分了解课程资源的特点、价值和意义，并有效激发学生的学习兴趣和选课动机，可以根据学校要求或主动提供必要的专题报告。专题报告可以请有关领域的专家提供，也可以由承办方自己的专业人士提供。

③ 提供建立联系、交流信息的渠道。承办方和主办方以及供应方要分别建立即时联系渠道，随时交流相关信息。除电话联系渠道之外，要建立微信群或QQ群。这类工作群包括研学导师工作群、各线路的学生交流群、家长群等，不同的信息需要在不同的群里交流处理。

5. 安全防范措施和应急预案

承办方在行前必须制定保障旅行安全的详细细则，这些细则的内容包括安全注意事项、安全防范措施和应急预案。

安全注意事项是提供给学生的，行为的主体是学生，是在课程实施中学生自己应承担的安全责任。但承办方必须将注意事项告知学生，并及时对学生进行提醒和提示。

安全防范措施是活动承办方应该采取的措施，制订和采取措施的行为主体是承办方，这些措施必须能够起到规避和防范事故发生的效果。

安全注意事项和安全防范措施是以预防事故的发生为目的的，而应急预案是为了一旦出现安全事故或紧急情况，为将损失降低到最低而采取的必要措施，一般应急预案方案应包括以下内容：① 地质与气象灾害应急预案。② 交通事故应急预案。③ 食物中毒应急预案。④ 突发疾病应急预案。⑤ 意外伤害应急预案。⑥ 暴恐袭击应急预案。⑦ 机动车火险应急预案。⑧ 财物失窃及证件丢失应急预案。

应急预案的具体内容应包括以下几个方面：① 突发事件应急处理机制，包括应急处理领导小组和工作小组的人员构成及职责分工。② 应急预案的响应启动条件。③ 应急处理的程序与步骤。④ 责任人员的操作流程。

安全是开展研学旅行活动的前提。因此，承办方在参与研学旅行招标时，就必须在投标材料中提交安全措施和应急预案。安全措施和应急预案是否科学、规范、细致、有效、可操作，是承办方能否中标的重要审核要件。

（二）学校的行前课程实施

1. 学校行前课程的重要作用

学校有效开设行前课程，对于课程的有效实施具有重要意义。

① 有效开设行前课程，能够端正学生对研学旅行课程的学习态度，理解研学旅行课程的价值和意义，做好课程实施的思想准备。

② 有效开设行前课程，可以让学生对所要学习的课程资源有一个基本的了解，对相关知识和文化的内容和背景有一个总体的印象，做好课程实施的知识储备。

③ 有效开设行前课程，让学生初步学会课题研究的基本规范，学会科学研究的常用方法，知道研究报告的基本内容和规范结构，为在研学旅行过程中开展研究性学习，进行科学探究做好课程实施的能力准备。

④ 有效开设行前课程，让学生掌握各类安全旅行和户外活动知识，了解出行应该做好的准备工作，做好课程实施的行动准备。

2. 研学旅行的组织与动员

① 对学生的动员。对学生进行充分动员，让学生了解与研学旅行课程相关的国家政策，理解研学旅行课程的价值和意义，端正学生对研学旅行课程的学习态度，做好课程实施的思想准备。让学生了解学校已经开展的相关

工作和此后将要进行的工作，学生可以在各项行前课程中积极参与，认真学习。让学生了解研学课程的课程特点和实施方式，学生可以做好参加研学旅行的各种相关准备。

② 课程（线路）选择与编组。学校课程招标工作结束后，承办方应根据学校提出的意见和建议及时完成课程设计的优化修改，并提交研学手册文本。学校向学生发布各条线路的相关信息，组织学生选课。选课结束后根据各条线路选课的人数把学生编成几个小组，指定小组组长，组长负责相关信息的传达和活动的人员组织。

③ 通信与沟通渠道的建立。与承办方一起建立通信联络与信息沟通渠道，包括电话通信录、QQ 群和微信群，重要信息在群里及时发布。

3. 对家长的培训课程

对家长的培训课程内容和对学生进行动员的内容大致相同。要重点对家长讲清楚国家关于研学旅行课程的相关政策以及开设研学旅行课程的相关背景，让学生家长理解研学旅行课程与一般的观光旅游的区别，理解研学旅行课程对于学生健康成长和未来生涯发展的重要意义，理解研学旅行课程的价值与意义。

向家长介绍学校根据相关政策所做的准备工作，研学旅行课程的特点及课程实施方法，家长应该如何配合学校和承办方开展研学旅行工作。

学校还应该向家长介绍说明研学旅行中可能出现的问题以及所采取的安全防范措施和各种应急预案，并解释有关安全责任的法律规定。

4. 对研学导师的培训课程

（1）对学校教师的培训

学校带队教师应该具备实施研学旅行课程的知识和能力。所以，对学校带队教师进行研学旅行课程的知识培训非常重要。对学校带队教师进行培训的内容主要包括：开展科学研究的一般方法和研究规范；研究报告的结构和范式；研学旅行课程目标的制订与陈述；研学旅行课程内容的选择与表达；研学旅行课程实施的组织与方式；学生管理的技巧与规范；研学旅行课程的成果与评价；研学旅行的安全与防范等，此外学校带队教师还要具备相关法律知识和合同知识。

对学校带队教师进行研学旅行课程培训，主要目的是让每位带队教师都能够在研学导师的岗位上正确履行自己的职责，使课程实施达到应有的教育效果。

（2）对承办方研学导师的培训

旅行社（专业研学机构）研学导师必须具备景点讲解和活动指导等方面的能力。对研学导师培训主要是让导师了解景点背景知识，具有景点的讲解能力，特别是要理解研学旅行和观光旅游活动的区别，要对研学旅行的教育性有深刻的认知，能对学生的研学活动进行专业指导。同时，导师必须及时掌握研学旅行的最新动态和技巧，以便在今后能够带领学生更好地进行系统化、专业化的研学活动。

（3）安全责任培训课程

由于研学旅行是学校和有关部门共同组织的学生集体外出活动，更要坚持"安全第一"的原则，在活动全过程中必须把师生的人身安全放在首位。研学导师作为带队研学的主要负责人，对研学导师进行安全责任培训必不可少。无论是学校的带队教师还是承办方的研学导师，都必须接受安全培训。安全责任培训课程主要向导师进行安全防范知识和技能培训，使其详细了解安全防范的注意事项和安全保障措施，让每位带队教师明确安全责任和安全岗位，防患于未然。

对研学导师的安全责任培训课程不同于对学生的安全培训课程，研学导师除了要掌握自身的安全防护知识，还要掌握研学活动组织方面的安全防范知识，要掌握紧急情况下学生的疏散、转移与紧急救助，要了解各种应急预案的具体内容，知道应急预案的响应条件，一旦发生应该启动应急预案的情况，立即启动应急预案，并按照预案中的操作流程紧急行动。

5. 面向学生的行前课程

（1）文明旅行行为规范专题讲座

对在不同场所的文明旅行行为规范结合具体的案例做专题讲座。例如，乘坐火车与飞机的文明行为规范和相关法律规定；景区入口排队入场的秩序规范；分组跟随导师参观游览的注意事项；博物馆、纪念馆等室内场馆中参观的行为规范；就餐的行为规范；酒店住宿的行为规范；人际交往的行为规范等。在讲座中尽可能地安排具体生动的正反案例，让学生能够深切体会到文明旅行的重要意义。

（2）安全专题讲座

学生平时接触户外运动的机会比较少，即便跟随家人有过不少旅行，但由于家长的呵护以及家长的专业知识有限，也不能给学生提供全面的安全知识。所以在研学旅行出行之前，给学生系统地开设安全知识讲座非常必要。

安全知识讲座的内容应该包括：交通安全知识、饮食安全知识、住宿安全知识、户外活动安全知识、自然灾害及突发事件的紧急应对措施、个人财物安全知识等。此外，还应该包括人际交往与沟通安全知识。

（3）课题研究专题讲座

研学旅行与一般的观光旅游以及夏令营活动的重要区别还在于一个"研"字。

研学旅行是带着研究任务的旅行教育活动，学生在行前必须掌握关于科学研究的知识。不同学段的学生要求掌握的科学研究的能力程度可以有所不同，但是都必须在行前接受相关的指导培训。

课题研究专题讲座一般应该包括以下内容：

第一，课题研究的选题。根据学生的能力水平，重点教给学生"问题即课题"的原则。学生可以详细研究学校提供的与研学课程内容相关的资料，发现自己感兴趣且值得研究的问题，并把这一问题选作自己研究的课题。课题名称通常以"关于×××的研究"的格式命名，课题名称不同于论文和作文，要准确、简练。

第二，课题研究的常用方法。根据中学生的能力特点，可以重点讲解文献法、调查法、观察法、案例法、行动研究法、经验总结法等常用研究方法。

第三，研究计划的制订。学生要学会统筹安排研究任务，会根据研究任务和时间节奏制定研究计划，设计研究步骤。

第四，研究过程的规范。研究过程要能够体现所选择的研究方法的具体应用情况，要学会分析与提炼文献资料，要能够准确规范地观察和记录信息与数据，如果是研究小组合作研究的话，研究过程要能够体现小组成员的分工。要学会根据文献信息和观察记录的数据资料分析问题，得出结论。

第五，研究报告的撰写。对中学生研究报告撰写的要求不宜过高，学生学会最基本的研究报告的撰写就可以了。学生要知道研究报告的一般结构，要能够在即将参加的研学旅行中按照相关要求开展研究，记录信息，分析并得出结论，研学旅行结束后一周内写出规范的研究报告。

初中和小学应该适当降低讲座的知识难度，参照研学旅行课程学段目标中关于问题解决的相关要求安排讲座的内容。

（4）研学旅行课程内容相关专题讲座

为了激发学生对研学旅行课程的学习兴趣，也为了让学生对所要学习的课程内容有初步了解，能够从相关信息中发现问题并进行课题的选择，有必要安排一些与所学研学旅行课程主题，以及课程内容有关的专题讲座，帮助学生做好旅行攻略。这样学生可以知道课程实施时应该学习和观察的重点及关键内容，从而提高课程实施的效率，取得更好的课程实施效果。

6. 与承办方和保障方的协议

学校要与承办方签订合作协议，明确双方的责任和权益。特别是要和承办方签订研学旅行服务承诺书，明确承办方应对研学旅行过程中所发生的一切安全伤害事故依法承担全部责任。

同时，学校还要向保险公司购买校方责任险，签订保险合同。

7. 与承办方的沟通与监理

学校要依据招标公告要求和合作协议，监督承办方与学生家长签订研学旅行协议。学校要及时与承办方和学生家长就在筹备和课程实施的过程中出现的各种问题做好沟通、协调、处置的工作，学校还要监督承办方购买相关保险。

二、行中课程

行中课程是研学课程实施的主要阶段。行前课程是为行中课程做准备的课程，行后课程是基于行中课程所取得的成果而延伸的课程，是对行中课程的学习成果进行评价、展示、提升的课程，行中课程的实施效果决定了课程实施的最终成效。

（一）导师团队的构成与职责

导师团队的课程组织能力和课程指导能力是行中课程实施效果的决定因素，要充分发挥导师团队的指导作用，就需要整个团队进行合理的分工与协作。导师团队由主办方和承办方的人员共同组成。

1. 主办方人员配置

① 主办方应派出一人作为主办方领队，负责督导研学旅行活动按计划开展。

② 每 10~20 位学生宜配置一名带队教师，带队教师全程带领学生参与研学旅行各项活动，配合承办方的研学导师开展课程实施工作，负责指导学

生完成并批改课后作业。

2. 承办方人员配置

① 承办方应为研学旅行活动配置一名项目组长，项目组长全程随团活动，负责统筹协调研学旅行各项工作。

② 承办方应为每个团或每辆车至少配置一名研学导师，研学导师负责制定研学旅行教育工作计划，在主办方带队教师、地接导游等工作人员的配合下提供研学旅行教育服务。

③ 承办方应至少为每个研学旅行团队配置一名安全员，安全员在研学旅行过程中随团开展安全教育和防控工作。

④ 承办方应为每个研学旅行团队配置一名队医，负责旅行团队成员常见疾病的预防及治疗，对突发疾病、意外伤害进行紧急处理，对需要启动应急预案的情况为项目组长提供专业建议，并采取应急救助措施。

⑤ 承办方应要求供应方至少为每个团或每辆车配置一名地接导游，地接导游负责提供导游服务，并配合相关工作人员提供研学旅行教育服务和生活保障服务。

（二）研学旅行课程的教学

1. 研学旅行课程的教学环境

研学旅行课程不同于在学校教室内教学的课程，是一种真实场景中的教学，是实景教学。这样的教学环境下，知识的习得不是以阅读和讲授等间接方式为主，而是以观察、体验等直接的习得方式为主，以阅读、讲授等间接方式为辅。教学环境开放、多元，不同的教学环境决定了不同的教学方式和学习方式。

2. 研学旅行课程的执教教师

研学旅行课程的执教教师与学校学科课程执教教师不同，教学不是由一个教师完成，而是由一个团队合作完成。所以，研学旅行课程的执教教师的第一个特点是团队化。研学旅行教师团队由学校带队教师、承办方的研学导师、景区或基地的讲解员以及安全员等人员组成，他们分工协作，共同完成教学任务。其次，教师团队是一个跨界团队，成员来自教育界和旅游界两个专业领域，如何把双方各自的专业优势有机结合是决定跨界合作教学效果的重要因素。来自旅游界的研学导师在教学中要注意突出教学指导的教育性，来自学校的带队教师要在教学工作中发挥自己的教育专长，引导学生深入思考，落实关于核心素养培育的教学目标，体现研学旅行不同于观光旅游的特征，这正是研学教师团队的专业性表现。

3. 研学旅行课程的教学方法

关于教学方法，不同的教学理论和教学流派有不同的阐释。其中人本主义教育理论关于教学方法的主张，比较契合研学旅行课程的教学特点。教师在教学活动中的角色是"促进者"，教学方法就是促进学生学习的方法。能够影响一个人的行为的知识，只能是其自己发现并加以同化的知识，教的知识相对而言是没有用处的，对人的行为基本上不产生影响。所以，教学不是直接传授知识本身，而应该是传授获取知识的方法。基于此，教学方法应该包括以下几个方面：

第一，组织好教学内容，目的在于方便学生的学习。教学内容要适合学生的学习水平、学习兴趣和特长。

第二，教师要善于指导学生学习。而有效的咨询和指导的艺术在于适当和启发，适当就是在学生需要时才去辅导和指导，帮其所需。启发就是引导学生自己发现、创造，这与我们国家自古以来关于"不愤不启，不悱不发"的主张是一致的。

第三，提供必要的学习材料，让学生自己学习。

因此，这种教学方法的主张非常适宜研学旅行课程的教学。第一，研学旅行课程内容的选择要与学生的需要相契合，与学生的能力相匹配，满足学生的学习水平和兴趣特长的要求。第二，研学旅行课程的特点决定了其授课方式不是讲授阅读等直接传授的方式，教师在学生研学旅行过程中的教学作用主要体现在对学生的指导，这种指导应当满足罗杰斯关于适当和启发的标准。第三，研学旅行课程提供给学生文本的和现实的学习条件，学生的学习主要依靠观察、体验，主要表现为自主学习行为。

4. 研学旅行课程的教学与学习成果

研学旅行课程的教学成果不以考试为评价手段，不以分数为呈现形式，研学旅行课程的教学与学习成果包括外显的成果和内化的成果两个方面。

（1）外显的成果

在研学旅行过程中收获的外显的成果形式很多，主要有以下几个方面：① 文本成果：包括研究性学习报告、随笔、散文、游记以及完成的模块作业等。② 影像成果：包括在研学旅行过程中拍摄的照片、视频等资料。③ 制作成果：包括在研学旅行过程中参加手工活动制作的手工艺品，在研学旅行过程中采集的标本，采购及收集的有代表性的纪念品等。

（2）内化的成果

研学旅行课程更为重要的价值在于学生在研学旅行过程中内化的成果，主要包括以下几个方面：① 知识成果：学生在研学旅行中通过识记、观察、探究等自主学习活动所习得的知识，拓展了学生的知识边界，丰富了学生的知识内涵，优化了学生的知识结构。② 能力成果：学生在观察、探究、分析、应用等研究过程中所形成的分析问题、解决问题的能力，思考问题的逻辑思维能力，科学研究的基本素养等。③ 态度成果：学生在研学旅行的真实情境中，经过体验感受所获得的态度、倾向和价值观的变化。④ 行为成果：文明行为的改善和提升，文明习惯的养成和自觉。

5. 研学旅行课程中的即时评价

根据课程内容对学生的一般行为给予适时指导，依据研学手册中的评价指标和评价量表对学生的行为表现作出评价，及时提醒和引导学生注意景区或基地的特殊要求，对这些特殊要求的执行情况做出即时性评价，评价结果作为最终成果认定时的参考指标。

（三）研学旅行课程的学习

1. 学习方式

研学旅行课程是实践中的课程、是行走中的课程、是情境化的课程，这就决定了研学旅行中学生的学习是一种自主实践学习，是一种自主探究学习，是一种以亲身体验为主的学习。

2. 学习任务

研学旅行的主要学习任务是培养科学探究的能力，培养学生应该具备的核心素养，形成正确的态度和价值观，知识的习得是次要的学习任务。

3. 学习素养

在研学旅行过程中，学生要学会带着任务和问题领会与体验，领会研学导师或景区讲解员讲解的学习资源，要学会在学习中思考，在思考中学习，交流与咨询应在讲解完成或阶段性任务完成时进行。要培养学生在不同类型的学习资源中应具有的素养，比如，在博物馆和纪念馆中应保持安静，特别是在教师集体解说时，保持安静是一种基本的素养。

三、行后课程

研学旅行行程的结束并不意味着课程的结束。有效实施行后课程是保证研学成果巩固和提升的重要手段，行后课程是基于行中课程所取得的成果而延伸的课程，是对行中课程的学习成果进行评价、展示、提升的课程。行后课程主要包括成果加工、成果汇报、成果展示和成果评价与认定。

（一）成果加工

研学旅行课程成果加工主要是指对外显的学习成果的加工，一般要求学生在研学旅行活动结束后的一周内完成，时间不宜拖得太久。

1. 文本类成果要完成文本撰写

对高中学生而言，课题研究报告是研学旅行学习成果的主件，是每个学生必须完成的任务。研究报告的撰写必须满足规范性、科学性、创新性、逻辑性的要求。

① 研究报告的规范性是指研究报告的结构规范，内容表达符合课题研究报告的一般范式，报告内容完整。

② 研究报告的科学性是指数据信息等论据材料准确，论证严密，结论和依据具有可靠的相关性和因果关系，研究方法的选择适当，应用规范。

③ 研究报告的创新性是指课题选题新颖，研究成果或结论具有创新性。

④ 研究报告的逻辑性是指课题研究计划条理清楚，过程严密、思路清晰，语言表达准确流畅。

初中学生可以以研究报告作为成果主件，但要求相应降低，也可以以研学旅行活动总结作为成果主件。

小学生可以以作文作为成果主件，也鼓励撰写其他文本类成果，如随笔、散文、游记等，并在成果展示时设置相应的展示类别。

2. 影像类成果完成后期的编辑加工

把研学旅行过程中拍摄的照片、视频等资料进行编辑和加工，选出有代表性的照片，编辑具有典型性的视频资料，准备交流展示。此外，为了配合成果主件的汇报交流，还应做出与成果主件配套的 PPT 课件。

3. 制作类成果完成标签说明

对在研学旅行过程中参加手工活动制作的手工艺品，在研学旅行过程中采集的标本、采购及收集的有代表性的纪念品等进行筛选，选出有代表性的

209

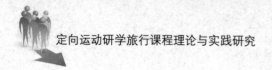

成果，做出文字说明，制成标签，准备展示交流。

（二）成果汇报交流

成果汇报分两类，一是课题研究成果汇报交流，二是其他学习成果汇报交流。初中和小学可以不举行课题研究成果汇报，只举办学习成果汇报交流就可以了。

1. 课题研究成果汇报

首先，学生在完成课题研究报告后交给负责指导自己课题研究的研学指导教师进行批改，根据教师所提出的修改意见进行修改。然后，以小组为单位进行课题成果交流，经小组评议，推选出能够代表小组的研究报告。在此基础上，班级举办优秀课题成果交流汇报会。这样既可以节约时间，提高效率，也能够让学生参与到课题评价当中，达到相互交流、相互学习的目的。

在完成课题研究成果交流的基础上，各班推选出优秀成果参加学校的成果展示，学校也可以遴选优秀成果结集成册，印制或出版《学生研学旅行优秀课题成果集》。

2. 其他学习成果汇报交流

其他学习成果是指除研究报告以外的其他所有学习成果。学生可以交流汇报在研学旅行中自己认为有意义的所有学习收获，既包括各类文本成果、影像成果、制作成果等外显的学习成果，也包括研学途中自己的所见即所得的反思与感悟，个人思想与能力的提高等内化的学习成果。班内也可以结合学校的成果展示方案，利用教室的墙壁空间或建立网上学习交流平台，对成果进行分类展示，并进行优秀成果分类推选，为参加学校的展示做准备。

（三）学校的成果展示

学校可以按照不同的成果类型，分类设立展示项目。在各班交流推选的基础上，举办研学旅行课程成果展。展示方式可以灵活多样，既可以通过展厅、展台、展板等传统方式展示，也可以拓宽展示渠道，通过微信、美篇、QQ 空间、视频网站等新媒体平台展示。让学生参与评价，既能发扬民主，也能让学生在评选和评价的过程中进一步相互学习。通过对学生的各类学习成果展示和评比，让成果和经验共享，对学生起到启发和激励的作用。

（四）学习成果的评价与认定

在各类评比展示结束后，结合评比展示的结果，指导教师对学生研学旅行学习成果给出评价。高中学校根据有关规定把学生的学习成果记入学生发展素质评价报告，并予以学分认定。初中和小学根据学校的相关规定，对学生的学习结果进行成绩认定与表彰。

第二节　研学旅行课程评价

一、研学旅行课程评价的原理与方法

课程评价一直是课程研究领域最难的问题。研学旅行课程作为新的课程门类，自然没有已经成形的课程评价经验。所以，在这里将根据课程的基本原理，结合研学旅行课程实践中已经获得的不多的经验积累，对课程评价进行尝试和探索，试图给出一种可以为研学旅行课程设计研究和实践领域提供借鉴的模式。

（一）评价的对象问题

1. 对学生的评价

课程评价从本质上讲，就是判断课程和教学计划在多大程度上实现了教育目标的过程，而教育目标"旨在让学生的行为产生期望中的改变"，课程评价即"判断这些行为实际上产生了多大程度上的变化"。

由此可知，课程评价的对象首先是学生。对学生进行课程评价的内容是通过课程实施，预设的教育目标在多大程度上得以实现，学生是否产生了预期的行为变化，在多大程度上发生了这种变化。

研学旅行课程是行走的课程，是实践的课程。教育目标也就是预期的学习结果是多元化的。学生由于知识的拓展而引起的认知结构的变化、思维的变化、探究能力的变化，在真实情境中学习得到刺激与体验，从而产生的情感态度与价值观的变化，都可以通过课程评价来判断这些行为或倾向所发生的程度。

2. 对课程本身的评价

对课程本身的评价包括对课程理念、课程结构、课程目标的确定，课程内容的选择，课程实施的计划等进行评价。评价重点在于判断课程设计的合理性、系统性和科学性。通过对课程内容结构的评价，判断课程是否具有系统性，通过对课程理念、课程目标、课程内容的评价判断课程的科学性，通过对课程实施的评价判断课程的合理性与规范性。

在对课程本身进行评价时，通过对学生学习结果的分析评价，判断学习结果与预期目标的吻合程度，也就是目标的达成度。如果吻合度较差，那么课程目标的达成度就较差。当通过评价发现目标达成度差的时候，就要分析是课程实施过程的问题还是目标设定的问题。从而可以根据评价所发现的问题对课程进行改进。因此，课程评价既依托于课程目标，也对课程目标的科学性和合理性进行反馈。

3. 对课程实施者的评价

研学旅行的课程实施者由两部分人员组成，即主办方派出的带队教师和承办方派出的研学导师。

主办方的带队教师承担着代表学校监督承办方实施课程的责任，所以就双方的关系而言，主办方的带队教师是评价者，而承办方的研学导师是被评价者。

主办方的带队教师由学生和学校主管部门进行评价。

（二）价值取向的评价依据

任何评价都以一定的价值取向为基础，评价的价值取向决定方法选择和评价的具体模式。比较典型的课程评价取向主要有三类，即目标取向的评价、过程取向的评价和主体取向的评价。

1. 目标取向的评价

目标取向的评价就是一种把教学结果与课程目标相对照的课程评价。在研学旅行课程评价中，可以将各种学习成果所体现的价值与研学旅行课程的总体目标和具体目标相对照，以判断课程目标达成的程度。

目标取向的评价多采用量化评价。

2. 过程取向的评价

过程取向的评价对研学旅行课程评价具有更重要的意义。过程取向的评价强调在课程实施过程中把学生的全部的行为和表现都进行观察和评价，这种评价不以课程预设的学习目标为评价的绝对标准，凡是有教育价值的学习结果，无论是否符合预设的课程目标，都应予以肯定和鼓励。显然，过程取向的评价更适合研学旅行课程目标的多元化和学习结果的发散性的特点，也更适合研学旅行课程作为行走中的课程价值。过程取向的评价既可以采用量化评价，也可以采用质性评价。

3. 主体取向的评价

主体取向的评价是评价者与被评价者共同建构意义的过程，评价过程是民主参与、沟通协商的过程，价值多元、尊重差异是主体性评价的基本特征。主体取向的评价主张质性评价。在研学旅行课程评价中，可以依据不同的评价内容，采取不同取向的课程评价，以适应研学旅行课程价值多元化的课程特征。

（三）评价的方法

既然评估涉及获得有关学生行为变化的证据，那么任何有关教育目标想实现的行为的有效证据，都为评估提供了一种合适的方法。评价方法可以有多种，纸笔测试不能等同于课程评价，如观察、交流、访谈、问卷调查等都是课程评价的有效方法。而观察、交流、访谈、问卷调查等评价方法正是研学旅行课程评价的常用方法。

总体来看，课程评价方法大致分为两类，即量化评价和质性评价。

量化评价是一种把复杂的教育现象和课程现象简化为数量，通过对数量的分析与比较获得评价结果的评价方法，通常这种数据呈现为分数的形式。绝大多数以"纸笔测试"为考查形式的考试都属于量化评价。研学旅行中某些方面的评价，也可以采用量化评价的方式。比如研学旅行课程中，在对学生纪律表现进行评价时规定"学生遵守时间约定，在重要时间节点不迟到，满分 10 分，迟到一次扣 2 分"，可以看到，在这里就是把学生是否守时这样的行为转化成了用分数进行评价。

质性评价也被称为自然主义评价，是指通过自然调查，充分揭示和描述评价对象的各种特质的评价方法。质性评价主张评价要全面反映教育现象和课程现象的真实情况，为课程实践和教育改进提供依据。质性评价更适用于复杂的教育现象的评价。研学旅行是跨学科跨领域的课程，无论是评价内容还是学习结果，比一般的学科课程要复杂得多，所以，质性评价是研学旅行课程评价的重要方法。就研学旅行课程而言，由于评价目标和评价内容的多元性和发散性，一般要采用量化评价和质性评价相结合的方法。

（四）评价的模式或流程的建立依据

在课程评价史上影响最大，至今仍然占据主要地位的课堂评价模式是目标达成评价模式。这一课程评价模式包括如下步骤：

① 确定教育计划的目标，也就是课程目标，并对课程目标的具体内容进行分类界定。

② 明确那些会给学生机会表现教育目标中隐含行为的情境。

③ 检查现有的评估工具的有效性或设计有效的评估工具。

④ 选择或设计记录学生行为的测量工具。

⑤ 决定使用哪些名词和单位总结和评估已获得行为的记录。

⑥ 检验评估工具的客观性、信度和效度。

根据目标达成评价模式以及研学旅行课程的具体特点，结合过程取向评价和主体取向评价的理念，采取量化评价与质性评价相结合的评价方法，可以对研学旅行课程的评价可以制定如下评价模式：

① 解析研学旅行课程的总体目标和具体目标，制订课程评价的项目和细目，即建立课程评价的指标体系。

② 明确这些课程目标实现所对应的课程模块和学习情境。

③ 根据课程目标的类型设计量化评价和质性评价的评价量表。

④ 设计为评价提供证据信息的记录用表，记录证据信息。

⑤ 综合评价量表所记录的证据信息，得出评价结果。

⑥ 结合对学生观察的直接认知和学生自评情况，对评价结果进行反思。检验评价体系的客观性、信度和效度，对评价体系进行修订和完善。

二、对学生的评价

结合研学旅行课程的实际特点，考虑课程评价的可操作性和易操作性，对学生的评价可以从过程性评价和成果性评价两个方面进行。在过程性评价和成果性评价中遵循和融合目标取向评价、过程取向评价和主体取向评价的基本理念，综合使用量化评价和质性评价的方法，使对学生的评价更科学、更全面、更容易操作。

教学目标是预期的学习结果，课程成果也就是预设的课程目标。真正内化的学习成果一定会在研学旅行课程实施的过程中通过学生自觉或不自觉的行为表现出来，所以评价的信息依据需要通过对学生在学习过程中的观察交流得以收集和记录，可以把这一类评价称为过程性评价，过程性评价侧重于对学生在学习过程中的行为表现进行评价。而这里所要讲的成果性评价是指依据外显的学习成果和内化成果中的知识成果所进行的评价，内化的成果中的知识成果可以在外显的成果中表现出来，成果性评价侧重于对学生通过学习所获得的物化的成果进行评价。

对学生的评价可以按照如下步骤进行操作。

（一）评价指标的确定

课程评价指标应依据外显的成果和内化的成果分类进行，依据成果类型可以指定一级和二级评价指标体系。

过程性评价的一级评价指标依据内化成果除知识成果类型以外的三种成果类型制定，三个一级指标，二级评价指标在对该成果类型进一步分解的基础上制定可清晰界定、易操作的评价指标。

成果性评价的一级评价指标即外显的成果和内化的成果中的知识成果。知识成果可以在对过程性学习任务和课后作业的评价中体现，共五个类型，五个一级指标，二级指标可以依据成果评价的不同维度设置。

对二级评价指标作进一步的解析，明确能够体现二级指标所相应的具体行为表现，行为表现作为评价的内容。

结合研学旅行课程各单元的具体目标，明确二级评价指标在各单元的具体教学情境的体现，确定相应指标的评价方法和评价结果的呈现形式。

在具体应用时，每一个学习单元中各评价指标不一定面面俱到，要与实际的教学情况相结合。各学段的指标体系也不尽相同。鉴于研学旅行课程的特殊性，每一条线路的课程在课程设计时都要结合课程资源的属性和学生的情况制订有针对性的课程评价指标体系。

（二）设计量化评价和质性评价的评价量表

量化评价通常以分数呈现评价结果。评价分数的产生有两种操作方式，一种操作是扣分制，设定某一指标评价的满分值，出现评价内容中的负面行为相应扣减分值，扣减后剩余分数为该项评价指标的评价结果。另一种操作是加分制，当出现评价内容中的鼓励性行为时，加上相应分数，最后加分的累计值为该项评价指标的评价结果，这一类评价结果可以设定最高分值，也可以不设。

（三）为评价提供证据信息的记录用表包括学生学习记录用表和教师评价用表两部分

在研学手册中的过程性学习任务中，需要学生填写的学习记录用表内容包括信息记录、体验感悟、反思应用，学生作为学习任务完成表格填写，教师可以据此完成该项的成果性评价；另一部分为教师进行其他项目的评价用表，包括学生量化评价时作为加、减分依据的行为表现记录用表和其他信息记录用表，这类表格的设计难度不大。

（四）评价结果

综合评价量表所记录的证据信息，得出评价结果。

三、对课程的评价

对课程规划、设计、实施过程及实施效果的评价是对学生评价之外的重要评价内容。课程的主办方和承办方都需要在课程结束后完成这项评价工作，通过课程评价结果，主办方可以为下一期课程招标提供参考依据，并将评价结果提供给承办方作为课程修订的参考。通过课程评价，承办方一方面对课程进行修订，另一方面积累课程设计与实施经验，为改进工作提供依据。如果课程是由承办方委托第三方设计的，承办方的课程评价也是对第三方课程设计水平和质量的检验，如果之前有有关课程设计质量的合同条款，评价结果也是履行合同的约定项目的依据。

对课程的评价应该从以下几个方面进行。

（一）对线路规划的评价

研学旅行课程既是教育课程，又是旅游活动，线路规划的评价是研学旅行课程作为一种旅游教育活动性质的评价。

1. 线路学习资源的典型性

课程线路规划是不是合理，首先，应该看线路所选的景点是否具有区域的典型性。具有典型性的景点组合出来的课程具有教育示范性，也更具有吸引力。在进行评价时要对课程涉及的主要学习资源进行分析，考察各单元的资源在所在区域、所属类型中的代表性和影响力，要从其经济价值、社会价值和学术价值等多方面进行评价。

其次，作为课程的研学旅行，要考察各学习资源的主题相关性。各个学习资源的选择是否体现了课程主题的相关性。各单元学习资源要求分别表现课程主题的不同特质或不同角度，这样课程才具有系统性和层次性，才具有课程的性质。

最后，课程线路学习资源的典型性评价还要考察学习资源的丰富性。各单元的学习资源既要与主题相关，也要有不同的属性，要能满足学生多样化的学习体验。

2. 线路规划的安全性

安全是研学旅行课程实施的首要条件。课程安全性的评价既要依据课程实施过程中已经发生的安全事件进行，更要从课程设计的角度对安全性进行评价。安全性评价主要包括以下内容。

（1）课程的安全防范措施是否有针对性和可操作性

有针对性应该体现在各学习单元安全防范措施的内容表达上，要看这些安全防范措施是否预估到了学习资源的社会、文化、气象、地理、生态及物理条件，并针对可能出现的安全事件采取预防性措施。比如可能出现的气象灾害、地质特征产生的路况问题、自然景点中的生物毒性及动物安全性问题、参观场所中的文物设施安全性问题，这些都应该在各单元的课程设计中有相应的安全预防措施。

（2）课程中的注意事项是否清晰明确有针对性

设置安全防范措施的行为主体是课程承办方，执行注意事项的行为主体是学生。注意事项应该清晰明确，能够引起学生的注意，能够涵盖所有可能出现安全性事件的情况，而且这些事件是学生通过注意就可以避免发生的。

（3）课程是否有应急预案，应急预案是否全面、严谨、流程化、可操作

安全防范措施是从承办方和学生的角度预防安全事件发生的措施，而应急预案是一旦意外的紧急情况发生，应该迅速采取什么措施使损害降低到最低。应急预案要有明确的事件分类，不同意外事件的应急处置流程是不同的。要明确应急预案的启动条件，一旦启动，所采取的措施必须是科学的、安全的、高效的，所以执行步骤流程化、设计严谨、衔接顺畅、分工明确，措施可操作且易操作，只有具备这些条件的应急预案，才是好的应急预案。

3. 线路时间分配的合理性

线路规划要合理安排好时间，课程线路规划应根据学习资源的性质和特点安排。要设计好参观学习时间和路上的时间的分配与衔接，在课程评价时，

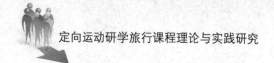

时间安排的合理性根据课程实施过程中的实际效果做出评价。

4. 线路体能分配的科学性

线路规划应根据学生的学段特点，根据运动量和学生体能合理分配。要把体能消耗量大的学习项目和体能消耗量小的学习项目交替安排，使学生的体能能够有效恢复。可以前一段时间体能消耗量大一些，后一段时间体能消耗量小一些，体能消耗分配情况可以结合课程实施中学生的实际表现和反应做出评价。

5. 线路交通工具的适当与安全性

线路交通工具的选择既要考虑行程距离的远近，也要考虑课程的时间分配，更要考虑课程实施过程的安全性。

6. 食宿安排的特色、舒适、经济与安全性

对食宿情况的评价要从多个方面进行。在饮食方面，首先，要求安全卫生、营养可口，要保证学生获得足够的营养和热能；其次，要考察饮食的丰富性、多样化，要尽可能体现当地的饮食文化特点。第三，在住宿方面，要考察是否经济、舒适和安全。

（二）对课程设计的评价

对课程设计的评价应包括对课程整体的评价和对课程设计要素的评价。对课程整体的评价应该考察其作为一门课程的完整性、系统性和规范性；对课程设计要素的评价主要是考察课程目标、课程内容、课程实施及课程评价四个部分的设计是否符合研学旅行课程的设计要求。

1. 对课程整体的评价

（1）课程体系的完整性

一门完整的课程必须有完整的课程结构，其主体部分必须包括课程目标、课程内容、课程实施和课程评价四个设计要素，课程评价的主要内容也是针对这些设计要素做出安排。

研学旅行课程由于其特殊性，除课程主体部分之外，还有其他必不可少的组成部分。比如安全防范措施、安全注意事项、应急预案等安全保障和安全教育内容，行前准备的物品准备单，各类通信联络信息等。在对课程进行评价时，这些内容是否设置规范也是评价的重要方面。

（2）课程体系的系统性

作为课程的研学旅行，其学习资源之间应该具有系统性。各单元的学习

资源在学习目标上应该具有相关性。课程设计时应围绕课程主题，挖掘各资源的主题相关性，各单元的主题应与课程的总主题形成层次关系，这应该是研学旅行课程和观光旅游活动计划的重要区别。

（3）课程体系的规范性

首先，课程的规范性要体现在课程结构的规范。课程目标、课程内容、课程实施和课程评价应该相互照应。课程目标是基础，课程内容、课程实施、课程评价均应围绕课程目标展开。其次，课程的规范性还应该体现在课程设计的内容上。

2. 对课程设计要素的评价

（1）对课程目标的评价

对课程目标设置的评价应该围绕目标设置的合理性、规范性、适切性展开。课程目标的合理性体现在：一是目标设置应依据国家对研学旅行课程的总体要求，对课程目标评价时要看是否体现了国家相关要求的主要指标；二是课程目标是否与课程内容相符合，是否能够通过课程内容得以实现。课程目标的规范性主要体现在课程目标的表达与陈述方面，要对目标陈述的规范性做出评价。课程目标的适切性主要是看课程目标是否符合学生的学段特点和年龄特点。

（2）对课程内容的评价

对课程内容的评价，一方面要如前所述，从整体上对课程内容的系统性做出评价，另一方面还要就课程内容的选择、表达做出评价。在内容的选择方面，应该对课程内容所体现的教育性、适切性和多元性做出评价。在课程内容的表达方面，应对单元课程结构的规范性做出评价。

（3）对课程实施的评价

课程实施是课程实现的最主要设计要素，对课程实施的评价应着重评价课程实施的安全性、规范性、科学性和有效性。

课程实施安全性设计的评价主要是评价安全专题讲座、安全防范措施、安全注意事项和安全应急预案等内容的科学性、合理性和可操作性以及对这几种安全课程内容是否有清晰的界定。安全性评价可以依据在课程实施过程中对各类相关事件的实际应对情况，结合对线路规划的评价一起进行。

课程实施的规范性评价应重点对在课程实施过程中研学导师对课程的理解和组织教学的情况进行评价，研学导师是否履行了自己的教育引导和组织管理的职责，特别是在引导学生加深对课程的理解、开展相关的课题研究

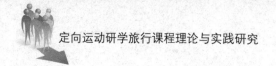

方面是否发挥了应有的作用。

课程实施的科学性评价应重点评价线路规划中的有关要求在实际实施中是否符合预设目的，是否存在可以优化的空间。

课程实施的有效性评价一方面应该基于对课程实施所取得的成果进行评价，另一方面也可以通过问卷调查的方式对学生进行直观感受的评价。

（4）对课程评价方案的评价

课程评价是课程设计的重要因素。课程评价方案设计的质量对检验课程实施效果的可靠性有重要影响，对课程评价方案的评价应重点分析以下几个方面。

（1）评价内容的系统性

课程评价的系统性体现在是否建立了完善的评价指标体系，各项指标的内容和评价标准、评价方法、评价结果呈现方式是否明确，这些评价要素相互匹配、具体明确的评价方案才是系统的、规范的评价方案。

（2）评价量表的科学性

评价量表的科学性主要体现在与评价指标对应的评价标准或评价内容的界定上，相关的界定必须明确、具体、可操作，如果是量化评价量表，还必须明确具体行为相应的赋分标准，只有这些界定明确，量表才具有可操作性，这样的量表才是设计科学的评价量表。

（3）评价方法的适当性

要根据具体的学习资源和评价的目标确定评价的方法，有的评价项目适合量化评价，有的评价项目适合质性评价，在对课程评价方案进行评价时，要考察课程设计选择的预设评价方法是否适当。

四、对承办方工作的评价

对承办方工作的评价是主办方对课程实施过程和实施结果评价的重要组成部分。

（一）对承办方工作评价的主要内容

1. 承办方履行合同义务的情况

对承办方的工作评价首先要对承办方履行合同义务的情况做出评价。这些合同义务主要有以下几个方面：

第一，学习计划的执行情况。研学旅行过程是否按照协议的学习计划完成了所有学习单元的学习，如果有学习单元内容的调整，是否属于不可控因素，调整之前是否征得了主办方领队的同意。

第二，交通工具的使用情况。交通工具是否符合协议规定的标准，是否更换了交通工具，所选交通工具是否安全可靠。

第三，食宿标准执行情况。

第四，研学旅行工作团队结构是否符合协议规定。团队是否按照协议要求配备了队医，是否按照要求配备了安全员，研学导师的数量和工作水平是否符合要求。

2. *承办方课程实施能力的情况*

承办方的课程实施能力是课程实施效果的决定因素之一。这些能力主要表现在研学导师对课程内容的理解和熟悉程度，研学导师对研学旅行课程知识掌握的程度，研学导师对学生学习过程的指导能力，研学导师对课程教育意义的了解程度以及研学导师对课程实施过程的组织能力，主办方可以对承办方课程实施能力做出评价。

3. *承办方的管理服务的情况*

承办方的管理服务工作包括对学生的管理与服务、与学校带队教师的协调与配合、对研学旅行供应方的协调与督导，对承办方管理服务情况的评价可以从这三个方面进行。

第一，对学生的管理与服务。承办方对学生首先有管理的职责，对学生在学习过程中的时间节点、纪律表现、行为表现有教育、约束和引导的义务。同时，承办方也必须为学生提供应有的服务，包括对学生出现的各种意外情况及时处理，比如证件遗失的处理、意外伤害和突发疾病的救治等。

第二，与学校带队教师的协调与配合。在课程实施过程中，学校带队教师有代表学校监督协议执行的责任，承办方的项目组长应及时就学生管理问题、线路计划的变更情况、课程实施的情况及时与学校带队教师进行交流，及时落实学校带队教师提出的问题。

第三，对供应方的协调与调度。供应方包括学习景点地接方、交通工具提供方、住宿酒店、餐饮提供方等。承办方对这些相关供应方调度与协调的情况体现承办方的工作经验和工作能力。

另外，对课程的评价结果也应作为对承办方评价结果的组成部分。

（二）对承办方评价结果的应用

对承办方的评价结果，一方面将作为双方合同最终完成的依据，另一方

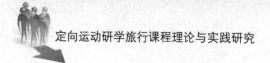

面将决定承办方是否有机会参与以后学校的研学旅行课程竞标。

1. 对承办方评价结果的使用

如果评价结果认定承办方完成了合同约定，则主办方应履行合同最终义务，退还承办方的合同保证金，合同终止。如果评价结果认定承办方有违约行为，则应按照合同的违约条款执行。如果双方对违约认定有异议，则应申请仲裁或走法律程序解决。

2. 对承办方评价结果的使用机制

第一，建立黑名单制。对于课程实施过程中学生意见较大、评价结果不合格的承办方，应列入黑名单，可以取消或限制其以后参与主办方举办的研学旅行竞标活动的资格。

第二，建立白名单制。对课程实施过程中学生满意度高、工作评价优秀的承办方，可以列入白名单，在学校以后的研学旅行课程竞标中给予优先权。

第三，长期合作机制。对连续几次课程实施中学生满意度高，工作评价优秀的承办方，学校可以建立长期合作机制，双方实行战略合作，共同组建课程研发和工作团队，发挥双方人力和资源优势，合作建设精品课程。

参考文献

[1] 韩文华. 定向运动［M］. 大连：大连海事大学出版社，2022.

[2] 杨灿灿，杨皓凌，朱永莉. 定向越野对初中生"逆商"影响的研究[J]. 拳击与格斗，2022（10）：50-52.

[3] 许庆忠. 定向运动技能训练与教学实践［M］. 长春：吉林人民出版社，2021.

[4] 鲍圣彬，魏静娟. 定向运动：儿童青少年空间定向与导航能力的干预选择［J］. 青少年体育，2021（12）：54-56.

[5] 冉孟刚. 定向运动与野外生存训练教程［M］. 北京：北京师范大学出版社，2020.

[6] 张惠红，陶于，李俊. 定向运动与野外生存［M］. 3 版. 北京：高等教育出版社，2020.

[7] 张晓薇，张雁如，侯宪国. 定向越野[M]. 北京：机械工业出版社，2020.

[8] 田祖国，莫铭. 定向培养士官生体育教程[M]. 长沙：湖南大学出版社，2019.

[9] 吴昌文. 体能训练新论：探析定向越野运动［M］. 北京：中国广播影视出版社，2019.

[10] 金盛华，于全磊，杜晓鹏. 自我价值定向理论及其应用—中国本土心理学理论的突破与建构［M］. 北京：社会科学文献出版社，2019.

[11] 王佳. 论体育教学中开展定向运动的可行性[J]. 人文之友，2019（18）：160.

[12] 刘钊. 定向运动在体育院校教学开展的现状研究［J］. 当代体育科技，2019（36）：128-129.

[13] 冯小彬. 定向运动在中小学体育教学中的应用探讨［J］. 科教导刊–电子版（下旬），2019（2）：247.

[14] 李宝国，牛点点. 定向运动对青少年生命意义的影响[J]. 青少年体育，2019（4）：28-29.

[15] 刘志华. 高等院校定向运动发展现状研究［J］. 当代体育科技，2019（6）：139，141.

[16] 刘华峰. 田径、定向运动、康复保健［M］. 西安：西安电子科技大学出版社，2016.

[17] 汪聚伟，覃兴耀，刘坤翔. 定向运动［M］. 北京：清华大学出版社，2015.

[18] 刘玉江. 定向运动教学与训练（第2版）［M］. 成都：西南交通大学出版社，2015.

[19] 刘友康，胡银辉，韩改玲. 新课改下载学校体育中开展定向运动的必要性分析［J］. 运动精品（学术版），2015（8）：6-7.

[20] 于先文. 即插即用式光纤陀螺全站仪组合定向理论［M］. 南京：东南大学出版社，2014.

[21] 林立新. 定向运动［M］. 北京：北京体育大学出版社，2014.

[22] 介春阳，张红霞. 定向运动理论探索与户外运动拓展［M］. 北京：清华大学出版社，2014.

[23] 缪华，汪洁. 定向运动［M］. 天津：天津大学出版社，2014.

[24] 刘小平. 运动定向理论与实践研究［M］. 北京：中国原子能出版社，2013.

[25] 王蕾. 定向运动与野外生存实用教程［M］. 北京：中国轻工业出版社，2013.

[26] 张颖，王会敏，范晓云. 定向运动［M］. 北京：首都师范大学出版社，2013.

[27] 张晓威. 定向越野［M］. 北京：星球地图出版社，2013.

[28] 赛庆彬. 定向运动初级教程［M］. 青岛：中国海洋大学出版社，2012.

[29] 罗智勇，李启畅，张晓威. 定向运动［M］. 桂林：广西师范大学出版社，2012.

[30] 周林清. 定向与拓展［M］. 北京：化学工业出版社，2012.

[31] 单小忠. 学校定向运动教学与技战术训练［M］. 杭州：浙江教育出版社，2012.

[32] 孙殿恩. 定向运动基本理论构建与实践研究［M］. 长春：东北师范大学出版社，2012.

[33] 李海燕，李海珍. 定向运动与野外生存实用手册［M］. 北京：科学出

版社，2012.

［34］ 胡允达. 军事地形学与定向越野［M］. 2 版. 武汉：武汉大学出版社，2011.

［35］ 蒋玉燕. 定向运动与野外生存训练［M］. 宁波：宁波出版社，2011.

［36］ 陈蕴霞，龚博敏. 高校校园定向运动教程［M］. 上海：同济大学出版社，2010.